LIRE LES *RECHERCHES PHILOSOPHIQUES*

SUR WITTGENSTEIN
À LA MÊME LIBRAIRIE

GANDON S., *Logique et langage. Études sur le premier Wittgenstein*, 272 pages, 2002.

HADOT P., *Wittgenstein et les limites du langage*, 128 pages, 2004.

LAUGIER S., *Wittgenstein. Les sens de l'usage*, à paraître (2009).

LE DU M., *La nature sociale de l'esprit. Wittgenstein, la psychologie et les sciences humaines*, 208 pages, 2004.

Lire le Tractatus logico-philosophicus *de Wittgenstein*, sous la direction de Ch. CHAUVIRÉ, 280 pages, 2009.

PERRIN D., *Le flux et l'instant. Wittgenstein aaux prises avec le mythe du présent*, 256 pages, 2007.

TRAVIS Ch., *Les liaisons ordinaires. Wittgenstein sur la pensée et le monde*, 240 pages, 2003.

Wittgenstein. État des lieux, sous la direction d'E. RIGAL, 400 pages, 2008.

Wittgenstein. Les mots de l'esprit. Philosophie de la psychologie, sous la direction de Ch. CHAUVIRÉ, S. LAUGIER et J.-J. ROSAT, 376 pages, 2001.

BIBLIOTHÈQUE D'HISTOIRE DE LA PHILOSOPHIE

Fondateur H. GOUHIER   Directeur J.-F. COURTINE

LIRE LES *RECHERCHES PHILOSOPHIQUES*

Édité par
Sandra LAUGIER
et
Christiane CHAUVIRÉ

Deuxième édition corrigée

PARIS
LIBRAIRIE PHILOSOPHIQUE J. VRIN
6, Place de la Sorbonne, V e
2009

© *Librairie Philosophique J. VRIN*, 2006, 2009

Imprimé en France

ISSN 0249-7980

ISBN 2-7116-1882-X

www.vrin.fr

LIRE LES *RECHERCHES PHILOSOPHIQUES* AUJOURD'HUI

Le philosophe autrichien Ludwig Wittgenstein (1889-1951) est-il de ces auteurs qui ne se remettent jamais d'avoir écrit un chef d'œuvre à 25 ans [1], essayant toute leur vie, sans y parvenir, de rééditer ce coup de maître? La lecture des *Recherches philosophiques* [2], le second grand ouvrage du philosophe, publié en Angleterre deux ans après sa mort, fera changer d'avis ceux qui seraient tentés de le croire. Ce petit monument de la philosophie du XXe siècle est un livre polyphonique et dialogué qui donne la parole, moins peut-être à des adversaires philosophiques anonymes comme on a pu le dire (Frege, Russell, Descartes, Locke, James, Augustin), qu'à l'ancien moi de Wittgenstein (le jeune auteur du *Tractatus*) ou à des tentations intérieures (solipsisme, scepticisme). C'est aussi une œuvre littéraire où se révèle un maître de la prose allemande, à l'écriture sobre et classique, sans grands mots philosophiques ni effets de rhétorique. La composition en est subtile, l'argumentation sinueuse. La réflexion,

---

1. Il s'agit du *Tractatus logico-philosophicus* (1922) dont la rédaction commence en 1913. *Cf.* trad. fr. G.-G. Granger, Paris, Gallimard, 1993.

2. Publiée en anglais par E. Anscombe et R. Rhees chez Blackwell en 1953. Nouvelle traduction sous la direction d'E. Rigal, Paris, Gallimard, 2005. La première traduction française, parue sous le titre *Investigations philosophiques*, Paris, Gallimard, 1961, était due à P. Klossowski.

toujours très radicale et d'une originalité totale, se fait souvent sur le mode interrogatif ou aporétique. Ce livre demande au lecteur de se remettre en mémoire la vraie grammaire, souvent oubliée, de notre langage ordinaire pour dissoudre, plutôt que résoudre, les problèmes philosophiques nés précisément de confusions grammaticales ou de tournures langagières mal interprétées. Ce faisant, il ouvre la voie à une bonne partie de la philosophie analytique, dont les actuels protagonistes lui doivent toujours quelque chose, même, et surtout, quand ils s'en démarquent.

Les 693 paragraphes qui constituent la première partie des *Recherches* consignent la quintessence d'un travail de réflexion mené de 1929 à 1945. Ils ont fait l'objet d'un tri sévère de la part de Wittgenstein : plusieurs remarques, qui figuraient dans des écrits antérieurs, sont remaniées et surtout réagencées, une fois trouvée la parfaite adéquation de la forme et de la pensée. Le philosophe distille selon un ordre subtil chacune de ses pensées, auxquelles il donne parfois la tournure d'une question, laissant au lecteur le soin de répondre, de continuer l'œuvre à son gré : tel est le perfectionnisme de Wittgenstein, qui justifie bien des ressassements antérieurs. La seconde partie des *Recherches* présente, sous une première forme ramassée et fascinante, ses réflexions sur le sujet qui sera l'obsession centrale de l'œuvre des dernières années de sa vie, de ce qu'on appelle désormais le « troisième Wittgenstein » : la philosophie de la psychologie et la grammaire de la subjectivité [1].

De quoi parlent les *Recherches*? D'images générales inscrites dans notre langage et que nous acceptons sans examen, de confusions grammaticales qui nous aveuglent sur le véritable usage de nos paroles. Ainsi de l'image intérieur/extérieur, qui

---

1. Voir *Wittgenstein : les mots de l'esprit. Philosophie de la psychologie*, Ch. Chauviré, S. Laugier, J.-J. Rosat (éds.), Paris, Vrin, 2001.

engendre l'idée d'un langage privé (connu de son seul locuteur et incompréhensible pour autrui), laquelle a partie liée avec le solipsisme qui hante depuis toujours Wittgenstein (voir ici la contribution de Christiane Chauviré et celle d'Élise Marrou). Il en dénonce moins l'absurdité, comme on l'a parfois dit, que le pouvoir d'aveuglement sur notre langage. Non que nous ne puissions parler de notre expérience personnelle (sensations douloureuses, impressions de couleurs, émotions), mais il faut, ne serait-ce que pour les nommer, disposer déjà d'un langage collectif, de coutumes et de rituels; nous ne pouvons pas même songer à les « baptiser » par un acte d'ostension purement privé. D'ailleurs aucune règle ne saurait être suivie de manière privée (et ce n'est pas là un constat factuel, mais une « remarque grammaticale »). Nous sommes toujours déjà pris dans les jeux de langage d'une communauté (voir ici la contribution de Bruno Ambroise et Valérie Aucouturier).

Les expressions relatives à l'expérience personnelle, tout comme le vocabulaire mental en général (penser, signifier, vouloir dire, comprendre), prêtent spécialement à confusion. Ces mots s'entourent d'une mythologie peuplée d'états ou de processus éthérés et occultes censés accompagner l'énonciation des phrases et suffire à en rendre raison. Non que les états ou processus mentaux n'existent pas, mais, pour Wittgenstein, ils n'ont nulle valeur explicative en philosophie, seule étant pertinente la remise en mémoire de la grammaire de ces expressions, qui suffit, si elle est synoptique, à dissoudre nos perplexités, et qui déploie les possibilités infinies du langage. Aujourd'hui ces idées sur la grammaire du mental, dont l'enjeu philosophique est immense, et qui n'ont jamais été réfutées, n'ont pas fini de provoquer. L'enjeu des *Recherches*, souvent mal compris, n'est pas anti-mentaliste au sens éliminativiste où il faudrait abolir nos concepts mentaux; nous devons au contraire conserver notre vocabulaire psychologique habituel pour en scruter la grammaire, repérer les images sous-jacentes qui peuvent nous fourvoyer, celle notamment de processus mentaux éthérés signifiants par eux-mêmes, redoublant l'énoncé de nos paroles et leur conférant sens et animation[1]. Une image de ce genre n'est pas nocive en soi, mais son usage philosophique peut l'être en nous imposant de considérer les choses à travers elle de façon unilatérale. Nous ne sommes pas obligés d'accepter la carte forcée que nous tend le philosophe, celle de la signification ou d'un vouloir dire immatériels, de l'intentionalité comme flèche mentale (voir Jean-Philippe Narboux), mieux vaut considérer les usages, différents selon les circonstances, de nos paroles et de nos phrases.

Tel est bien le tournant que constitue la seconde philosophie de Wittgenstein : cette attention nouvelle aux différences, aux usages, aux circonstances, aux échantillons, aux exemples (voir l'analyse fouillée de Jacques Bouveresse sur le statut du mètre-étalon). Contre la « pulsion de généralité » déjà évoquée dans le *Cahier bleu*, Wittgenstein – et c'est là la révolution philo-sophique majeure des *Recherches* – revendique l'attention au particulier. L'insistance des commentateurs sur la grammaire, sur l'examen scrupuleux des usages, ne doit pas faire oublier que Wittgenstein s'attache à une grammaire du détail, et non pas à un ensemble de règles générales qui gouverneraient nos usages (voir la contribution de Denis Perrin). Ce qui apparaît d'emblée dans les *Recherches*, c'est l'arrière-plan anthropologique sur lequel se déploie cette grammaire et qui lui donne sa physio-nomie[2]. Nos mots n'ont de sens que pris dans des phrases, et ces phrases n'ont de sens que dans un jeu de langage, qui n'a de sens que pris dans notre forme de vie. Ce holisme sémantique (voir l'analyse de Céline Vautrin) inscrit le langage, maintes fois défini dans les *Recherches* comme *praxis* – usage –, dans une

---

1. *Cf.* encore *Wittgenstein : les mots de l'esprit.*
2. *Cf.* Ch. Chauviré, *Le moment anthropologique de Wittgenstein.*

forme de vie aussi bien biologique que sociale. Wittgenstein rapporte le travail de la philosophie du langage à « ce que les hommes *disent* » (§ 241), ces pratiques linguistiques ordinaires et particulières qui sont sous nos yeux et qui constituent la vie du langage. Ce faisant, il poursuit le projet du *Tractatus logico-philosophicus* (décrire le monde en faisant voir la logique du langage) en lui donnant une tonalité particulière et nouvelle : la description des usages, de ce que *nous* disons, ordinaire-ment, nous apprend tout ce qu'il y a à savoir ou à nous rappeler. « Nos considérations doivent tourner, mais autour de l'axe de notre besoin véritable » (§ 108). Le besoin véritable, l'aspiration de la philosophie, est encore le réalisme. Mais la réalité n'est pas ce que l'on croit, ou n'est pas atteinte comme on l'imagine (voir par exemple l'analyse de l'intentionalité par Jean-Philippe Narboux).

Certes, les *Recherches*, on l'a bien dit et montré de multiples façons (notamment les premiers commentateurs français, Pierre Hadot[1] et Jacques Bouveresse[2]), sont une critique du *Tractatus*. Ce qu'on oublie, et qui a été rappelé de façon judicieuse et notoire par Cora Diamond, c'est que c'est bien une *critique*, au sens propre : reprise du même problème, du même besoin, avec de nouveaux outils et un changement de perspective. Il faut en effet se garder d'une lecture de Wittgenstein (longtemps officielle, et encore présente chez nombre de commentateurs), fondée sur une rupture entre la première philosophie, celle du *Tractatus logico-philosophicus*, et la seconde philosophie. Suivant cette lecture, restée dominante, des classiques commen-taires de P.M.S. Hacker et G. Baker jusqu'aux récents ouvrages de référence comme le *Dictionnaire Wittgenstein* de H.-J. Glock, le premier Wittgenstein serait un métaphysicien réaliste, qui

1. P. Hadot, *Wittgenstein et les limites du langage*, Paris, Vrin, 2003.
2. Voir bibliographie en fin de présentation.

cherche à établir une articulation logique entre langage et réalité ; le second abandonne ce projet pour une grammaire (autonome) des règles d'usage de notre langage. On aurait un premier Wittgenstein réaliste et métaphysicien, un second Wittgenstein antiréaliste et normativiste. Stanley Cavell, dans son ouvrage central, *Les Voix de la Raison*, puis Cora Diamond, dans *L'Esprit réaliste*, furent les premiers à contester cette lecture. La seconde philosophie, pour Diamond, reprend le projet réaliste du *Tractatus*, par les voies du retour à l'ordinaire, le rapportant à ce « sol raboteux » qui est le seul réel (voir ici la contribution de Céline Vautrin). Lorsque Wittgenstein évoque les règles de notre langage, il ne refonde pas le réel dans la grammaire, il propose sa formulation du scepticisme : comme il est dit dès l'ouverture des *Recherches* (voir ici la contribution de Bruno Ambroise et Valérie Aucouturier), nous apprenons l'usage des mots de « nos aînés », dans certains contextes, et, toute notre vie, sans filet en quelque sorte, sans garantie, sans universaux, nous devons les utiliser dans ces nouveaux contextes, les projeter, découvrir de nouvelles significations – c'est cela qui constitue la trame de l'existence humaine, la forme de vie dans le langage (voir ici la contribution de Sandra Laugier).

Une telle lecture des *Recherches* permet, à rebours, de relire le *Tractatus* comme première théorie de l'usage du sens : c'est la lecture dite du « New Wittgenstein »[1] et, de façon assez différente, de Charles Travis. Ce qui est dit dans le *Tractatus* n'est pas un ensemble de thèses métaphysiques énoncées par un philosophe pour établir le rapport du langage et du monde (de façon « réaliste »), mais un ensemble de non-sens : il faut alors comprendre, non ce non-sens puisque c'est impossible[2], mais celui

---

1. *The New Wittgenstein*, A. Crary & R. Read (eds.), London, Routledge, 2000. Voir aussi S. Laugier (éd.), *Wittgenstein, Métaphysique et jeux de langage*, et l'ensemble des contributions du dossier de la revue *Europe*, 2004.

2. Voir J. Bouveresse, *Dire et ne rien dire*.

(l'auteur, le sujet) qui dit ce non-sens. Pour admettre ce point de vue, il faut renoncer à l'idée d'un point de vue extérieur sur le langage – ou d'une «vue de côté», pour reprendre l'heureuse expression de J. McDowell[1] qui permettrait de l'articuler au monde. Cela résume le projet antimétaphysique, mais *par là même* réaliste (au sens du terme que propose Diamond : *realistic*, les pieds sur terre) des *Recherches*.

Restera alors à voir non plus le caché, le secret, mais ce qui est là, sous nos yeux[2] : à percevoir et décrire nos usages, nos pratiques, non qu'elles soient le dernier mot, mais en tant qu'*exploratoires*. Comme le dit Diamond : «cela n'est pas "donné" par l'existence d'une "pratique". Nos pratiques sont exploratoires, et c'est en vérité seulement en passant par une telle exploration que nous en venons à une vision complète de ce que nous pensions nous-mêmes, ou de ce que nous voulions dire» (*L'esprit réaliste*, p. 39).

Arriver à «vouloir dire ce qu'on dit» ou, réciproquement, à avoir une vision plus claire de ce que nous pensons : c'est bien la tâche, pédagogique et littéraire[3] autant que cognitive, que se donne Wittgenstein dans les *Recherches*. Un certain nombre des contributions de ce volume suivent une voie ouverte par Cavell dans la première phrase des *Voix de la raison*, qui décrivait d'emblée les *Recherches* comme critique et éducation de soi :

> Si ce n'est pas au commencement de la dernière philosophie de Wittgenstein (puisqu'au début on ne peut pas davantage connaître ce qui donne son départ à la philosophie que ce qui permettra de la

---

1. Voir «Non cognitivisme et règles», trad. fr. J.-Ph. Narboux, *Archives de Philosophie*, 2001. Et *Strawson, Langage ordinaire et métaphysique*, J. Benoist et S. Laugier (éds.), Paris, Vrin, 2005.

2. C'est le point central du livre de Ch. Chauviré, *Voir le visible, la seconde philosophie de Wittgenstein*.

3. Voir S. Laugier (éd.), *Éthique, littérature, vie humaine*, Paris, PUF, 2006.

mener à sa fin), et si ce n'est pas non plus dès l'ouverture des *Recherches philosophiques* (puisque cette ouverture ne saurait être prise pour le point de départ de la philosophie qu'elle intro- duit, et que les termes dans lesquels une telle introduction pourrait être comprise peuvent difficilement être inclus dans l'ouverture elle-même), et si par ailleurs nous reconnaissons d'emblée (si du moins nous la laissons ouverte dès le départ) l'éventualité que la manière dont les *Recherches* sont écrites soit tout à fait interne à ce que celles-ci enseignent (auquel cas nous n'en pourrions pas comprendre la nature – disons : la méthode – avant de comprendre ce qui y est au travail); si par un autre effort nous ne nous retournons pas du côté de notre histoire (puisqu'il serait bien difficile de situer le livre de Wittgenstein dans un cadre historique avant de l'avoir situé dans un cadre philosophique), et si nous renonçons aussi à regarder du côté du passé de Wittgenstein, puisque ce faisant nous supposerions, vraisemblablement, que les *Recherches* ont été écrites en critique du *Tractatus logico- philosophicus*, ce qui est non pas tant erroné que dénué de contenu, car si nous savions ce qui en constitue la critique nous saurions déjà ce qu'en est la philosophie, et que tout notre propos présent est bien plutôt de voir comment les *Recherches* sont écrites en critique d'elles-mêmes – si nous nous en tenons donc à ces conditions, par où, et comment, devons-nous approcher ce texte ? Comment permettrons-nous à ce livre de nous instruire : de tout cela, ou de quelque chose ? (*Les Voix de la raison*, p. 29).

Depuis, on insiste sur la dimension thérapeutique de l'œuvre de Wittgenstein (*cf.* aussi Hadot), sur la pluralité des voix qui s'y font entendre et font avancer le lecteur avec l'auteur. Les *Recherches* sont aussi obsédées par l'éducation, le dressage; elles font partager l'expérience de l'anxiété que suscitent tout apprentissage, toute connaissance véritable, ou de l'inquiétante étrangeté de l'accord linguistique, de ses subtilités, bonheurs et échecs. Anxiété et étrangeté inséparables de la connaissance d'autrui, et de soi, qui sont aussi, par delà les distinctions classiques entre décrire et exprimer, première et troisième personne (voir ici la contribution de Jean-Jacques Rosat, et le volume *Les Mots de l'esprit*), un thème émergent de la seconde partie des *Recherches*.

D'où le scepticisme, ou le solipsisme, tentations permanentes et autres voix obsédantes. Certes nous nous accordons dans des formes de vie, dans le langage (*RP*, § 242). Mais l'accord dépend aussi de « moi », et peut toujours s'effondrer :

> Ne commençons-nous pas (ou ne devrions nous pas commencer) à être terrifiés à la pensée que, peut-être, le langage (ainsi que la compréhension, et la connaissance) reposent sur des fondations extrêmement précaires – léger filet jeté sur un abîme (…). Cette idée en effet peut nous donner l'impression que, pour que nos mots continuent à vouloir dire ce qu'ils veulent dire, il faut que d'autres veuillent bien se donner la peine de continuer à nous comprendre (*Les voix de la raison*, p. 272).

La communauté des formes de vie n'est pas seulement le partage normatif de structures sociales, d'institutions, mais de tout ce qui constitue le tissu des existences et activités humaines, et en particulier le désir de comprendre ou de connaître autrui, d'être connu de lui. Il ne suffit pas de dire, comme Kripke, « c'est ainsi que *nous* faisons ». Le problème reste de savoir comment articuler le *je* au *nous*, et inversement. C'est celui de la socialité et de la subjectivité du langage (conjuguées), au centre de la pensée de Wittgenstein dans ses derniers écrits, et déjà présent en filigrane dans la seconde partie des *Recherche*s (voir ici la contribution de Jocelyn Benoist[1] sur le « voir comme »).

Le scepticisme, conçu non plus comme problème de la connaissance mais comme difficulté pratique et théorique du rapport à soi, tentation de l'inexpression devant la fatalité de l'expressivité humaine (« Le corps humain est la meilleure image de l'âme humaine », II, IV), est interne à toute expérience.

---

1. *Cf.* aussi le collectif *Wittgenstein, Dernières pensées*, et l'ouvrage de V. Descombes, *Le complément de sujet*.

Le traitement par Wittgenstein, dans la seconde partie des *Recherches*, des questions de la nature de la douleur (voir les contributions de Christiane Chauviré, Jean-Jacques Rosat), de la volonté (voir l'analyse de Sabine Plaud) et de la perception des aspects et du « voir comme », met en évidence l'orientation finale de ses recherches, et toute l'importance et la richesse d'une œuvre qui réellement sort de l'ordinaire.

Pour s'en rendre compte, il suffit, en un sens, de la lire, sans chercher à appliquer, extraire ni comprendre de thèses ou généralités philosophiques. L'ensemble des contributions réunies ici, qui suivent le fil de l'ouvrage en s'attachant chacune à un moment important, n'ont pas d'autre ambition que de faire mieux voir ce qui est déjà là pour le lecteur attentif.

Christiane CHAUVIRÉ et Sandra LAUGIER

QUELQUES INDICATIONS BIBLIOGRAPHIQUES
POUR POURSUIVRE

BOUVERESSE J., *La parole malheureuse*, Paris, Minuit, 1971.
– *Wittgenstein. La rime et la raison*, Paris, Minuit, 1973.
– *Le Mythe de l'intériorité*, Paris, Minuit, 1976.
– *La force de la règle*, Paris, Minuit, 1987.
– *Herméneutique et linguistique*, suivi de *Wittgenstein et la philosophie du langage*, Combas, L'éclat, 1991.
– *Dire et ne rien dire*, Nîmes, J. Chambon, 1997.
– *Essais III, Wittgenstein et les sortilèges du langage*, Paris, Agone, 2003.
—LAUGIER S. et ROSAT J.-J., *Wittgenstein, dernières pensées*, Paris, Agone, 2002.
CAVELL S., *Must We Mean What We Say ?*, Cambridge, Cambridge UP, 1969.
– *The Claim of Reason*, New York, Oxford UP, 1979, trad. fr. S. Laugier et N. Balso, *Les Voix de la Raison*, Paris, Seuil, 1996.
– *Dire et vouloir dire*, trad. fr. S. Laugier et Ch. Fournier, Paris, Le Cerf, 2009.
CHAUVIRÉ Ch., *Ludwig Wittgenstein*, Paris, Seuil, 1991.
– *Voir le visible*, Paris, PUF, 2003.
– *Le moment anthropologique de Wittgenstein*, Paris, Kimè, 2005.
– *L'immanence de l'ego*, Paris, PUF, 2009.
– *Lire le* Tractatus logico-philosophicus *de Wittgenstein*, Paris, Vrin, 2009.
—LAUGIER S. et ROSAT J.-J. (éds.) *Wittgenstein : les mots de l'esprit. Philosophie de la psychologie*, Paris, Vrin, 2001.
DESCOMBES V., *La denrée mentale*, Paris, Minuit, 1995.

– *Les institutions du sens*, Paris, Minuit, 1996.

– *Le complément de sujet*, Paris, Gallimard, 2004.

DIAMOND C., *The Realistic Spirit, Wittgenstein, Philosophy, and the Mind*, Cambridge (Mass.), MIT Press, 1991, trad. fr. E. Halais et J.-Y. Mondon, *L'esprit réaliste*, Paris, PUF, 2004.

GANDON S., *Logique et langage.Études sur le premier Wittgenstein*, Paris, Vrin, 2002.

GLOCK H. J., *Dictionnaire Wittgenstein*, trad. fr. H. Roudier et Ph. De Lara, Paris, Gallimard, 1996.

HACKER P. M. S. et BAKER G. P., *Wittgenstein : Understanding and Meaning*, Oxford, Blackwell, 1980.

– *Wittgenstein : Rules, Grammar and Necessity*, Oxford, Blackwell, 1985.

– *Wittgenstein : Meaning and Mind*, Oxford, Blackwell, 1990.

– *Wittgenstein : Mind and Will*, Oxford, Blackwell, 1996.

HADOT P., *Wittgenstein et les limites du langage*, Paris, Vrin, 2003.

HALAIS E., *Wittgenstein et l'énigme de l'existence*, Paris, PUF, 2007.

LAUGIER S., *Du réel à l'ordinaire*, Paris, Vrin, 1999.

– (éd.), *Métaphysique et jeux de langage*, Paris, PUF, 2001.

– *Wittgenstein. Les sens de l'usage*, Paris, Vrin, à paraître (2009).

LE DU M., *La nature sociale de l'esprit. Wittgenstein, la psychologie et les sciences humaines*, Paris, Vrin, 2004.

MCGINN M., *Wittgenstein's Philosophical Investigations*, New York, Routledge, 1996.

PEARS D., *La pensée-Wittgenstein*, trad. fr. Ch. Chauviré, Paris, Flammarion, 1993.

PERRIN D., *Le flux etl'instant. Wittgenstein aux prises avec le mythe du présent*, Paris, Vrin, 2007.

PLAUD S., *Wittgenstein*, Paris, Ellipses, 2009.

RAÏD L., *L'illusion de sens. Le problème du réalisme chez le second Wittgenstein*, Paris, Kimé, 2006.

Revue *Cités*, « Wittgenstein politique », n° 38, 2009.

Revue *Europe*, « Wittgenstein », n° 906, octobre 2004.

RIGAL E. (dir.), *Wittgenstein. État des lieux*, Paris, Vrin, 2008.

ROMANO Cl. (dir.), *Wittgenstein et la tradition phénoménologique*, Le Cercle Herménutique, 2008.

TRAVIS C., *Les liaisons ordinaires, Wittgenstein sur la pensée et le monde*, Paris, Vrin, 2003.

SÉBESTIK J.,   SOULEZ A. (éds.), *Wittgenstein et la philosophie aujourd'hui*, Paris, L'Harmattan, 2001.

SOULEZ A., *Dictées de Wittgenstein à Waismann et pour Schlick*, Paris, PUF, 1997.

– *Wittgenstein et le tournant grammatical*, Paris, PUF, 2003.

STERN D., *Wittgenstein's* Philosophical Investigations. *An Introduction*, Cambridge, Cambridge UP, 2004.

ŒUVRES DE WITTGENSTEIN
ET ABRÉVIATIONS

Philosophische Untersuchungen, G.E.M. Anscombe, G.H. von Wright & R.Rhees (eds.), Oxford, Blackwell, 1953, 2ᵉ éd. 1958, *Werkausgabe*, Band 1, Frankfurt, Suhrkamp, 1989; trad. fr. *Recherches Philosophiques*, Paris, Gallimard, 2005 (*RP*).

Bemerkungen über die Grundlagen der Mathematik, G.E.M. Anscombe, G.H von Wright & Rush Rhees (eds.), *Schriften*, Bd 6, Frankfurt, Suhrkamp, 1954; trad. fr. *Remarques sur les fondements de mathématiques*, Paris, Gallimard, 1983 (*BGM*).

Bemerkungen über die Philosophie der Psychologie, G.E.M. Anscombe & G.H. von Wright (eds.), Oxford, Blackwell, 1980; trad. angl. G.E.M. Anscombe, *Remarks on the Philosophy of Psychology*; trad. fr., *Remarques sur la philosophie de la psychologie*, Mauvezin, T.E.R., 1994 (*BPP*).

Big Typescript, C. Grant Luckhardt et M. Aue (eds.), Oxford, Blackwell, 2005 (*BT*).

Last Writings in the Philosophy of Psychology. vol. II, *The Inner and the Outer, 1949-1951*, G.H. von Wright & Heikki Nyman (eds.), Oxford, Blackwell, 1992; trad. fr. *L'intérieur et l'extérieur, derniers écrits sur la philosophie de la psychologie II*, Mauvezin, T.E.R., 2000.

Notebooks, Oxford, Blackwell, 1961; trad. fr. *Carnets*, Paris, Gallimard, 1971 (*TB*).

Philosophische Bemerkungen, Oxford, Blackwell, 1964; trad. fr. *Remarques philosophiques*, Paris, Gallimard, 1975 (*PB*).

Philosophische Grammatik, Oxford, Blackwell, 1969; trad. fr., *Grammaire philosophique*, Paris, Gallimard, 1980 (*PG*).

The Blue and the Brown Books, Oxford, Blackwell, 1958; trad. fr. *Le cahier bleu et le cahier brun*, Paris, Gallimard, 1996 (*BlB*) et (*BrB*).

Tractatus logico-philosophicus, Londres, Routledge, 1922; trad. fr. Paris, Gallimard, 1993 (*TLP*).

Über Gewißheit, G.E.M. Anscombe & G. H. von Wright (eds.), Oxford, Blackwell, 1969; trad. angl. G.E.M. Anscombe et D. Paul, *On Certainty*; trad. fr. *De la certitude*, Paris, Gallimard, 2006 (*UG*).

Chapitre premier

NOMMER N'EST PAS JOUER
§ 1-49

Langage et apprentissage

Les *Recherches* s'ouvrent sur une description de l'apprentissage du langage selon saint Augustin[1], permettant ainsi d'introduire, comme dans *Le cahier brun*, la réflexion wittgensteinienne sur la compréhension et la signification. Cet exemple met en scène l'enfant apprenant d'abord à associer un certain nombre de sons (le mot) à un objet, puis à associer également des comportements à l'expression d'une volonté. Cet apprentissage se fait sur le modèle de la corrélation entre un signe et un objet, offrant ainsi une conception de la signification intrinsèquement liée à la dénomination (le mot signifiant étant pensé sur le modèle du nom suivant une longue tradition philosophique). La signification est alors corrélée au nom et correspond strictement à l'«objet dont le mot tient lieu», dans la mesure où «les mots du langage dénomment des objets [et où] les phrases sont des combinaisons de telles dénominations » (*RP*, § 1). D'une certaine façon, la signification se réduit alors au *référent* identifié par le mot, ou à sa *dénotation*.

1. Saint Augustin, *Les confessions*, trad. fr. J. Trabucco, Paris, GF-Flammarion, 1964, Livre I, chap. 8.

L'erreur d'Augustin, d'après Wittgenstein, est de réduire le langage à la forme primitive qu'il prend dans cet exemple d'apprentissage, plutôt que de le concevoir dans la diversité de ses usages (tels ceux donnés plus loin en exemple). Il lui reproche de ne faire aucune distinction entre les «catégories de mots», comme s'il n'y avait rien d'autre que des noms (substantifs ou noms d'activités et de propriétés) et des noms propres : «il ne pense pas en premier lieu à des mots tels que "aujourd'hui", "non", "mais", "peut-être"» (*BrB*, p. 137). Autrement dit, Augustin ne tient pas compte de l'apprentissage des mots dont on ne pourrait donner une définition ostensive, ceux-ci «finir[ont] bien par se trouver» (*RP*, § 1). Wittgenstein ne considère pas pour autant que cette conception du langage et de la signification est absolument fausse. Elle est, selon lui, incomplète et décrit une forme primitive du langage et de la signification qui caractérise effectivement la manière dont, la plupart du temps, les enfants apprennent à parler (*RP*, § 5, p. 29).

De là, va émerger une distinction importante entre l'*explication* de la signification et l'*apprentissage* du langage, qui n'est pas faite par Augustin. Ce dernier, en effet, «dans sa description de l'apprentissage du langage humain, fait comme si l'enfant allait dans un pays étranger dont il ne comprenait pas la langue; c'est-à-dire comme s'il était déjà en possession d'un langage, mais pas de ce langage-là. En d'autres termes comme si l'enfant pouvait déjà *penser*[1], mais pas encore parler» (*RP*, § 32). Wittgenstein introduit ici deux choses fondamentales. La première, qui sera développée ici, consiste à dire que, contrairement à ce que prétend le modèle augustinien de l'apprentissage du langage, nous n'avons pas un sens inné de la compréhension, nous ne savons pas *comment* utiliser un langage avant d'avoir fait

1. «Et "penser" signifierait ici quelque chose comme : se parler à soi-même», *RP*, § 32.

l'expérience de son usage[1]. Autrement dit, lorsque nous apprenons à parler, nous ne savons pas d'emblée ce à quoi correspond *parler*, *communiquer*, *montrer*, etc.

La seconde remarque est présupposée par l'introduction du terme de «pensée», qui suggère une connivence forte (pour ne pas dire une équivalence) entre le langage et la pensée. Il faut que l'enfant puisse penser pour comprendre le langage, selon le modèle augustinien; mais il doit posséder un langage pour pouvoir penser; ou pour le dire autrement : il faut bien qu'il ait acquis un premier langage.

Or, cet apprentissage du langage ne consiste pas à expliquer aux enfants le *sens* des mots, mais il consiste en un *dressage*. Ce qu'il appelle l'«enseignement ostensif des mots» fait partie de ce que Wittgenstein appelle le dressage. Le mode d'apprentissage des mots décrits par Augustin n'en est au fond qu'un exemple[2], puisqu'il est une «représentation primitive de la façon dont le langage fonctionne» (*RP*, § 2). Il ne s'agit pas pour l'enfant de repérer la signification d'un mot, c'est-à-dire d'être capable de demander certains éclaircissements ou certaines explications concernant l'usage de ce mot (il en est à ce stade incapable). Il doit se contenter de répéter ce que dit le maître lorsqu'il attire l'attention de l'enfant sur un objet particulier; «l'enseignement ostensif des mots établit une relation d'association entre le mot et la chose» (*RP*, § 6, p. 30). Dès lors, l'appren-

---

1. « J'ai envie de dire que le langage n'est qu'un raffinement, "au début était l'action" » dit Wittgenstein, « Ursache und Wirkung : Intuitives Erfassen », dans *Philosophical Occasions* J. Klagge et A. Nordmann (eds.), Indianapolis, Hackett Pub., 1993, p. 394.

2. Au § 19 de *Grammaire philosophique*, Wittgenstein dit de Saint Augustin : « Il décrit un calcul de notre langage, seulement ce calcul ne rend pas compte de tout ce que nous comprenons sous le langage », trad. fr. M.-A. Lescourret, Paris, Gallimard, 1980.

tissage de la signification du mot correspond à l'apprentissage de son usage.

Cependant cette association entre le mot et la chose n'est pas une *compréhension*, elle n'en est que le préliminaire. Par exemple, un enfant à qui l'on montrera à diverses reprises un même objet rouge en disant « rouge » croira assez facilement que l'objet qui lui est montré se dénomme « rouge », et commencera éventuellement à le désigner par ce mot. Ici, « l'énonciation d'un mot est comparable à la frappe d'une touche sur le clavier de la représentation » (*RP*, § 6), l'enfant associe le mot qu'il entend à une image dans son esprit. Ce type de cas, cette confusion engendrée par l'enseignement ostensif d'un mot, est fréquent et Wittgenstein en fournit plusieurs exemples dans les *Recherches*. Il souligne, de manière générale, l'ambiguïté interprétative de la définition ostensive d'un mot, puisqu'en effet, « dans *chaque cas*, la définition ostensive peut être interprétée de diverses façons » (*RP*, § 28).

Cela sert également d'argument pour montrer que l'*explication* ostensive d'un mot ne peut être une véritable explication qu'une fois acquis l'apprentissage de ce qu'est une explication de mot ; c'est alors le contexte qui permettra de déterminer si en montrant un objet et en disant « rouge », je signifie bien sa couleur et pas sa forme ou le terme qui le désigne. Comme le dit Wittgenstein, « la monstration intervient dans l'usage même des mots et non dans le seul apprentissage de l'usage » (*RP*, § 9, p. 32, trad. mod.). Autrement dit, la monstration est elle-même un usage que l'on apprend à maîtriser et à comprendre. Une fois qu'on maîtrise cet usage, on peut employer et comprendre une définition ostensive (ce qui n'exclut pas qu'il y ait parfois certaines équivoques).

Or les confusions philosophiques naissent bien souvent de ce qu'on croit avoir *expliqué* la signification d'un mot dès lors que l'on a montré l'objet qu'il désignait (comme dans le modèle d'Augustin). Encore faut-il savoir en quoi consiste le fait de définir un mot de manière ostensive. En effet, ce qui importe est le fait que cet apprentissage intervient toujours dans un certain cadre ou un certain contexte. C'est ce contexte de l'activité humaine qui va déterminer et donc conditionner la compréhension de la signification du mot par l'enfant. Ainsi, au fur et à mesure, l'enfant, voyant que je désigne par «rouge» tout un ensemble d'objets hétéroclites, finira par comprendre que je ne désignais pas par ce mot un objet, mais une autre de ses caractéristiques, sa couleur. Cette forme d'apprentissage introduit une autre notion fondamentale chez Wittgenstein[1], celle des «airs de famille» (*RP*, § 67). Les airs de familles permettent de regrouper différents concepts ou différents usages des mots, non pas en fonction d'une essence commune – on l'a compris, le fait de rechercher une essence sous les multiples manifestations du réel est typique pour Wittgenstein de l'illusion philosophique par excellence qu'est la soif de généralité – mais en fonction de traits présents dans chaque individu concerné et qui, à l'occasion d'une mise en rapport de ces individus, elle-même réalisée en fonction de certaines pratiques et donc de certains objectifs contextuels, sont considérés comme étant «similaires». La similarité entre des traits ou des qualités n'est donc pas une identité essentielle, mais un rapprochement circonstancié qui ne peut se justifier qu'en fonction des objectifs recherchés. Et ces similarités contextuelles permettent de former autant d'airs de famille qui regroupent, à une occasion donnée, des concepts, des usages, etc. C'est en remarquant cette ressemblance de famille plus ou moins évidente, plus ou moins formelle, que l'enfant

---

1. Voir ici A. Zielinska et notamment sur cette question J.-Ph. Narboux, «Ressemblances de famille, caractères, critères», dans S. Laugier (éd.), *Wittgenstein, métaphysique et jeu de langage, op. cit.*, et S. Cavell, *Les voix de la raison*, trad. fr. S. Laugier et N. Balso, Paris, Seuil, 1996, première partie, *passim*.

apprend à reconnaître une chaise, à désigner par le nom « oiseau » aussi bien un perroquet qu'un moineau, etc. Or, le philosophe se laisse parfois duper par « l'uniformité de l'apparence des mots » (*RP*, § 11) qui l'incite à « assimiler les unes aux autres les descriptions de l'usage des mots » (*RP*, § 10, p. 32, trad. mod.) alors même que ces usages peuvent varier quasiment à l'infini. Si les mots sont semblables, leurs usages ou leurs fonctions dans le langage les différencient ; c'est ce que montre l'exemple du paragraphe 12 (*RP*, p. 33) à travers la métaphore des manettes d'une locomotive qui sont toutes semblables et ont pourtant des rôles très différents (interrupteur, frein, pompe, etc.).

La référence d'un mot (l'objet auquel il renvoie dans le modèle ostensif) n'est donc pas le tout de sa signification, qui est bien plutôt le fruit de l'usage ; « La signification d'un mot est son usage dans le langage » (*RP*, § 43).

NOMS, SENS ET NON-SENS

On a pourtant tendance, suivant en cela l'exemple augustinien, à identifier la signification et la dénomination. Un mot n'aurait ainsi un sens que s'il était mis en correspondance avec une chose dont il parle. Cela est clairement la propriété du nom, et plus encore du nom propre : celui-ci a pour signification la référence à l'objet qu'il dénomme ; si je parle de Chirac, il semble bien que la signification du terme soit de référer à l'individu Jacques Chirac. En ce sens, le nom semble bien *se tenir* pour ce qu'il dénomme.

Cette fonction dénotative du langage est généralement considérée comme primordiale en ce qu'elle permet tout à la fois d'entrer dans l'apprentissage du langage – ce que Wittgenstein admet : on commence d'abord par apprendre à dénommer des choses – et, selon une vénérable tradition philosophique allant de Platon à Russell, d'identifier les composants les plus fondamentaux ou les plus élémentaires de la réalité. Selon Platon dans le *Théètète*[1], en effet, on ne peut que dénommer les éléments les plus simples de la réalité, et non pas les qualifier, ou les définir, car si on pouvait en dire quelque chose, cela supposerait qu'ils ne sont pas absolument simples, mais qu'ils ont des propriétés. Russell, qui est directement visé par Wittgenstein, reprend le même type d'argumentation dans la « Philosophie de l'atomisme logique »[2]; comme il le dit : « Un nom, au sens logique précis d'un mot dont le sens est un particulier, ne peut être appliqué qu'à un particulier que le locuteur connaît directement, parce qu'on ne peut nommer que ce que l'on connaît directement »[3]. Le nom propre dénomme véritablement un simple, ou un particulier, en ce qu'il est toujours le nom de cela, ou de ceci, connu par « accointance » dans toute sa singularité. Le véritable nom propre doit ainsi accomplir une fonction de désignation directe[4], et il est nécessairement lié à un particulier particulier (le nom de ceci n'est pas le nom de cela). Tel est bien le modèle que semble en définitive requérir Augustin lorsqu'il considère que l'initiation au langage se fait par l'identification d'objets absolument individués et donc absolument identifiables (une chaise est une chaise, et pas autre chose; Paul est Paul, et non pas Pierre; l'épée Nothung est l'épée Nothung jusqu'à ce qu'elle ne soit plus l'épée Nothung lorsqu'elle se brise en morceaux). Mais en réalité, ce que veut montrer Wittgenstein (notamment *RP*, § 47, p. 52-53), c'est que les exigences mêmes de Russell sont infondées et qu'il

1. Platon, *Théètète*, 202a-202c, trad. fr. M. Narcy, Paris, GF-Flammarion, 1994, p. 276-277.

2. Russell, « The Philosophy of Logical Atomism », dans *Logical Knowledge*, R.C. March (ed.), London, G. Allen & Unwin Ltd., 1956, p. 175-281; trad. fr. J.-M. Roy, « La philosophie de l'atomisme logique », dans *Écrits de logique philosophique*, Paris, PUF, 1989.

3. *Ibid.*, p. 357.

4. Voir A. Benmakhlouf, *Bertrand Russell. L'atomisme logique*, Paris, PUF, 1996, p. 56-57.

n'est nul besoin de présumer une *simplicité absolue* des choses dénommées par les noms pour que ceux-ci aient véritablement un sens, ou pour qu'ils jouent leurs rôles.

Il y a en fait un nombre indéfini de compréhensions de la simplicité d'une chose, relatives aux occasions de la déterminer. Rien n'est simple absolument, c'est-à-dire que rien n'est simple au sens de Russell : rien n'est tel qu'il empêche qu'on puisse poser à son propos des questions concernant ce qui vaut comme sa présence en tant que tel. Saisir ce que dénomme un nom, ce n'est ainsi pas saisir quelque chose dans une unicité absolue qui garantirait sa juste appréhension, mais saisir une chose qui n'est particulière que relativement à certains critères de la particularité qui sont mis en œuvre à cette occasion. Nous n'avons en effet pas besoin que la chose que nous dénommons soit absolument simple pour être distinctive et distinguée comme objet d'un nom, mais simplement qu'elle soit simple relativement aux objectifs qui nous guident quand nous considérons sa simplicité. Une chose sera ainsi simple dans un cas d'appréhension et complexe dans un autre.

En effet, il existe plusieurs façons d'appréhender la simplicité. Supposons que nous ne sachions pas qui est le véritable auteur des pièces écrites par Shakespeare et qu'elles aient pu être écrites par plusieurs personnes. Est-ce que je parle alors d'un individu particulier par le nom « Shakespeare » ? Tout dépend si vous souhaitez parler de l'auteur des pièces signées « Shakespeare » ou si vous souhaitez parler de sa vie amoureuse. Dans un cas, selon ce que vous voulez dire, vous pourrez considérer que vous dénommez bien un individu singulier en utilisant ce prénom (personne d'autre que la personne que vous désignez ne pourrait l'être), dans l'autre non[1]. Il en

---

1. Pour une discussion approfondie de ce point, voir C. Travis, *Les liaisons ordinaires*, Paris, Vrin, 2003, p. 55-85.

va de même avec les constituants simples du fauteuil du paragraphe 47 : tout dépend du type de considérations eu égard à la simplicité qui sont en jeu lorsqu'on recherche cette simplicité. Selon certains objectifs, les morceaux de bois suffiront pour être des composants du fauteuil ; dans d'autre cas, il faudra passer à une description au niveau subatomique pour en obtenir les constituants simples. Il y a donc de multiples façons d'être simple, comme il y a de multiples façons d'être composé. Tout dépend du contraste qu'il s'agit d'établir en un usage particulier du langage.

Il y a ainsi une variété indéfinie de façons d'établir une distinction, chacune valable en une occasion et pas en une autre, au sens où une façon précise permet d'établir la bonne distinction dans les circonstances précises où elle est utilisée. Il est ainsi des circonstances qui permettent bien de spécifier l'individu Russell quand on parle de lui par le nom « Russell » comme il en est d'autres où ce sera insatisfaisant. Mais il n'y a pas d'explication transcendant les occasions d'établir la distinction envisagée : la manière dont la distinction doit être établie dépend des circonstances.

Parler d'un individu singulier n'est ainsi pas affaire de saisie d'un particulier absolument particulier, mais affaire de distinction pertinente en des circonstances données. C'est pouvoir être capable de dire que c'est cet individu particulier que nous dénommons par ce nom dans ces circonstances. Dès lors, la signification du nom ne dépend pas du type d'objet qu'il désigne, mais du type de *rôle* que le mot-nom joue dans cet usage précis du langage. Être un nom, ce n'est pas signifier une entité absolument simple, mais désigner une chose, qui dans ce contexte et dans cet usage de la parole, vaut comme simple et peut être identifiée comme telle au moyen de ce nom.

SIGNIFICATION ET VOULOIR-DIRE (*MEINEN*)

La conception traditionnelle du langage ne cherche pas seulement à identifier la signification et la dénomination. Elle fait aussi de la signification une *expression*. Si l'on revient à la caractérisation du langage donnée par Augustin, on comprend qu'en plus de dénommer des choses, les mots sont les vecteurs des pensées et volontés des locuteurs[1] : comme le dit Augustin, les mots sont « les signes de ma volonté »[2]. Les hommes utilisent le langage pour *exprimer* leur intériorité[3]. Wittgenstein lui-même reprend l'idée que le langage est un « système de communication » – expression que l'on comprend souvent en philosophie comme voulant dire que les mots servent à communiquer à autrui ce que pense un locuteur. Telle est toute l'ambiguïté du terme « *meinen* » en allemand, ou « *meaning* » en anglais, qui correspond à la signification d'un mot (ou d'une phrase), mais qui exprime aussi l'intention de signification, la façon dont on entend un mot, et qu'on traduit parfois par « vouloir dire ». Il est courant en effet de chercher la signification d'une phrase en demandant ce qu'on a *voulu dire* par elle, comme si la signification se tenait derrière la phrase elle-même, comme si elle ne se réduisait pas à l'énoncé linguistique.

---

1. On passe de l'idée que la signification se réduit essentiellement à la dénotation à l'idée qu'elle relève d'un vouloir-dire par l'intermédiaire de l'idée que, suite à l'apprentissage, lors de « l'audition du mot, l'image de la chose se présente à l'esprit de l'enfant » (*RP*, § 6, p. 30). Le lien entre le mot et la chose qu'il représente serait ainsi assuré par une représentation mentale qui permettrait d'utiliser le mot en voulant dire quelque chose (ce qu'il représente, mentalement instancié).

2. Saint Augustin, *Les Confessions*, chap. VIII, p. 24. Il s'agit du chapitre qui est cité par Wittgenstein au § 1.

3. Pour reprendre la formule de J. Bouveresse, dans *Le mythe de l'intériorité*, Paris, Minuit, 1976.

C'est un des aspects de la question qu'examine Wittgenstein aux paragraphes 19 et 20 lorsqu'il se demande ce que veut vraiment dire le mot « dalle » alors qu'on peut en faire différents usages (comme ordre ou comme nom). Plus précisément, il se demande si « dalle », dans le jeu de langage restreint du paragraphe 2, ne correspond pas à la phrase elliptique « dalle » de notre langage ordinaire (et non pas à notre mot « dalle », qui n'est qu'un nom servant généralement à identifier un objet-dalle) – ce qui revient à se demander si 1) « dalle » ne veut pas dire 2) « apporte-moi une dalle »; comme si la signification de la phrase ne se donnait pas dans la phrase (1) elle-même, mais devait être donnée au moyen d'une autre phrase (2) censée exprimer (ou « traduire ») la première. La deuxième phrase aurait ainsi pour rôle de rendre compte de ce que veut vraiment dire la première, puisqu'on peut signifier « apporte-moi une dalle » en utilisant simplement l'expression « dalle ! ».

Cette façon de s'exprimer est assez ordinaire, mais tout le problème est de savoir ce à quoi correspond précisément le phénomène. Il semble en effet nécessaire, pour expliquer ce qu'on veut dire par un mot, de devoir le doubler par autre chose qui vient l'expliquer. On en vient alors généralement à construire une conception de la signification qui, pour Wittgenstein, s'avère n'être qu'une mythologie : celle selon laquelle c'est l'état mental exprimé par les mots (quel qu'il soit : c'est la volonté de dire quelque chose chez Augustin) qui confère aux mots leur signification. On considère alors que l'élément linguistique visible (1) n'est jamais que l'expression appauvrie d'une phrase complète (2) pensée, ou véritablement signifiée, lorsque (1) est employée. C'est donc bien (2) dans ce cadre qui vient donner un sens à (1). Ce pourquoi on peut dire que signifier véritablement consiste à penser parallèlement ce que l'on dit (à avoir « devant l'esprit » la phrase complète (2)), comme si un acte de l'esprit accompagnait l'énonciation. Je *penserais* ainsi dire « Apporte-moi une dalle » quand je *dis* « dalle » dans le jeu de langage du paragraphe 2. On considère là qu'un processus de traduction est à l'œuvre entre ma pensée et le langage que j'utilise pour l'exprimer.

Si l'on revient maintenant à l'analyse de l'expression (2) « Apporte-moi une dalle », on peut désormais considérer, dans un mouvement inverse, que l'on entend (*meint, means*) cette expression comme un seul mot ((1) « Dalle »), voulant dire ce que veut dire (1) dans le jeu de langage du paragraphe 2 (à savoir toujours l'ordre d'apporter une dalle). On pourrait donc parfois entendre (2) comme une expression composée et parfois comme une expression simple. C'est donc dire qu'il y a finalement une identité de signification entre (1) et (2). Pourtant, la forme des deux énoncés n'est pas identique et leur syntaxe est différente. Les énoncés, en tant que tels, sont donc différents – et c'est pourquoi l'on recherche à nouveau « derrière eux » une signification unique qu'ils exprimeraient (*RP*, fin du § 20)[1]. Là encore, cela motive la position d'une signification, ou d'une volonté (ou intention) de signification, qui transcende l'ordre linguistique et qu'on situe généralement dans l'ordre de la pensée.

Cette conception de la signification amène alors à penser que le langage verbal est une version appauvrie d'une sorte de langage mental (comme le pensait déjà Locke[2] et comme le pensera J. Fodor[3]) et que seule la signification mentale fait foi, de telle sorte que nous devrions nous tourner vers l'intériorité du locuteur pour savoir ce qu'il a voulu dire au moyen d'une phrase

1. Wittgenstein fait clairement référence ici à la problématique frégéenne qu'on trouve dans « Sens et référence », dans B. Ambroise et S. Laugier (éds.), *Philosophie du langage*, vol. I, Paris, Vrin, 2009, p. 49-84.

2. Locke, *An Essay Concerning Human Understanding* (1689), Oxford, Oxford University Press, 1979; trad. fr. J.-M. Vienne, *Essai philosophique concernant l'entendement humain*, Paris, Vrin, 2006, Livre I-IV, surtout livre III.

3. J. Fodor, *Language of Thought*, Cambridge (Mass.), Harvard University Press, 1975.

donnée (d'où la question : « Par l'expression "blablabla", puis-je
vouloir dire "S'il ne pleut pas, je sortirai me promener"? »).
Cette analyse donne la primauté à l'esprit dans la détermination
de la signification d'une expression et du langage en général.
C'est pourquoi on en vient d'ailleurs parfois à penser que les
animaux ne peuvent pas parler puisqu'ils ne disposent pas de la
capacité mentale (ou « conceptuelle ») le permettant (voir *RP,*
§ 25): ils ne pourraient pas signifier car ils ne peuvent rien
vouloir dire. Cette conception qui a dominé l'histoire de la philosophie – et qui reste prégnante – n'est pour Wittgenstein que
le résultat d'une « illusion grammaticale », c'est-à-dire d'une
mauvaise compréhension de notre usage des mots, qui nous
amène en l'occurrence à rechercher autre chose que ce qui est
présent. Que veut dire Wittgenstein ?

Faisant fond sur une observation phénoménologique (nous
n'avons pas l'impression que quelque chose accompagne notre
prononciation des mots), Wittgenstein anticipe seulement la
discussion du « langage privé » sans encore développer l'idée
que l'absence de critères publics empêche la correction de ce
type de langage et empêche ainsi qu'un tel langage puisse vouloir
dire quoi que ce soit. Ici, il s'agit de comprendre que le procédé
auquel recourt la conception traditionnelle ne fonctionne pas. Le
fait de redoubler le langage par la pensée (ou un quelconque
second niveau) pour identifier ce qui est vraiment dit n'est
qu'une échappatoire provisoire, car le dilemme auquel cela est
censé répondre se repose en fait au second niveau : qu'est-ce qui
permettra d'individualiser la pensée (ou la signification (2))
d'apporter une dalle comme la pensée qu'elle est, et non pas
comme une autre ? Car, en effet, « vouloir dire » quelque chose
n'a de sens ici qu'au sein d'une structure linguistique. C'est
toujours une structure linguistique (2) qui dit la vérité d'une
expression linguistique (1), ou qui en est la traduction explicite.
Le problème est que cette phrase de niveau (2) n'a elle-même de
sens pour nous que parce qu'elle est formulée dans une structure

que *nous* comprenons, donc dans une structure de notre langage. Autrement dit, si nous comprenons la phrase de niveau (2), c'est parce que nous pouvons lui donner un sens équivalent à l'énoncé de niveau (1). Mais c'est bien nous qui posons cette équivalence, et nous le faisons au sein de notre langage – auquel appartient l'énoncé (1). Plus exactement, nous posons cette équivalence au sein de notre pratique du langage, en stipulant que l'usage de (1) peut équivaloir, mais pas toujours, à l'usage de (2). Comme le rappelle Wittgenstein, « ce n'est que dans un langage que je peux vouloir dire quelque chose par quelque chose. Ce qui montre clairement que la grammaire de "vouloir dire" n'est pas semblable à celle de l'expression "se représenter quelque chose", ni à celle d'expressions analogues » (§ 35, encadré, p. 47). Ce n'est en effet que parce qu'un langage me permet ou me donne les moyens de mettre en équivalence certaines phrases que je peux poser cette équivalence, car je dispose alors des critères me permettant de la définir. Autrement dit, la recherche d'un élément supplémentaire qui est sous-entendue dans le « Que veux-tu vraiment dire ? » est une possibilité offerte par *notre* langage dans certains contextes, lorsqu'il s'agit notamment d'expliciter, donc de poser une équivalence. Mais il ne s'agit absolument pas là de chercher un équivalent *extra-linguistique*.

Plus précisément, un jeu de langage donné, relativement à un contexte donné et à des objectifs précis, va permettre qu'on puisse utiliser telle expression (b) à la place de telle autre expression (a), mais peut-être pas telle autre (c) à sa place. Cela pourrait être différent dans un autre jeu de langage, ou dans un autre contexte. Il n'est ainsi pas toujours possible d'identifier l'usage de (1) « dalle » à (2) « apporte-moi une dalle », notamment si (1) sert à identifier une dalle plutôt qu'à la demander – si (1) est utilisé dans le jeu de langage de la dénomination plutôt que dans celui de l'ordre. Cela permet donc également de saisir, le cas échéant, que l'on fait un ordre plutôt qu'un constat avec un même énoncé : cette identification ne résulte pas d'un mouvement supplémentaire de l'esprit qui qualifierait l'énoncé comme ordre ou comme assertion, mais simplement du rôle joué par la pronon-ciation de ces mots dans deux pratiques du langage différentes (*RP*, § 21)[1]. Ce sont ainsi uniquement les usages (qui comprennent également les mimiques, les gestes, les regards, etc.) que l'on entend faire des mots qui nous permettent de les comparer et donc, éventuellement, de les identifier (de leur trouver des ressemblances de familles). Mais cette identité (ou, tout aussi bien, une singularité) de signification n'est pas à rechercher dans un au-delà du langage dont il faudrait encore expliquer la qualité ; elle se donne directement dans les usages différenciés que nous faisons du langage, avec leurs ressemblances et leurs distinctions – caractéristiques qui sont à la disposition publique de tous ceux qui maîtrisent ces jeux de langage.

USAGE ET JEUX DE LANGAGE (FORMES DE VIE)

C'est au paragraphe 7 des *Recherches* que Wittgenstein introduit cette notion centrale de sa seconde philosophie, celle de « jeu de langage »[2]. Il lui donne trois sens. Celle-ci désigne, par exemple, « l'un de ces jeux par lesquels les enfants apprennent leur langue maternelle » ou encore un « langage primitif » comme celui dont il est question au paragraphe 2, c'est-à-dire une forme de langage simplifiée « qui permet d'avoir une vue synoptique du but et du fonctionnement des mots » (*RP*, § 5). Elle désigne également « les processus qui consistent à donner un nom aux pierres et à répéter les mots du maître ». Mais ces deux premières

1. Là encore, Wittgenstein répond au Frege de « Sens et référence » qui voulait ajouter un signe extra-linguistique à une proposition signifiante pour l'identifier comme assertion, et non pas comme ordre, prévision, etc.

2. Voir sur cette question, pour des développements supplémentaires, S. Laugier (éd.), *Wittgenstein, métaphysique et jeu de langage*, *op. cit.*

désignations ne servent au fond qu'à montrer un jeu de langage particulier possible. La définition la plus générale qui en est donnée est celle-ci : « J'appellerai aussi "jeu de langage" l'ensemble formé par le langage et les activités avec lesquelles il est entrelacé » (*RP*, § 7). Il convient de remarquer deux choses. Tout d'abord, la notion de « jeu de langage » se rapporte chez Wittgenstein à toute forme de langage, dans la mesure où un langage doit toujours signifier – il n'y a pas de langage, par définition signifiant, hors jeu de langage. D'autre part, cette notion indique que le langage est nécessairement lié à un *usage*, à des pratiques et à ce qu'il appellera pour la première fois au paragraphe 19 une « *forme de vie* » : « L'expression "jeu de langage" doit ici faire ressortir que parler un langage fait partie d'une activité ou d'une forme de vie » (*RP*, § 23). D'après ces deux remarques, on peut préciser que la signification dans le langage est intimement liée chez Wittgenstein à un usage au sens large, c'est-à-dire à une « forme de vie ». Cette « forme de vie » est ici simplement assimilée à une « activité » ou plutôt à un type d'activité, et permet à la conception wittgensteinienne de se démarquer de toutes les conceptions « pures » ou intellectualisées du langage (par exemples les conceptions vériconditionnelles), élaborées par la philosophie traditionnelle, qui veulent étudier le langage en soi et pour soi, mais perdent ainsi son caractère nécessairement lié au monde dans lequel il gagne un sens et aux objectifs pratiques qu'il sert.

Dès lors, la signification n'est plus figée ou dénotative (en tout cas pas dans tous les jeux de langage) mais elle est au contraire déterminée par les *règles d'usage* fixées par le jeu de langage au sein duquel un mot ou une expression sont employés, c'est-à-dire par une *grammaire*. Le concept de « jeu de langage » permet de délimiter l'espace de signification du contexte de parole, tandis que le concept de « grammaire » renvoie aux règles qui régissent ces « jeux de langage ». Pour ne fournir qu'un exemple, le « jeu de langage » du physicien n'est pas le même que celui du linguiste, et les mots n'ont donc pas le même sens dans chacun d'eux. Mais il ne faut pas réduire pour autant cette notion de « jeu de langage » à la désignation de certains « jargons » scientifiques. Cette notion s'applique à tout contexte d'énonciation plus ou moins délimité. La signification s'insère dans un jeu de langage caractéristique d'une forme de vie, qui se rapporte à une certaine activité humaine déterminant certains usages du langage. Par conséquent, « se représenter un langage veut dire se représenter une forme de vie » (*RP*, § 19). D'où la possibilité pour Wittgenstein d'inventer de nouvelles formes de langage, des langages simplifiés, primitifs ou complexes, liées à des pratiques, à des façons de vivre, des coutumes, des cultures différentes.

D'une certaine façon, l'usage en tant qu'il détermine une signification, permet d'identifier un jeu de langage. Ainsi, Wittgenstein se demande : « Quelle différence y a-t-il entre le constat ou l'assertion : "Cinq dalles" et l'ordre "Cinq dalles !" ? – La différence tient au rôle que joue dans le jeu de langage la prononciation de ces mots. » (*RP*, § 21). Et il ajoute plus loin dans le paragraphe que « ce qui les différencie se trouve seulement dans leur usage ». Un même mot prendra ainsi souvent une signification différente dans un jeu de langage différent (voir le § 33 où sont examinés différents usages du mot « bleu »). La notion de « jeu de langage » sert donc à ce titre de critique à la thèse de l'unicité et de l'univocité de la signification, celle qui fait « comme si "parler des choses" n'avait plus qu'un seul sens. Alors même qu'avec nos phrases nous faisons les choses les plus diverses » (*RP*, § 26, p. 41). Ceci n'est pas sans rappeler l'importance du contexte de l'apprentissage dans l'assimilation et la compréhension des mots.

Les « jeux de langage » sont donc aussi divers que les activités humaines. Ainsi, à l'encontre de la thèse qui voudrait qu'à chaque mot dans la phrase se rapporte une signification déterminée et figée, Wittgenstein met en avant le caractère nonfini et incommensurable du langage. Il n'y a pas de sens à se demander si un langage est complet ; ce serait alors comme se demander « à partir de combien de maisons ou de rues une ville devient-elle une ville » (*RP*, § 18). Cette question ne se pose ni pour les langages des paragraphes 1 et 2 qui ne consisteraient qu'en ordres, ni pour « notre » langage. Le langage et la signification ne sont jamais complets car, étant liés aux pratiques humaines, ils sont évolutifs et modulables, et le langage sans « le symbolisme chimique et la notation infinitésimale » (*ibid.*) est toujours un langage. C'est la diversité des jeux de langage et des contextes de leurs applications qui rend compte, pour ainsi dire, de la diversité des significations : « il y a d'*innombrables* catégories d'usages différents de ce que nous nommons "signes", "mots", "phrases", et cette diversité n'est pas fixée, donnée une fois pour toute ; mais de nouvelles formes de langage, de nouveaux jeux de langage […] voient le jour et d'autres vieillissent et tombent dans l'oubli » (*RP*, § 23, p. 39, trad. mod.). Dans ce même paragraphe, Wittgenstein fournit un certain nombre d'exemples de jeux de langage, qui témoignent de cette diversité. Il y compare les mots à des « outils » du langage ayant un « mode d'emploi ».

Cette image est tout à fait centrale dans les *Recherches*, puisqu'elle esquisse l'idée de *règles* d'usage. Ces règles caractérisent en effet la grammaire du jeu de langage considéré, et ce sont donc elles qui déterminent le *rôle* du mot dans la phrase, son *sens*. La métaphore du jeu et des règles (en particulier du jeu d'échec) est récurrente dans ce texte. Au paragraphe 31, Wittgenstein dit à propos du jeu d'échecs : « Mais on peut aussi imaginer que quelqu'un ait appris le jeu sans jamais en avoir appris les règles et sans jamais les formuler ». En réalité, cette idée de règles implicites est en lien direct avec la notion de « jeu de langage », car la plupart du temps (lorsque nous apprenons à parler, par exemple) nous n'explicitons pas les règles avant de les employer, nous les assimilons en apprenant à parler. Les règles d'usage d'un langage font partie de ce langage, et se manifestent implicitement lorsque nous l'employons. Nous n'avons pas besoin de les apprendre, mais c'est en les utilisant que nous les découvrons. Ceci nous renvoie à ce que Wittgenstein disait au sujet de la monstration et du fait que nous ne pouvons comprendre ce qu'est une définition ostensive avant d'avoir compris quel était son rôle dans l'explication d'un mot.

La notion de « jeu de langage » permet finalement d'éviter et d'expliquer les confusions philosophiques : « Quelqu'un qui ne garde pas en vue la diversité des jeux de langage sera sans doute enclin à poser des questions du genre : "Qu'est-ce qu'une question ?" » (*RP*, § 24), c'est-à-dire des questions à caractère essentialiste. Or, une question n'en est une que dans un certain contexte ; elle consiste parfois en une affirmation, comme lorsque je dis : « Ne fait-il pas un temps magnifique aujourd'hui ? » (*RP*, § 21). En effet, associant la rigueur de la règle à la souplesse des usages, la notion de jeu de langage restitue à la fois l'aspect vivant et mouvant du langage, sans ôter au sens sa capacité expressive et communicative.

Bruno AMBROISE
Valérie AUCOUTURIER

CHAPITRE II

COMBIEN MESURE LE MÈTRE ?
§ 50

I

Dans le paragraphe 50 des *Recherches philosophiques,*
Wittgenstein écrit :

> Qu'est-ce que cela signifie à présent que de dire des éléments que
> nous ne pouvons leur attribuer ni l'être ni le non-être ? – On
> pourrait dire : si tout ce que nous appelons « être » ou « non-être »
> consiste dans l'existence et la non-existence de combinaisons
> entre les éléments, alors cela n'a pas de sens de parler de l'être
> (non-être) d'un élément ; de même que, si tout ce que nous
> appelons « détruire » consiste dans la séparation d'éléments, cela
> n'a pas de sens de parler de la destruction d'un élément.

Mais, ajoute Wittgenstein, on aimerait dire :

> On ne peut pas attribuer l'être à l'élément, car s'il n'*était* pas, alors
> on ne pourrait même pas non plus le nommer ni par conséquent
> énoncer quoi que ce soit de lui. – Considérons cependant un cas
> analogue ! Il y a une chose dont on ne peut pas énoncer qu'elle a
> 1 m de long, ni qu'elle n'a pas 1 m. de long, et c'est le mètre-étalon
> de Paris. […]

Nous pouvons exprimer cela ainsi : ce modèle [de couleur] est un instrument du langage qui nous sert à formuler des énoncés de couleur. Il est dans ce jeu non pas un représenté, mais un moyen de représentation[1].

L'exemple du mètre-étalon est utilisé par Wittgenstein dans un but précis, qui est de clarifier ce que l'on peut vouloir dire lorsqu'on affirme que non seulement, étant donné la manière dont on a défini l'existence et la non-existence, on n'a pas encore donné de sens à l'idée d'une existence ou d'une non-existence de l'élément lui-même, mais, en outre, il n'est pas possible de donner un sens quelconque à l'idée qu'un élément existe, puisque, si "X" désigne un élément, l'utilisation de "X" comme nom présuppose l'existence de ce qu'il désigne ; et l'on ne peut par conséquent se servir de "X" pour dire de façon douée de sens que l'objet désigné X existe ou n'existe pas. On pourrait dire que les éléments donnent l'impression de fonctionner comme paradigmes pour l'attribution du prédicat « existe » lui-même. Ils constituent ce qui doit exister, en tout état de cause, pour que l'on puisse dire de quoi que ce soit qu'il existe ou n'existe pas (et même pour que l'on puisse dire quelque chose en général). Mais

---

1. Lorsqu'il discute la conception philosophique selon laquelle les éléments peuvent uniquement être *nommés* et non pas *décrits* de quelque façon que ce soit, Wittgenstein se réfère généralement à un passage caractéristique du *Théétète* (20le-202c). Le problème est évoqué notamment dans la *Grammaire philosophique*, où Wittgenstein écrit : « Un objet ne peut, en un certain sens, être décrit » (également chez Platon : "Il ne peut être expliqué, mais seulement nommé"). Par "objet" on entend ici "signification d'un mot qui n'est pas davantage définissable" et par "description" ou "explication" à proprement parler : définition. Car, que l'objet puisse "être décrit de l'extérieur", que l'on puisse par exemple lui attribuer des propriétés, on ne le nie naturellement pas. Nous pensons donc, avec une phrase comme celle qui est citée plus haut, à un calcul avec des signes indéfinissables – mais, pour dire les choses exactement, non-définis – les noms, et nous disons d'eux qu'ils ne peuvent pas être expliqués », *PG*, p. 271.

précisément pour cette raison, parce qu'ils ne peuvent pas ne pas exister, cela n'a pas de sens d'énoncer qu'ils existent.

La solution de ce paradoxe apparent est fournie à la fin du paragraphe 50, lorsque Wittgenstein conclut :

> Et dire « Si ce n'*était* pas, alors cela ne pourrait pas avoir de nom », dit dans ces conditions autant, et aussi peu, que : s'il n'y avait pas cette chose, alors nous ne pourrions pas l'utiliser dans notre jeu. – Ce que, apparemment, il *doit* y avoir fait partie du langage. C'est dans notre jeu un paradigme ; quelque chose avec quoi l'on compare. Et constater cela peut vouloir dire faire une constatation importante ; mais cela n'en est pas moins une constatation concernant notre jeu de langage – notre mode de représentation.

En d'autres termes, un énoncé qui donnait l'impression d'attribuer une propriété extraordinaire à un objet s'avère être en réalité un énoncé concernant l'usage tout à fait particulier que nous faisons de cet objet dans notre jeu de langage. Constater qu'on ne peut dire du mètre-étalon de Paris ni qu'il a 1 mètre de long ni qu'il n'a pas 1 mètre de long revient simplement à constater qu'il est utilisé comme paradigme de l'unité de longueur dans le système métrique. Ce qui a première vue pouvait apparaître comme une conséquence paradoxale du fait que nous l'utilisons de cette façon dans notre jeu de langage est en fait simplement une autre façon de dire que nous l'utilisons de cette façon. Quant à l'idée que les choses qui, comme le mètre-étalon, constituent des moyens de représentation, doivent nécessairement exister, elle ne contient rien de plus que la constatation triviale du fait que, si les choses que nous utilisons comme paradigmes pour expliquer l'usage de certains mots n'existaient pas, nous ne pourrions pas en faire l'usage tout à fait spécifique que nous en faisons.

Dans un passage d'une leçon de 1935, qui anticipe directement le paragraphe 50 des *Recherches philosophiques,* Wittgenstein s'exprime de la façon suivante :

Il n'est pas nécessaire que, pour que l'on puisse comprendre le mot « orange », quelque chose d'orange doive exister. Et si nous avons un jeu dans lequel l'échantillon est orange, alors c'est un non-sens de citer l'échantillon à l'appui de l'affirmation que quelque chose d'orange doit exister. Cela serait comme dire qu'il doit y avoir quelque chose d'un pied de long, parce que le pied de Greenwich, le paradigme, a un pied de long. Ou comme dire que pour parler de cinq choses il doit y avoir cinq choses, les cinq choses en question, cinq lettres par exemple, étant le paradigme [1].

Il est effectivement tentant de dire que, si le mot « jaune », par exemple est utilisé en liaison avec un paradigme, il doit y avoir au moins une chose qui est incontestablement jaune, à savoir le paradigme lui-même, de la même façon que, si l'expression « 1 m » est utilisée en liaison avec un paradigme, en l'occurrence le mètre-étalon de Paris, alors, même si aucun objet au monde ne se trouvait avoir exactement une longueur d'un mètre, il y aurait tout de même forcément une chose qui a cette longueur, à savoir celle qui l'a en quelque sorte par définition : le mètre-étalon lui-même. Mais Wittgenstein soutient que c'est précisément parce que et dans la mesure où nous utilisons l'objet concerné comme paradigme pour l'attribution d'une longueur donnée ou, plus généralement, d'une propriété quelconque que cela n'a pas de sens de lui attribuer à lui-même cette propriété. Contrairement à ce que semblent supposer certains interprètes, il ne nie certainement pas que des énoncés comme « Le mètre-étalon a 1 m » et « Le mètre-étalon n'a pas 1 m » puissent être utilisés de façon douée de sens à propos de la barre de métal en platine-iridium qui est déposée au Pavillon des Poids et Mesures à Sèvres. Mais, pour qu'ils le soient, il faut que la barre de métal en question cesse justement d'être utilisée comme paradigme et que l'indication de longueur qui est formulée à son sujet se réfère à un autre objet utilisé comme paradigme ou à un autre mode de définition

1. *Les Cours de Cambridge 1932-1935*, p. 120/147.

du mètre, comme par exemple la distance parcourue par la lumière (dans le vide) pendant une certaine fraction de seconde. Un objet qui est utilisé normalement comme paradigme peut parfaitement être traité à un moment donné comme un objet à mesurer. Wittgenstein insiste précisément sur le fait que l'impossibilité de dire du mètre-étalon qu'il a 1 m de longueur ou qu'il n'a pas 1 m de longueur est une caractéristique de notre jeu de langage, et non de l'objet physique auquel nous faisons référence. C'est seulement si c'était une propriété de l'objet lui-même qu'il s'agirait effectivement d'une propriété tout à fait étrange et incompréhensible.

Le parallélisme que Wittgenstein cherche à établir entre le cas des éléments et celui du mètre-étalon de Paris peut donc être résumé ainsi. Il semble que nous attribuions une propriété métaphysique tout à fait particulière à un objet non physique lorsque nous constatons qu'on ne peut dire d'un élément (par exemple, la couleur rouge) ni qu'il existe ni qu'il n'existe pas. Mais en réalité nous ne faisons rien de tel, pas plus que nous ne conférons une propriété physique extraordinaire à un objet de l'espèce ordinaire lorsque nous disons du mètre-étalon qu'on ne peut énoncer de lui ni qu'il a 1 m de long ni qu'il n'a pas 1 m de long. Dans les deux cas, un énoncé qui porte sur l'usage d'une expression dans un jeu de langage est interprété à tort comme un énoncé portant sur un objet qui est représenté dans le jeu de langage. Même s'il n'y avait plus dans le monde aucune chose rouge, on devrait au moins pouvoir dire qu'il n'y en a plus aucune. Et pour que le mot « rouge » puisse encore être utilisé de façon douée de sens, il faut bien, semble-t-il, que le rouge existe ; mais il doit exister en un sens métaphysique, qui interdit précisément de dire de lui, au sens auquel on le dirait d'une chose ordinaire quelconque, qu'il existe. Russell observe que, si "X" est un nom propre proprement dit (un nom propre *logique),* il ne doit pas pouvoir être utilisé dans des assertions du type « X existe » (qui est en pareil cas une sorte de tautologie) ou « X n'existe pas » (qui a toutes les appa-

rences d'une contradiction). Le même genre d'interdit pèse sur
"X", s'il désigne un objet, au sens du *Tractatus*. La version
métaphysique de cette constatation consiste à dire que les objets
sont intemporels, immuables et indestructibles : « Je ne veux
appeler "*nom*" que ce qui ne peut pas figurer dans la combinaison
"X existe". – Et de ce fait on ne peut pas dire "Rouge existe",
parce que, s'il n'y avait pas le Rouge, on ne pourrait tout
simplement pas parler de lui. » – Plus exactement : si "X existe"
est censé dire la même chose que : "X" a une signification[1], –
alors ce n'est pas une proposition qui traite de X, mais une proposition concernant notre usage linguistique, à savoir notre usage
du mot "X" ».

Nous avons l'impression que nous disons quelque chose sur
la nature de Rouge en disant : les mots « Rouge existe » ne
donnent pas de sens. Il existe justement « en soi et par soi »[2]. La
même idée, – qu'il s'agit là d'un énoncé métaphysique portant
sur Rouge – s'exprime également dans le fait que nous disons par
exemple que Rouge est intemporel, et peut-être *plus* fortement
encore dans le mot « indestructible ».

Mais à proprement parler nous ne *voulons* justement
concevoir « Rouge existe » que comme énoncé qui dit que le mot
« rouge » a une signification. Ou peut-être plus exactement
« Rouge n'existe pas » comme « "Rouge" n'a pas de signification ». Seulement nous ne voulons pas dire que l'expression *dit*
cela, mais que c'est *cela* qu'elle devrait dire, *si* elle avait un sens.
Que cependant, lorsqu'elle essaie de dire cela, elle se contredit
elle-même – puisque justement Rouge est « en soi et par soi ».
Alors que, s'il y a une contradiction éventuelle, elle ne réside
que dans le fait que la proposition a l'air de parler de la couleur,

---

1. [N.d.É.] La traduction française (p. 60) place mal les guillemets (… que :
« X a une signification »), ce qui fausse le sens du passage.

2. *Cf.* le passage du *Théétète* cité au § 46 de *RP*.

alors qu'elle est censée dire quelque chose sur l'usage du mot « rouge » (*RP*, § 58).

Or, précisément, une signification n'existe pas « en soi »; elle n'a rien d'indestructible, et il est parfaitement concevable qu'elle se perde. Ou, plus exactement, « X a une signification » dit à propos de l'usage du mot "X" quelque chose qui pourrait très bien devenir faux :

> Si nous oublions quelle est la couleur qui a ce nom, alors il perd sa signification pour nous ; c'est-à-dire que nous ne pouvons plus jouer avec lui un jeu de langage déterminé. Et la situation peut alors être comparée à celle dans laquelle le paradigme, qui était un instrument de notre langage, a été perdu. (*RP*, § 57)

Dans les *BGM*, Wittgenstein soulève explicitement la question de savoir si l'instrument qui nous sert de paradigme pour la mesure ne peut pas lui-même être mesuré dans certains cas :

> Je mesure une table, et elle a 1 m de long. – À présent j'applique un mètre contre un autre mètre. Est-ce que je le mesure ce faisant ? Est-ce que je trouve que le deuxième mètre en question a 1 m de long ? Est-ce que je fais la même expérience de mesure, seulement avec cette différence que je suis sûr de ce que je vais obtenir ?
> En vérité, lorsque j'applique la règle graduée contre la table, est-ce que je mesure toujours la table ; est-ce que je ne contrôle pas parfois la règle ? Et en quoi consiste la différence entre l'un de ces processus et l'autre ?[1].

À un moment donné, les deux usages très différents que l'on peut faire d'un énoncé comme « Le pied-étalon de Greenwich a un pied » sont utilisés précisément comme exemple pour illustrer la différence qui existe entre une proposition proprement dite et une règle de grammaire :

---

1. *BGM*, I, § 93 (trad. fr., p. 67).

Pour illustrer les rôles différents de la proposition et de la règle de grammaire, supposez que l'étalon d'un pied de longueur soit une barre dans ma chambre, et supposez que la barre de Greenwich concorde exactement avec cette barre. Dire « La barre de Greenwich a dans les faits un pied de longueur », consiste à asserter une proposition, alors que pour le moment cela n'a pas de sens de dire cela. C'est une définition [1].

Il est important de remarquer que, si Wittgenstein utilise à l'occasion l'opposition traditionnelle *a priori-a posteriori*, il le fait toujours avec une certaine distance et sur le mode d'une simple concession à la terminologie en usage. Chez lui, la distinction ne renvoie pas à deux façons différentes de reconnaître la vérité d'une proposition, mais à une différence d'usage ou de fonction, une différence dans la façon d'utiliser la proposition, dont rien n'autorise à supposer qu'elle devrait nécessairement coïncider avec la première, à supposer que celle-ci ait réellement un sens acceptable. Wittgenstein ne dit pas, par exemple, que les propositions mathématiques ont été reconnues comme vraies « indépendamment de l'expérience », il dit qu'elles ont été acceptées sur la base de l'expérience et ensuite *rendues* indépendantes de l'expérience. La distinction *a priori-a posteriori* n'est donc pas chez lui, comme elle l'est chez Kripke, épistémique. « *A priori* » ne signifie et n'implique pas non plus rien de tel que « connu *a priori* » ou même simplement « connaissable *a priori* ».

Dans les *BGM,* Wittgenstein souligne qu'« une proposition que l'on ne doit pas pouvoir se représenter autrement que comme vraie a une autre *fonction* que celle pour laquelle les choses ne sont pas ainsi » [2]. Mais une même proposition, comme par exemple « Le pied-étalon de Greenwich a un pied » peut être utilisée soit pour formuler un énoncé qui est tel que l'on ne peut

---

1. *Les Cours de Cambridge, 1932-1935*, p. 70/91.
2. *BGM*, IV, § 4 (trad. fr., p. 197).

pas se représenter sa négation comme vraie, soit pour formuler un énoncé pour lequel ce genre de chose est tout à fait possible. Tout à la fin des *BGM,* Wittgenstein constate :

> Toute proposition d'expérience peut servir de règle, si – comme une partie de machine – on la fixe, la rend immobile, de sorte qu'à présent toute la représentation tourne autour d'elle et elle devient une partie du système de coordonnées et indépendante des faits [1].

Le point important est que l'acte par lequel une proposition acceptée initialement sur la base de l'expérience est rendue ensuite indépendante de l'expérience et érigée en forme de description pour l'expérience ne doit pas être compris comme un acte de connaissance d'un type tout-à-fait spécifique. Lorsqu'il discute le statut de l'axiome en mathématiques, Wittgenstein remarque :

> Que nous ne fassions pas ici des expériences (*Versuche*) *mais* reconnaissions l'évidence (*das Einleuchten*), cela fixe déjà l'utilisation. Car en vérité nous ne sommes pas naïfs au point de faire valoir l'évidence de préférence à l'expérimentation.
> Ce qui en fait une proposition mathématique n'est pas qu'il nous apparaît comme évidemment vrai, mais que nous donnons cours à l'évidence (*das Einleuchten gelten lassen*) [2].

Par conséquent, même si une intuition ou une évidence spécifiques peuvent jouer un rôle dans le processus qui conduit à la reconnaissance de l'axiome, ce qui est déterminant n'est pas, aux yeux de Wittgenstein, l'évidence elle-même, mais le fait que nous choisissions de lui donner raison une fois pour toutes, de la valider indépendamment de tout ce qui peut normalement être entrepris pour vérifier ou réfuter une proposition. En d'autres termes, qu'il soit ou non évident, « nous donnons à l'axiome

---

1. *BGM*, VII, § 74 (trad. fr., p. 345).
2. *BGM*, IV, § 3 (trad. fr., p. 196).

un autre mode de reconnaissance qu'à la proposition d'expérience. Et par là je ne veux pas dire que l'"acte mental de la reconnaissance" est autre »[1].

Une théorie cognitiviste de la nécessité, pour laquelle l'adhésion que nous donnons à des propositions nécessaires repose sur la reconnaissance de faits objectifs d'un type particulier, peut se sentir obligée de répondre à la question de savoir si le fait qu'exprime une proposition nécessaire ne peut être reconnu que d'une seule façon, à savoir *a priori,* ou si au contraire, comme l'affirme Kripke, une proposition ne pourrait pas être nécessaire, et néanmoins connue *a posteriori.* Mais il est difficile de donner un sens quelconque à cette question dans une perspective comme celle de Wittgenstein, puisque, pour lui, l'apriorité d'une proposition ne consiste pas dans le fait qu'elle est (ou en tout cas peut être) reconnue comme vraie indépendamment de l'expérience, mais dans le fait que, même si des faits d'expérience de nature diverse ont pu nous amener à l'accepter et des faits d'expérience pourraient d'ailleurs également nous convaincre, le cas échéant, de l'abandonner, on peut dire d'elle ce qu'il dit de l'axiome, à savoir que « nous lui conférons une fonction déterminée et qui contredit celle de la proposition d'expérience »[2].

II

Dans le paragraphe 50 des *Recherches philosophiques,* Wittgenstein cherchait, comme on l'a vu, à dissiper l'impression que l'on a attribué une caractéristique tout à fait singulière au mètre-étalon de Paris en constatant qu'on ne peut dire de lui ni

1. *BGM*, IV, § 5 (trad. fr., p. 197).
2. *BGM*, IV, § 5 (trad. fr., p. 197).

qu'il a 1 m de long ni qu'il n'a pas 1 m de long. Cela revient en un certain sens simplement à observer qu'un élément de représentation n'est pas lui-même représentable dans le système de représentation qu'il contribue à déterminer. Fixer une unité de mesure est une opération totalement différente de celle qui consiste à donner une indication de longueur. La différence est la même que celle qui existe entre mettre sa montre à l'heure et indiquer l'heure qu'il est. Et Wittgenstein soutient que toutes les propositions grammaticales sont des propositions qui expriment notre adhésion à une forme de description et qui, pour cette raison, ne sont pas elles-mêmes descriptives. C'est la raison pour laquelle il affirme à un moment donné que celui qui sait une proposition mathématique n'est pas encore censé rien savoir : « La proposition mathématique ne doit fournir que l'armature (*Gerüst*) pour une description »[1].

La difficulté particulière, dans le cas de la proposition selon laquelle le mètre-étalon de Paris a 1 mètre, est que cette proposition peut évidemment aussi être utilisée comme une proposition empirique portant sur la longueur de la barre de métal concernée. Et c'est cette dualité d'usage qui peut faire naître la tentation de considérer qu'il s'agit, comme le pense Kripke, d'une proposition qui est contingente et néanmoins *a priori*. Dans les *BGM*, Wittgenstein observe à propos de cette question :

> Le rôle des propositions qui traitent des mesures et ne sont pas des « propositions d'expérience ». – Quelqu'un me dit : « Cet intervalle a 240 pouces de long ». Je dis : « Cela fait 20 pieds, donc environs 7 pas » et j'ai à présent obtenu un concept de la longueur. – La transformation repose sur des propositions arithmétiques et sur la proposition selon laquelle 12 pouces = 1 pied.
> Cette dernière proposition, personne, d'ordinaire, ne la déclarera comme une proposition d'expérience. On dit qu'elle exprime une convention, Mais la mesure perdrait son caractère usuel, si par

---

1. *BGM*, VII, § 2 (trad. fr., p. 288).

exemple l'alignement bout à bout de 12 morceaux d'un pouce ne donnait pas d'habitude une longueur qui à son tour peut être préservée de façon spéciale[1].

La proposition « 12 pouces = 1 pied » n'est pas une proposition d'expérience, parce que, même si la possibilité de mesurer, comme nous le faisons, les choses en pouces et en pieds dépend de conditions empiriques diverses, qui pourraient très bien ne pas être réalisées, la proposition n'énonce pas que les conditions en question *sont* réalisées. Elle est utilisée précisément de façon intemporelle et sans aucune référence à des circonstances empiriques quelconques. De la même façon, la proposition selon laquelle le mètre-étalon a 1 mètre ne signifie pas qu'une longueur qui a été distinguée pour certaines raisons peut être préservée et l'est effectivement avec un soin particulier dans un endroit spécial aménagé à cet effet. Mais que personne ne considère normalement la règle de conversion « 12 pouces = 1 pied » comme une proposition d'expérience ne signifie pas que même l'énoncé « 12 pouces = 1 pied » ne pourrait pas éventuellement jouer le rôle d'une proposition d'expérience.

Ce qui est dit à propos du mètre-étalon de Paris est en un certain sens incontestable, puisque, comme le disent Baker et Hacker, « ce que Wittgenstein veut souligner est simplement que les objets, lorsqu'ils sont utilisés comme échantillons (*samples*), ont un rôle normatif; ils font partie, pour ainsi dire, des moyens utilisés pour mesurer, et non de ce qui est mesuré »[2]. Si indiquer la longueur d'un objet en mètres veut dire comparer sa longueur avec celle de la barre de métal qui sert de mètre-étalon, que pourrait-on vouloir dire en disant du mètre-étalon lui-même qu'il a 1 mètre de long, sinon qu'il a la longueur qu'il a? De même, si

1. *BGM*, VII, § 1 (trad. fr., p. 287).

2. G.P. Baker and P.M.S. Hacker, *Wittgenstein : Understanding and Meaning, An Analytical Commentary on the* Philosophical Investigations, vol. 1, Oxford, Blackwell, 1980, p. 299-300.

dire d'un objet qu'il a la couleur rouge consiste à dire qu'il a la couleur de l'objet qui sert de paradigme pour l'attribution de cette couleur, que pourrait-on vouloir dire en disant du paradigme lui-même qu'il est rouge, si ce n'est qu'il a la couleur qu'il a ? Le paradigme ne peut apparemment pas avoir, au sens usuel, la propriété concernée et en même temps servir à la définir.

Pourtant, il est difficile d'échapper à l'impression qu'a eue Kripke, à savoir que l'on aboutit bel et bien à un paradoxe insoutenable. Si la barre de métal que nous utilisons comme paradigme pour la mesure des longueurs dans le système métrique a, comme tout objet de ce genre, une longueur, pourquoi cette longueur ne serait-elle pas, comme celle de n'importe quel autre objet, exprimable dans le système métrique ? Et puisque c'est, de toute évidence, une propriété contingente de la barre de métal en question que d'avoir la longueur qu'elle a à un moment donné (même si l'on fait en sorte qu'elle conserve, autant que possible, toujours exactement la même longueur), pourquoi ne pourrait-on pas dire de façon douée de sens qu'elle a précisément cette longueur ? De même, si l'on ne peut pas dire du paradigme utilisé pour l'attribution de la couleur sépia, du sépia prototypique, qu'il est sépia, de quel autre objet pourrait-on bien le dire ? Or Wittgenstein soutient également qu'on ne peut dire de lui ni qu'il est sépia ni qu'il ne l'est pas et que cela n'a pas de sens de dire qu'il est sépia précisément parce que et pour autant que cela n'a pas de sens de dire qu'il ne l'est pas.

La plupart des philosophes qui ont réagi à cette affirmation de Wittgenstein ont évidemment admis sans difficulté la deuxième impossibilité, à savoir qu'il n'est pas possible de dire du mètre-étalon qu'il n'a pas 1 mètre de long. Ce qui fait problème est l'impossibilité corrélative supposée d'asserter la proposition positive : « Le mètre-étalon a 1 m de long ». Comme l'écrit Nathan Salmon :

> Wittgenstein soutient que l'on ne peut dire de S [le mètre-étalon] ni qu'il a un mètre de long ni qu'il n'a pas un mètre de long. Sur

une partie de cette affirmation, il ne peut y avoir de contestation. On ne peut assurément pas dire proprement de *S* qu'il n'a pas un mètre de long[1].

Or si l'on ne peut pas dire que le mètre-étalon n'a pas 1 mètre de long, parce que cela reviendrait à asserter une chose qui est évidemment fausse, pourquoi ne peut-on pas asserter correctement la vérité évidente corrélative, à savoir qu'il a 1 mètre de long?

L'argument essentiel que Kripke utilise pour réfuter la conception de Wittgenstein consiste à faire remarquer que, puisque l'on peut dire de façon parfaitement douée de sens et en outre vraie : « La longueur du mètre-étalon de Paris pourrait ne pas être 1 m », on doit pouvoir dire également : « La longueur du mètre-étalon de Paris est 1 m ». On peut tout à fait dire du mètre-étalon qu'il a 1 mètre de long et également qu'il n'a pas 1 mètre de long. La première proposition est vraie et la seconde fausse ; mais elles le sont de façon contingente et donc parfaitement dicible. Comme le fait remarquer Dummett[2], l'argument de Kripke a une certaine ressemblance avec un argument que l'on trouve exposé chez Moore et qui est supposé remettre en question la thèse selon laquelle « existe » n'est pas un prédicat, plus précisément la thèse russellienne selon laquelle on ne peut pas dire de façon douée de sens « Ceci existe ». L'objection consiste à invoquer le fait que, dans tous les cas où l'on peut dire « Ceci aurait pu ne pas exister », on devrait pouvoir dire également de façon douée de sens « Ceci existe ». Moore écrit :

> Il me semble que vous pouvez clairement dire *avec vérité* d'un objet quelconque de ce genre [un tigre apprivoisé] « Ceci pourrait

---

1. N. Salmon, « How to Measure the Standard Metre », *Proceedings of the Aristotelian Society,* vol. LXXXVIII (1988), p. 206.

2. M. Dummett, *Frege : Philosophy of Language*, London, Duckworth, 1973, p. 112-113.

ne pas avoir existé », « Il est logiquement possible que cela n'ait pas existé » ; et je ne vois pas comment il est possible que « Ceci pourrait ne pas avoir existé » soit vrai, à moins que « Ceci existe en fait » ne soit vrai et donc également signifiant [1].

Nathan Salmon est en désaccord à la fois avec Wittgenstein et avec Kripke, puisqu'il estime que l'énoncé « La longueur du mètre-étalon est 1 m » est effectivement contingent, mais *a posteriori*. Il admet cependant que, de même que Kripke a raison en partie, il pourrait y avoir quelque chose de vrai dans la remarque déconcertante de Wittgenstein à propos du mètre-étalon, en ce sens que la proposition apparemment anodine selon laquelle le mètre-étalon a 1 mètre est peut-être une proposition que nous ferions mieux de nous abstenir d'asserter, si nous ne voulons pas avoir à affronter un paradoxe sceptique du type suivant :

> Le jeu de langage consistant à mesurer les choses avec un mètre implique un critère simple pour savoir quelle est la longueur d'une chose. Pour que la personne qui fixe la référence sache quelle longueur a une chose quelconque, elle doit être capable de spécifier sa longueur en mètres *et* elle doit savoir quelle est la longueur du mètre-étalon. Dire qu'elle sait que *S* a exactement un mètre de long lui attribue une connaissance de la longueur exacte qu'a le mètre-étalon. Mais elle ne pourrait pas avoir acquis cette connaissance par la mesure. Si elle a une telle connaissance, elle ne peut l'avoir acquise qu'en regardant simplement *S*. Cela exigerait que *S* soit ce qu'il ne peut pas être : connaissable d'une manière unique dont aucun autre objet n'est connaissable et dont lui-même ne serait pas connaissable s'il n'avait pas été choisi arbitrairement comme l'étalon.

---

1. G.E. Moore, « Is Existence a Predicate ? », dans A. Plantinga (ed.), *The Ontological Argument,* New York, Garden City, Anchor Books, Doubleday & Company, Inc., 1965, p. 82.

Conséquence : celui qui fixe la référence ne sait pas que S mesure un mètre.

> Cela, à son tour, amène à une conclusion sceptique qui est même encore plus forte. Car si la personne qui fixe la référence ne sait pas quelle est la longueur de S, elle ne peut pas savoir, et ne peut même pas découvrir, quelle est la longueur de *quoi que ce soit*. Mesurer la longueur d'un objet en utilisant S lui dit seulement quel est le rapport de la longueur de l'objet à la longueur de S[1].

La difficulté provient du fait que nous voudrions pouvoir considérer la proposition « Le mètre-étalon de Paris a 1 m » à la fois comme un énoncé portant sur notre système de mesure et indiquant que la barre de métal en question est utilisée comme paradigme dans ce système, et comme une indication de longueur formulée à propos de cette barre. Et Wittgenstein soutient que ces deux rôles sont complètement différents et incompatibles. La question « Comment savons-nous que la longueur de cette barre de métal est exactement 1 m ? » a un sens clair si la proposition est utilisée de la deuxième façon ; mais elle n'en a aucun si la réponse est condamnée à enregistrer simplement le fait que l'objet dont il s'agit est le représentant canonique de l'unité de longueur dans le système métrique. C'est seulement si l'on amalgame abusivement ces deux usages que l'on risque de

---

1. N. Salmon, *op. cit.*, p. 210. Si nous persistions à dire que nous savons exactement quelle est la longueur de S sans avoir eu à la mesurer, « cela rendrait S inexplicablement unique, différent du point de vue de l'accessibilité épistémique de tous les autres objets et de ce qu'il aurait été s'il n'avait pas été choisi comme l'étalon, uniquement en vertu du rôle spécial qu'il en est venu arbitrairement à tenir comme résultat d'un accident de l'histoire et de la culture humaines. Puisque c'est impossible, nous sommes amenés à la conclusion sceptique que nous ne savons pas, et ne pouvons pas découvrir, quelle est la longueur de quoi que ce soit » (*ibid.*, p. 211). Salmon conclut finalement que, « si dire quelque chose qui est trivialement vrai nous amène à dire d'autres choses qui semblent beaucoup plus alarmantes qu'elles ne le sont en réalité, il peut être préférable de ne rien dire » (*ibid.*, p. 216).

se heurter à un problème d'«accessibilité épistémique» insoluble du genre de celui qui est formulé par Salmon. Le paradoxe provient du fait que nous continuons à chercher pour le paradigme lui-même un équivalent de ce qui nous permet, dans le cas d'un objet ordinaire X quelconque, de savoir quelle est la longueur exacte de X (la réponse est donnée justement par la mesure) et que, par définition, il ne peut y avoir rien de tel dans le cas du paradigme.

Comme le font remarquer Baker et Hacker, on pourrait s'imaginer que toute expression expliquée ou appliquée en référence à un paradigme est implicitement relationnelle, et que, par exemple, dire qu'un objet est rouge consiste à dire qu'il a la même couleur que le paradigme utilisé pour l'attribution de la couleur rouge ou dire qu'un objet a 1 mètre de long consiste à dire qu'il a la même longueur que le mètre avec lequel nous le mesurons (et en dernière analyse que le mètre-étalon dont nous nous servons pour contrôler les mètres ordinaires). Les deux énoncés risquent cependant de ne rien nous apprendre sur la couleur ou la longueur de l'objet, si la couleur ou la longueur du paradigme ne sont pas simultanément décrites d'une façon quelconque. Or Wittgenstein conteste justement que, si le mot «rouge» est utilisé en liaison avec un paradigme P, «A est rouge» veuille dire quelque chose comme «A a la même couleur que P et la couleur de P est le rouge». Lorsque j'explique la signification de «rouge» en montrant du doigt un échantillon, je ne décris pas la couleur de l'échantillon et aucune description de ce genre n'intervient dans l'application qui est faite ensuite du mot «rouge»: «Une définition ostensive de "rouge" ne décrit aucun objet comme étant rouge; *a fortiori*, il n'y a rien de tel qu'attribuer à un autre objet la même propriété qui est attribuée à l'échantillon dans l'explication de "rouge"»[1]. De la même

1. Baker and Hacker, *op. cit.*, p. 181.

manière, lorsqu'on explique ostensivement la signification de l'expression « 1 m » en référence au mètre-étalon, on ne décrit pas le mètre-étalon comme ayant 1 mètre de long et dire d'un autre objet qu'il a une longueur d'un mètre ne consiste pas à lui attribuer la même propriété que l'on avait attribuée initialement au mètre-étalon. Si c'était le cas, on pourrait difficilement éviter de conclure comme Salmon qu'ou bien on ne connaît pas du tout la longueur exacte du mètre-étalon ou bien on la connaît d'une façon qui est absolument unique en son genre et impossible à expliquer.

Comme le notent Baker et Hacker :

> Un échantillon standard [par exemple, un mètre pliant ou un mètre ruban ordinaire] utilisé comme objet de comparaison dans l'application d'une expression n'est pas quelque chose qui est décrit par là ; par exemple, en mesurant une table avec un mètre, une personne ne décrit pas du tout le mètre. *A fortiori*, en justifiant l'assertion que la table a un mètre de long en la mesurant avec le mètre, elle ne décrit pas la table comme ayant la même longueur que le mètre est dit avoir. Utiliser un mètre comme échantillon standard n'est pas le caractériser comme ayant (réellement) un mètre de long, mais l'incorporer à la méthode de représentation. Dire qu'une barre a un mètre de long parce qu'elle coïncide avec le mètre n'asserte rien de plus que le fait qu'elle a un mètre de long. Le membre de phrase « parce que » récapitule simplement une explication de ce que c'est pour quelque chose que d'*avoir* un mètre de long. En conséquence, une expression expliquée ou appliquée en référence à un échantillon n'est pas rendue par là implicitement relationnelle [1].

Dans la conception que l'on se fait habituellement de la nature d'un paradigme, celui-ci est supposé posséder en quelque sorte par excellence la propriété concernée ; et les autres objets ne la possèdent que par comparaison, généralement de façon

---

1. Baker and Hacker, *op. cit.*, p. 200.

moins certaine ou à un moindre degré. Wittgenstein renverse à première vue complètement cette conception, puisque, pour lui, c'est seulement des objets qui sont comparés avec le paradigme, et non du paradigme, considéré en tant que tel, que l'on peut dire qu'ils ont ou n'ont pas la propriété en question.

Si cette position semble éminemment paradoxale, c'est, semble-t-il, parce que je ne peux utiliser un objet comme paradigme pour l'attribution de la couleur rouge qu'à la condition qu'il soit effectivement de cette couleur. Et s'il a cette couleur, pourquoi ne devrait-on pas dire qu'il l'a ? Si l'on refuse d'attribuer à un objet empirique ordinaire la couleur rouge, cela signifie généralement qu'on est disposé à lui attribuer une autre couleur. « On ne peut pas dire que cet objet a telle couleur » implique le plus souvent (mais, il est vrai, pas toujours) « On peut dire qu'il n'a pas cette couleur », autrement dit qu'il a une couleur différente. Et, du même coup, il semble que, si nous nous abstenons d'attribuer la couleur rouge au paradigme lui-même, cela doit vouloir dire qu'il a une couleur qui n'est pas celle-là. Mais c'est évidemment absurde, puisque cela n'a justement pas de sens de supposer que le paradigme pourrait ne pas être rouge. Ne pas asserter qu'il est rouge n'a, en l'occurrence, rien à voir avec asserter ou sous-entendre qu'il n'est pas rouge, qu'il a une couleur autre que le rouge. Ce qui est caractéristique de la manière de Wittgenstein est justement d'essayer de nous persuader de traiter de façon symétrique le cas de la proposition positive et celui de la proposition négative. Si la négation de *p* exprime quelque chose que l'on n'est pas censé pouvoir se représenter, qu'est-ce qui nous autorise à considérer que *p* exprime pour sa part quelque chose (un fait particulier) que l'on peut se représenter et que l'on se représente effectivement ? Wittgenstein se demande sur quoi repose exactement ce privilège contestable de la proposition positive :

> Qu'est-ce que cela signifie, si nous disons : « Je ne peux pas me représenter le contraire de cela », ou : « Comment serait-ce donc,

si c'était autrement ? » – Par exemple, lorsque quelqu'un dit que mes représentations sont privées ; ou que je suis le seul à savoir si je ressens une douleur ; et d'autres choses du même genre.

« Je ne peux pas me représenter le contraire » ne veut naturellement pas dire ici : mon imagination n'y suffit pas. Nous nous défendons en disant cela contre quelque chose qui par sa forme nous fait l'effet d'une proposition d'expérience, mais qui en réalité est une proposition grammaticale.

Mais pourquoi dis-je « Je ne peux pas me représenter le contraire » ? Pourquoi pas « Je ne peux pas me représenter ce que tu dis » ?

Exemple « Toute barre a une longueur ». Cela signifie à peu près : nous appelons quelque chose (ou ceci) « la longueur d'une barre » – mais il n'y a rien que nous appelions « la longueur d'une sphère ». Puis-je à présent me représenter que « toute barre a une longueur » ? Eh bien, je me représente justement une barre ; et c'est tout. Seulement cette image en liaison avec cette proposition a un tout autre rôle qu'une image en liaison avec la proposition « Cette table-ci a la même longueur que celle-là ». Car ici je comprends ce que veut dire se faire une idée du contraire (et il n'est pas nécessaire que ce soit une image mentale (*ein Vorstellungsbild*)).

Mais l'image qui va avec la proposition grammaticale ne pouvait montrer que quelque chose comme ce qu'on appelle « longueur d'une barre ». Et que devrait être l'image opposée à cela ? [1].

Wittgenstein dit de la proposition mathématique, par exemple, qu'elle délimite le domaine de ce que l'on peut imaginer (et cela ne veut pas dire, de ce que l'on parvient à imaginer, mais de ce que l'on peut essayer d'imaginer). Or une proposition qui a pour fonction de distinguer ce qui est imaginable de ce qui ne l'est pas n'exprime pas elle-même quelque chose que l'on peut, au sens propre du terme, imaginer. L'image associée à une proposition grammaticale fonctionne plutôt comme l'illustra-

─────────────
1. *Remarque sur la négation d'une proposition a priori* (*RP*, § 251).

tion d'une règle d'usage pour une expression linguistique. Quant à la négation de la proposition, lorsque nous essayons de lui donner un sens, c'est-à-dire d'imaginer quelque chose qui pourrait la rendre vraie, nous exprimons en fait une réaction de défense (qui est en même temps une réaction d'impuissance) contre une règle de représentation que nous traitons comme si elle était une proposition d'expérience.

Wittgenstein observe que :

> Nous pourrions répondre à la proposition « Ce corps a une extension » : « Non-sens. » – mais nous inclinons à y répondre : « Assurément ! » – Pourquoi ? (*RP*, § 252)

La réponse est que, lorsque la proposition est comprise comme elle doit l'être, elle constitue le simple rappel d'une règle linguistique évidente et ne dit rien qui mérite qu'on s'y arrête. Mais, comme elle a par ailleurs la forme typique d'une proposition portant sur un objet, elle donne l'impression d'énoncer un fait important concernant la nature de ce corps (et d'un corps en général), le fait qui a précisément imposé la règle en question. Nous pourrions de la même façon répondre à quelqu'un qui dit que le mètre-étalon a 1 mètre : « Non sens ! ». Et c'est, selon Wittgenstein ce que nous devrions en principe répondre. Mais nous sommes également plutôt enclins à répondre : « Certes ! ». Imaginer que toute barre a une longueur veut dire simplement imaginer une barre. Et, compte tenu du rôle spécial qui a été assigné au mètre-étalon dans notre système de représentation des longueurs, imaginer le fait que le mètre-étalon a une longueur d'un mètre veut dire simplement imaginer le mètre-étalon. Mais d'un autre côté, nous sommes évidemment pas disposés à appeler « 1 m » n'importe quelle longueur que le mètre-étalon pourrait théoriquement avoir. La difficulté provient du fait qu'il est question dans la proposition concernant le mètre-étalon d'un objet physique déterminé, qui, quelle que soit la longueur qu'il se trouve avoir à un moment donné, ne peut l'avoir que de façon contingente. Le statut de la proposition n'est en fait ni celui d'une proposition d'expérience ni celui d'une propo-sition grammaticale typique. On ne peut pas imaginer une barre qui n'ait pas de longueur ou un corps qui n'ait pas d'extension. Mais on peut parfaitement imaginer des conditions dans lesquelles le mètre-étalon n'aurait pas la longueur déterminée qu'il est supposé représenter, à savoir 1 mètre.

III

Puisque l'objet matériel que nous utilisons comme paradigme pour l'attribution d'une certaine propriété P peut également être traité dans d'autres circonstances comme un exemple non privilégié de chose qui possède cette propriété, on peut être tenté de considérer que le véritable paradigme, celui qui permet de dire du paradigme physique lui-même qu'il a ou qu'il n'a pas la propriété en question, doit être quelque chose comme un exemplaire pur de la propriété considérée, un objet d'un type spécial, qui la possède à l'état pur, indépendamment de toute autre propriété. Le véritable paradigme pour l'application de l'expression « 1 m » devrait être finalement la longueur correspondante elle-même, dont il se trouve simplement que nous avons besoin de posséder une exemplification physique privilégiée et incontestable. Cette tendance à la sublimation des paradigmes correspond à l'illusion platonicienne, que Wittgenstein critique de la façon suivante dans les *Remarques philosophiques* :

> Nos propositions ne sont vérifiées que par le présent.
> Elles doivent donc être faites de telle façon qu'elles peuvent être vérifiées par lui. Elles doivent avoir le matériel nécessaire pour pouvoir être vérifiées par lui. Dans ce cas elles ont donc d'une manière quelconque la commensurabilité avec le présent ; et elles ne peuvent pas avoir celle-ci *malgré* leur nature spatio-temporelle, cette dernière doit au contraire se rapporter à la première comme la corporéité d'une règle graduée à son caractère étendu,

grâce auquel elle mesure. Dans ce cas-là on ne peut pas non plus dire : « De fait, la règle mesure la longueur en dépit de sa corporéité ; assurément, une règle qui n'aurait que la longueur serait l'idéal, serait pour ainsi dire la règle *pure* ». Non, si un corps a une longueur, alors il ne peut y avoir de longueur sans un corps – et même si je comprends que, dans un sens déterminé, il n'y a que la longueur de la règle qui mesure, ce que je mets dans ma poche n'en reste pas moins la règle, le corps, et n'est pas la longueur [1].

Il ne faut donc pas s'imaginer qu'une propriété comme la longueur apparaît sous forme pure sur le paradigme idéal et seulement de façon impure et mêlée à d'autres ingrédients sur les objets physiques ordinaires, y compris, bien entendu, ceux que nous utilisons en quelque sorte faute de mieux comme paradigmes. Dans les *Remarques sur « Le Rameau d'or » de Frazer,* Wittgenstein écrit :

Exorciser la mort ou faire mourir la mort ; mais, d'autre part, elle est présentée comme un squelette, comme étant elle-même, en un certain sens, morte. « *As dead as death* ». « Rien n'est aussi mort que la mort ; rien n'est aussi beau que la beauté elle-même ». L'image sous laquelle on se représente ici la réalité consiste à penser que la beauté, la mort, etc., sont les substances pures (concentrées), alors qu'elles sont présentes comme ingrédient dans un objet beau. – Et ne reconnais-je pas ici mes propres considérations sur « objet » et « complexe » ? [2]

Il est donc à la fois très difficile et très important de reconnaître que des objets concrets comme le mètre-étalon de Paris peuvent réellement être des éléments de représentation et faire partie de notre langage, que ce sont bien ces objets eux-mêmes, et non les propriétés « pures » qu'ils exemplifient accidentellement et peut-être imparfaitement, qui constituent,

1. *PB*, § 48 (trad. fr., p. 79).
2. *Remarques sur* Le Rameau d'or *de Frazer*, dans Wittgenstein, *Philosophica III*, p. 35.

en l'occurrence, des instruments de langage. Ce n'est pas en quelque sorte en dépit de leur matérialité, mais bien grâce à elle, qu'ils sont à même de jouer ce rôle.

Cet aspect du problème a une importance cruciale, parce que toute l'argumentation utilisée par Kripke contre Wittgenstein repose sur le fait que, même s'il est vrai que le mètre-étalon de Paris a été utilisé pour fixer la référence de l'expression « 1 m », cette expression désigne de façon rigide une certaine longueur dans tous les mondes possibles, une longueur qui, dans le monde réel, se trouvait être, mais aurait pu très bien ne pas être et pourrait à un moment ou à un autre cesser d'être celle de la barre de métal considérée. En d'autres termes, le mètre-étalon de Paris sert essentiellement à mettre en contact l'expression « 1 m » avec un objet abstrait, une longueur déterminée, qui est caractérisée par une propriété éminemment accidentelle, à savoir celle d'être la longueur de la barre de métal dont il s'agit à un moment donné et dans des conditions déterminées. Kripke admet que « pour une chose aussi abstraite qu'une unité de longueur, la notion de référence peut n'être pas claire »[1]; mais il suppose qu'elle l'est, suffisamment pour ce qu'il cherche à établir. La situation est, pour lui, la même que dans le cas d'un nom propre ordinaire. Si la description « la longueur de la barre S à l'instant t » a servi simplement à fixer la référence, et non à donner le sens, de l'expression « 1 m », alors la longueur considérée sera la référence de l'expression dans tous les mondes possibles, de même que, si la description « le meilleur élève de Platon » a été utilisée pour fixer la référence du nom propre « Aristote », ce nom propre désignera le même individu dans tous les mondes possibles, y compris dans des situations que l'on peut décrire en disant, par exemple :

---

1. S. Kripke, *La logique des noms propres*, trad. fr. P. Jacob et F. Recanati, Paris, Minuit, 1982, p. 42-43.

« Supposons qu'Aristote n'ait jamais rencontré Platon, n'ait jamais fait de philosophie, etc. ».

Bien entendu, le mètre-étalon de Paris n'est pas utilisé uniquement pour fixer initialement la référence de l'expression « 1 m », au sens indiqué, mais également pour assurer la stabilité de cette référence, en ce sens qu'il est essentiel que cette longueur reste à chaque instant, autant que possible, exactement ce qu'elle était à l'origine. Le paradigme ne nous serait évidemment pas d'une grande utilité, s'il n'était pas là pour assurer en permanence la liaison instaurée au départ entre l'expression et l'objet abstrait qu'elle est supposée désigner. Ce qui est essentiel, aux yeux de Kripke, n'est pas que la barre de métal concernée ait, dans les faits, une longueur aussi invariable que peut jamais l'être celle d'un objet matériel quelconque, mais que l'on puisse décrire très facilement des situations contre-factuelles dans lesquelles elle aurait une longueur différente :

> Dans certaines situations contre-factuelles, la barre aurait été plus longue et dans d'autres plus courte, si on l'avait étirée ou comprimée. Nous pouvons dire de cette barre, comme de n'importe quelle autre de même substance et de même longueur, que, si on lui avait appliqué une certaine quantité de chaleur, sa longueur aurait augmenté. Un tel énoncé contre-factuel, vrai d'autres barres ayant des propriétés identiques, vaudra aussi de cette barre[1].

Une fois que l'on a réussi, par l'intermédiaire d'un paradigme, à sélectionner une longueur déterminée, on doit pouvoir dire de façon douée de sens de cette longueur qu'elle est ou n'est pas la longueur d'un objet physique quelconque, y compris du paradigme lui-même. Cela semble d'autant plus plausible que rien ne permet d'affirmer que la barre de métal a à un moment quelconque par la suite exactement la longueur

---

1. S. Kripke, *op. cit.*, p. 43.

déterminée qui a été définie ostensivement par rapport à elle.
Dans le langage de Kripke, on peut dire que, même si les expressions « 1 m » et « la longueur de S » désignent le même objet dans
le monde réel, la première désigne ce même objet dans tous les
mondes possibles d'une façon qui est indépendante de la procédure qui a été utilisée initialement pour fixer sa référence, alors
que la deuxième ne le désigne (dans le meilleur des cas) que dans
le monde tel qu'il est.

Ce qui oppose Kripke à Wittgenstein est donc essentiellement une conception platonicienne de choses telles que les
longueurs, les couleurs, etc., contre laquelle Wittgenstein
cherche précisément à nous mettre en garde. « Le mètre-étalon
de Paris a 1 m » ne signifie pas « il y a une longueur (1 m) qui se
trouve être (mais pourrait ne pas être) celle du mètre-étalon ». Et
dire que X a la même longueur que Y ne consiste pas à dire qu'il y
a une longueur que X et Y se trouvent posséder tous les deux,
mais simplement que les extrémités de X et de Y coïncident,
lorsqu'on applique ces deux objets l'un contre l'autre. Si l'un de
ces deux objets est le mètre-étalon, c'est la proposition grammaticale « Le mètre-étalon a 1 m » qui nous permet de conclure de
cette coïncidence que la longueur du deuxième est 1 mètre. Mais
la proposition grammaticale explique le sens de l'expression
« 1 m » et n'attribue elle-même aucune propriété particulière au
mètre-étalon.

Kripke soupçonne Wittgenstein d'avoir, en dépit de ses
protestations, attribué une propriété tout à fait étrange et même
incompréhensible au mètre-étalon :

> C'est là une propriété bien "extraordinaire", en fait, pour une
> barre. À mon avis, Wittgenstein doit avoir tort. Si la barre mesure,
> par exemple, 39,37 pouces (je suppose que nous avons un étalon
> spécial pour les pouces), pourquoi ne mesure-t-elle pas un mètre ?

De toute façon, nous supposerons que Wittgenstein a tort et que la barre mesure un mètre [1].

J'ai déjà remarqué que Wittgenstein ne nie certainement pas la chose dont Kripke propose d'admettre, sans chercher plus loin, qu'elle est vraie, à savoir que le mètre-étalon a bien 1 mètre. Il dit que l'on ne peut ni affirmer ni nier que le mètre-étalon a 1 mètre. Et il est donc parfaitement absurde de lui imputer l'affirmation que la longueur du mètre-étalon n'est pas 1 mètre. Le raisonnement de Kripke est que, puisqu'on peut, par exemple, mesurer la barre de métal qui sert de mètre-étalon en pouces et constater qu'elle a 39,37 pouces, on doit pouvoir, en utilisant la règle de conversion « 39,37 pouces = 1 mètre », dire que le mètre-étalon a un mètre. Mais, naturellement, puisque la règle de conversion est une égalité, elle peut être utilisée dans les deux sens, de sorte qu'on doit pouvoir dire également de façon intelligible et vraie du pouce-étalon qu'il a un pouce de long, puisque 1 pouce = 1/39,37 mètre = 2,54 centimètres. On peut mesurer le yard-étalon à l'aide d'un mètre et découvrir qu'il a une longueur de 91,44 centimètres ; mais, bien entendu, c'est alors le mètre qui est utilisé comme étalon de mesure et le yard-étalon traité comme un objet physique ordinaire. Comme le dit Wittgenstein : « Est-ce que celui qui mesure la table avec le mètre pliant mesure également le mètre ? S'il mesure le mètre, alors il ne peut pas du même coup mesurer la table » [2].

Kripke ne s'interroge évidemment à aucun moment sur les raisons qui ont conduit Wittgenstein à affirmer que la proposition « Le mètre-étalon a 1 m » a (dans l'usage qui est ici le sien) a le statut d'une règle, et non d'une proposition proprement dite. Son problème est uniquement le suivant : si l'on admet, comme tout le monde (sauf apparemment Wittgenstein) semble le faire

1. S. Kripke, *op. cit.*, p. 42.
2. *BGM*, III, § 174 (trad. fr., p. 179).

que cette proposition exprime une vérité de l'espèce ordinaire, s'agit-il d'une vérité nécessaire ou d'une vérité contingente ? Si l'on accorde ce point essentiel (celui que justement Wittgenstein conteste), il y a effectivement les meilleures raisons de conclure qu'il s'agit d'une vérité contingente.

Remarquons à ce propos que, dans l'esprit des gens qui sont à l'origine de l'introduction du système métrique, le choix du mètre comme unité pour la mesure des longueurs était une décision aussi peu conventionnelle qu'il est possible en pareil cas. Et, d'autre part, le mètre-étalon était bel et bien supposé avoir une longueur déterminée, correspondant à une certaine fraction de la longueur du méridien terrestre. Sur le premier point, Laplace écrit dans l'*Exposition du système du monde* :

> On ne peut voir le nombre prodigieux de mesures en usage, non seulement chez les différents peuples, mais dans la même nation, leurs divisions bizarres et incommodes pour les calculs, la difficulté de les connaître et de les comparer, enfin l'embarras et les fraudes qui en résultent dans le commerce, sans regarder comme l'un des plus grands services que les gouvernements puissent rendre à la société l'adoption d'un système de mesures dont les divisions uniformes se prêtent le plus facilement au calcul, et qui dérivent de la manière la moins arbitraire d'une mesure fondamentale indiquée par la nature elle-même[1].

Sur le deuxième point, on pourrait apporter de l'eau au moulin de Kripke en remarquant que l'on a, en fait, bel et bien commencé par déterminer la longueur exacte qui devait être celle du mètre et ensuite fabriqué une barre de métal de cette longueur précise. Mais cela signifie également que ce n'est pas la description « la longueur de la barre de métal S » qui a servi à fixer la référence de l'expression « 1 m », mais plutôt la description « la

---

1. P.S. de Laplace, *Exposition du système du monde*, Paris, Bachelier, 6ᵉ éd., 1835, p. 80.

dix-millionième partie du quart du méridien terrestre » qui a été utilisée pour fixer la référence de cette expression et du même coup déterminer la longueur qu'il convenait de donner à la barre S[1].

Dans la mesure où l'on entendait par « 1 m » une longueur égale à la dix-millionième partie du quart du méridien terrestre, il était donc tout à fait possible et légitime de se demander si le mètre-étalon mesurait ou ne mesurait pas exactement 1 mètre. En fait, comme les mesures effectuées par Delambre et Méchain comportaient inévitablement une certaine marge d'erreur, on a pu dire que l'étalon du mètre ne représentait pas exactement la valeur *réelle* du mètre, que, pour qu'il le fasse, il faudrait, par exemple, le prendre non pas à la température de la glace fondante, mais à une température plus élevée. Ce qui est clair est que, en prenant comme paradigme la longueur *l* d'un méridien terrestre et en adoptant comme définition

$$\text{« 1 m = 1 } l\, / \,40\,000\,000 \text{ »,}$$

on pouvait parfaitement prétendre mesurer en quelque sorte le mètre-étalon et, qui plus est, le mesurer en mètres. La proposition « Le mètre-étalon mesure un peu moins d'un mètre » peut donc parfaitement être utilisée de façon douée de sens et même considérée comme vraie. Wittgenstein ne nie pas cela ; mais fait remarquer simplement que, si l'expression « 1 m » est utilisée d'une manière telle qu'« avoir 1 m » signifie par définition « avoir la longueur (préservée dans des conditions spéciales et présumée constante) du mètre-étalon », alors cela n'a pas de sens de dire du mètre-étalon lui-même qu'il a ou n'a pas 1 mètre. Ce qui vient d'être dit ne change évidemment rien à la distinction qui doit être faite entre la proposition « 1 m = 0,513 074 T (un peu plus de la moitié d'une toise) », considérée comme le

---

1. Laplace décrit la procédure suivie : *ibid.*, p. 82-83.

résultat d'une mesure et indiquant la longueur de la quarante-millionième partie du méridien terrestre, et cette même proposition utilisée comme règle de conversion permettant de passer de l'ancien système de mesure au nouveau, et inversement.

Vouloir décider si la proposition « Le mètre-étalon a 1 m » est nécessaire ou contingente, *a priori* ou *a posteriori*, sans préciser dans quel sens elle est utilisée, semble donc tout à fait problématique. Après avoir établi que cette proposition n'est pas nécessaire, mais contingente, Kripke s'efforce de résoudre la deuxième question, qui, selon lui, n'a pas encore été décidée par là : est-elle *a priori* ou *a posteriori* ?

> Quel est maintenant le statut *épistémique* de la proposition « La barre S mesure un mètre à t_0 », pour quelqu'un qui a fixé le système métrique par référence à la barre S ? Il semble qu'il la connaisse *a priori*. En effet, s'il s'est servi de la barre S pour fixer la référence du terme « un mètre », alors, en vertu de ce type de définition (qui n'est pas une définition abréviative ou synonyme), il sait automatiquement, sans recherche supplémentaire, que S mesure un mètre. En revanche, même si S est employée comme étalon du mètre, le statut *métaphysique* de « S mesure un mètre » sera celui d'un énoncé contingent, dès lors que « un mètre » est traité comme un désignateur rigide : étirée ou comprimée, chauffée ou refroidie, S mesurerait autre chose qu'un mètre même à t_0. (Des énoncés comme « L'eau bout à 100°C (au niveau de la mer) » ont un statut analogue.) En ce sens, donc, il y a des vérités contingentes *a priori*[1].

Kripke estime que « la fixation de la référence de "un mètre" est un exemple particulièrement clair où, simplement parce qu'il a fixé la référence d'une certaine façon, quelqu'un peut savoir *a priori* que cette barre mesure un mètre, sans voir là une vérité nécessaire »[2]. Il admet cependant que la thèse selon laquelle

1. S. Kripke, *op. cit.*, p. 44.
2. *Ibid.*, p. 50.

toute vérité *a priori* est nécessaire pourrait peut-être être modifiée ou reformulée de façon à être protégée contre ce genre de contre-exemples apparents. Et il précise dans une note : « Dans la mesure où je n'essaierai pas de reformuler la thèse, j'emploierai le terme "*a priori*" dans le texte de façon à ce que soient *a priori* les énoncés dont la vérité résulte d'une définition fixant une référence »[1]. Toute la question est de savoir dans quelle mesure et en quel sens une vérité obtenue de cette façon peut réellement être dite *a priori*. Kripke raisonne, de toute évidence, en fonction de la situation de quelqu'un qui aurait eu à un moment donné devant lui la barre de métal *S* et qui aurait fixé la référence de l'expression « un mètre » à l'aide d'une description utilisée référentiellement (au sens de Donnellan), pour faire référence à la longueur de *S* au moment considéré. Quelqu'un de ce genre n'a effectivement pas besoin d'une information supplémentaire pour savoir que *S* mesure un mètre; mais c'est parce qu'il dispose, par ailleurs, d'une information préalable dont on pourrait difficilement dire qu'elle a été acquise *a priori*. Qu'en est-il maintenant de quelqu'un qui n'a jamais vu la barre *S* et qui n'a aucune idée de sa longueur, qui ne sait pas par exemple si celle-ci est de l'ordre de 2 centimètres ou de 2 mètres? D'une personne de ce genre, on peut certainement dire qu'elle sait *a priori* qu'il est vrai que la longueur de S est un mètre, pourvu qu'elle sache simplement que la barre *S* est utilisée comme étalon du mètre dans le système métrique. Mais elle ne connaît pas pour autant la vérité qui est exprimée par la proposition « La longueur de *S* est un mètre ». Pour elle, cette proposition n'exprime, en réalité, pas encore un contenu de connaissance proprement dit, dont on pourrait se demander s'il est accessible *a priori* ou, au contraire, seulement, *a posteriori*. En d'autres termes, si la proposition « La barre *S* mesure un mètre » exprime

---

1. *Ibid.*, p. 51, note 26.

réellement un fait déterminé contingent concernant la longueur de S, il est pour le moins difficile d'admettre que ce fait est susceptible d'être connu *a priori*, si l'on veut dire par là indépendamment d'une forme quelconque d'expérience (en l'occurrence, d'expérience de S et de sa longueur). Et pour autant que cette proposition peut être reconnue comme vraie d'une façon qui est indiscutablement *a priori*, on ne voit pas très bien comment elle pourrait décrire un fait déterminé, qui se trouve être réalisé, mais pourrait aussi bien ne pas l'être (un fait empirique qui n'est pas le simple fait sémantique que la référence de l'expression « un mètre » a été fixée d'une certaine façon, mais qui est supposé en découler directement).

Kripke est, du reste, conscient de la difficulté, puisqu'il écrit :

> Si quelqu'un fixe un mètre comme étant « la longueur de la barre S à t_0 », il sait *a priori* que la barre S est longue d'un mètre à t_0, même si, par cet énoncé, il exprime une vérité contingente. Mais a-t-il, simplement en fixant un système de mesure, *appris* une *information* (contingente) au sujet du monde, un *fait* nouveau qu'il ne connaissait pas auparavant ? La réponse plausible est « non », quand bien même le fait que S mesure un mètre est indéniablement contingent [1].

Autrement dit, Kripke lui-même hésite visiblement à accepter l'idée que l'on peut, simplement en fixant la référence d'un terme, apprendre une vérité nouvelle concernant le monde ; mais il maintient néanmoins que tout se passe comme si un fait contingent pouvait dans certains cas être connu *a priori*. Et comme celui qui prend connaissance d'un fait contingent qu'il avait jusqu'à présent ignoré semble bien du même coup apprendre quelque chose de nouveau concernant le monde, on peut dire que Kripke nous laisse surtout en présence d'une difficulté sérieuse pour laquelle il n'a pas lui-même de solution réelle à proposer.

---

1. S. Kripke, *op. cit.*, p. 51, note 26.

IV

Nathan Salmon concluait sa discussion sur le point qui vient d'être évoqué, dans *Frege's Puzzle*, en remarquant que, s'il existe une connaissance qui est typiquement *a posteriori*, c'est bien celle du fait qu'une barre de métal donnée a une longueur particulière :

> La connaissance, concernant une longueur particulière, du fait qu'une certaine barre (si elle existe) a exactement cette longueur semble être le paradigme de la connaissance *a posteriori*. Il s'agit d'une connaissance qui est obtenue en dernière analyse par la mesure. Il semblerait que, si ce n'est pas *a posteriori* pour qui que ce soit, alors rien n'est *a posteriori* pour qui que ce soit [1].

Dans l'article plus récent que j'ai déjà cité, Salmon admet qu'il est sans doute allé trop loin en suggérant que, pour savoir que *S* a exactement une longueur donnée, il faut l'avoir mesuré soi-même ou, en tout cas, savoir qu'il a été mesuré par quelqu'un à un moment donné. « Mais, dit-il, une certaine expérience sensorielle dans laquelle *S* joue un rôle crucial semble être requise. La proposition concernant le mètre est apparemment *a posteriori*, même si une mesure physique n'est pas requise pour sa vérification [2] ». En conséquence, « il semblerait que, quelles que soient les stipulations que l'on formule, on ne peut pas connaître sans recourir à l'expérience des choses telles que le fait que *S*, s'il existe, a précisément telle ou telle longueur particulière à t_0. Il semblerait que l'on doive au moins *regarder* la longueur de *S*, ou être informé par quelqu'un qu'il a exactement cette longueur, etc. Par conséquent, il semblerait que la

---

1. N. Salmon, *Frege's Puzzle,* Cambridge (Mass.),   The MIT Press, 1986, p. 142.

2. N. Salmon, *How to Measure the Standard Metre, op. cit.*, p. 205.

proposition concernant le mètre n'est pas *a priori*, mais *a posteriori* »[1].

Une proposition qui est souvent citée comme un exemple de proposition contingente, qui est néanmoins connue *a priori*, est la proposition « J'existe ». Mais il est évident que, si l'on utilise comme paradigme de ce dont on peut avoir une connaissance *a priori* les vérités arithmétiques simples, il y a les meilleures raisons de dire que la connaissance que l'on a de sa propre existence est, par contraste, le prototype de la connaissance *a posteriori*. Leibniz soutient que la proposition « J'existe » est, comme n'importe quelle proposition contingente, connaissable *a priori* par Dieu, qui peut donner de n'importe quelle proposition une preuve *a priori*, mais qu'elle n'est connaissable et connue de nous qu'*a posteriori* et « historiquement » :

> On peut toujours dire que cette proposition : *j'existe*, est de la dernière évidence, étant une proposition qui ne saurait être prouvée par aucune autre, ou bien une *vérité immédiate*. Et de dire : *je pense, donc je suis,* ce n'est pas prouver proprement l'existence par la pensée, puisque penser et être pensant est la même chose ; et dire : *je suis pensant,* est déjà dire : *je suis*. Cependant vous pouvez exclure cette proposition du nombre des axiomes avec quelque raison, car c'est une proposition de fait, fondée sur une expérience immédiate et ce n'est pas une proposition nécessaire, dont on voie la nécessité dans la convenance immédiate des idées. Au contraire, il n'y a que Dieu qui voie comment ces deux termes, *moi* et *l'existence,* sont liés, c'est-à-dire pourquoi j'existe[2].

D'autre part, il est évident que, comme le fait remarquer Alvin Plantinga, si l'on interprète de façon tout à fait stricte l'expression « connu indépendamment de l'expérience », il y a

---

1. *Ibid.,* p. 198.
2. Leibniz, *Nouveaux essais sur l'entendement humain,* chronologie et introduction par J. Brunschwig, Paris, GF-Flammarion, 1966, p. 362.

de bonnes raisons de dire qu'il n'y a pas de vérités que nous connaissions *a priori* : « Même pour savoir que 7 + 5 = 12, je dois avoir eu une certaine expérience » [1]. C'est une chose d'accorder à Kripke, comme cela semble raisonnable, qu'on ne peut pas identifier immédiatement, comme on l'a fait le plus souvent, le nécessaire avec ce qui peut être connu *a priori*. C'en est une autre d'affirmer qu'il y a des exemples clairs de propositions contingentes qui sont connues *a priori*. Il est en tout cas particulièrement difficile d'admettre que la proposition « Le mètre-étalon a 1 m » est un exemple de ce genre, et cela d'autant plus que Kripke donne plutôt l'impression d'avoir formulé sur ce point un paradoxe que lui-même trouve difficilement acceptable que d'avoir établi une conclusion surprenante, mais inévitable.

Dummett observe que l'on pourrait démontrer, en utilisant le raisonnement de Kripke, que la proposition « Je suis ici » est vraie *a priori* et pourtant contingente, en dépit du fait que cette proposition, qui est vraie quel que soit l'endroit où je me trouve, ne dit précisément rien sur l'endroit exact où je me trouve. Je peux savoir que je suis ici sans savoir le moins du monde où je suis exactement, tout comme je peux savoir que le mètre-étalon a un mètre sans savoir le moins du monde quelle longueur il a [2].

Celui qui sait uniquement que la référence de l'expression « 1 m » a été fixée comme étant la longueur de la barre *S* (dans des conditions déterminées), sans avoir aucune idée de ce que peut être la longueur de *S*, ne sait pas quelle est la référence de « *S* » et ne dit, par conséquent, d'aucune longueur déterminée qu'elle est la longueur de *S*, lorsqu'il dit que *S* a un mètre de long. Autrement dit, Kripke ne parvient à conférer une certaine plausibilité à l'idée qu'il existe des propositions contingentes et néanmoins connues *a priori* qu'en confondant deux choses que Wittgenstein

1. A. Plantinga, *The Nature of Necessity,* Oxford, The Clarendon Press, 1974, p. 8.

2. M. Dummett, *op. cit.*, p. 122-123.

tient particulièrement à distinguer : la connaissance purement
« grammaticale » que peut avoir quelqu'un qui est simplement au
courant de certaines caractéristiques du système de représentation, et la connaissance de faits indiscutablement empiriques et
contingents qui sont représentés dans ce système. Il est, du reste,
déjà probablement abusif de considérer que quelqu'un qui sait
simplement que la longueur de S est appelée « 1 m », mais ignore
tout de ce qu'elle est, connaît un aspect réellement significatif de
la grammaire du système. Il sait en fait uniquement que le jeu de
langage de la mesure effectuée avec le mètre repose en dernière
analyse sur un instrument de langage d'un type particulier, mais
ne sait pour ainsi dire rien de cet instrument.

Dans les discussions sur le statut de la proposition « Le
mètre-étalon a un mètre », une certaine ambiguïté provient du
fait que l'expression « le mètre-étalon » peut être utilisée soit
pour désigner la barre de métal elle-même, soit pour désigner
sa longueur. Or c'est une propriété contingente pour la barre de
métal en question que d'avoir une longueur particulière à un
moment donné. Mais ce n'est certainement pas une propriété
contingente pour cette longueur elle-même que d'être la longueur
qu'elle est, et donc d'être une longueur d'un mètre, si c'est cette
longueur-là que l'on a décidé d'appeler « un mètre ». Si l'on se
représente la longueur comme une sorte d'objet éthéré qui a cette
longueur, il faudra, bien entendu, considérer que c'est une propriété essentielle de cet objet que d'avoir la longueur en question.
Il est évident qu'aucun étalon de mesure n'a jamais été fabriqué
d'après un objet de ce genre (une longueur « pure »), utilisé
comme paradigme. Mais, si l'on admet qu'en fixant la référence
de l'expression « 1 m », on a sélectionné une longueur déterminée, qui se trouvait être celle de la barre S au moment considéré, on peut avoir envie de dire qu'il n'y a en quelque sorte que
la longueur désignée elle-même qui a à coup sûr et de façon
parfaitement exacte cette longueur. On ne peut même pas dire,
semble-t-il, du mètre-étalon qu'il a cette longueur par définition,

puisque, pour autant qu'il l'ait à un moment donné, il ne l'a qu'accidentellement et peut très bien ne plus jamais l'avoir exactement par la suite. Il serait évidemment absurde de dire que la barre S a par définition la longueur qu'elle avait au moment t_0. Mais il est tout aussi impossible de dire qu'elle mesure un mètre, quelle que soit sa longueur.

Colin Strang, dans un article consacré à l'argument du Troisième Homme, écrit ceci à propos de la barre en bronze qui fut fabriquée en 1844-1845 pour remplacer l'ancien yard-étalon, qui avait été endommagé en 1834 :

> Les barres de bronze changent de longueur avec la température. Cependant, n'est-il pas vrai que (…) le yard-étalon est long d'un yard, quelle que soit sa longueur ? Non, il n'est pas long d'un yard à 32° F, ni s'il est supporté uniquement à ses extrémités, ni s'il est tordu ou plié. En fait, il n'a un yard de long que s'il satisfait les conditions, à la fois explicites et sous-entendues, qui sont spécifiées dans l'Acte [des Poids et Mesures de 1878]. Puisqu'il n'est jamais possible de dire catégoriquement que ces conditions sont exactement remplies, il s'ensuit que la barre-étalon est une chose dont on ne peut jamais savoir qu'elle a exactement un yard de long, même par définition. (Mais elle a certainement droit autant, si ce n'est plus, à la description « un yard de long » que n'importe quel autre objet qui peut être mesuré par rapport à elle, et dans le même sens. Ce qui est prédiqué de l'étalon et de ses copies en est prédiqué de façon non équivoque. C'était la doctrine normale de l'Académie […], et à cet égard la théorie paradigmatique n'était pas dans l'erreur [1].

En revanche, « la longueur est prédiquée de l'unité et de la barre de façon équivoque, ce qui revient à dire que la première

1. C. Strang, « Plato and the Third Man », dans *Plato, A Collection of Critical Essays, 1: Metaphysics and Epistemology*, G. Vlastos (ed.), Garden City, New York, Anchor Books, Doubleday & Company, 1971, p. 189.

n'est pas un paradigme de la deuxième » [1]. La longueur unité n'a pas de longueur, en tout cas pas au sens auquel la barre de métal qui a servi à la définir en a une. Mais il est facile de confondre, et on confond souvent, la longueur unité et la barre. « Il est facile de les confondre et de croire qu'il y a quelque chose qui est à la fois la longueur unique, invisible et immuable qu'ont les choses longues d'un yard *et* lui-même long d'exactement un yard, toutes les autres choses longues d'un yard étant des copies ou des reproductions de celle-là » [2]. Mais si le paradigme réel n'est pas la longueur unique, invisible et immuable, mais l'objet matériel perceptible, changeant et pas nécessairement unique qui la représente, et si la signification de l'expression « être long d'un yard », lorsqu'elle est appliquée à un objet ordinaire, implique en dernier ressort une comparaison avec le paradigme, il est certainement difficile de dire dans le même sens de celui-ci, bien qu'il ait certainement une longueur, qu'il a *cette* longueur.

Wittgenstein soutient, comme on l'a vu, que, pour autant que la barre S est utilisée comme paradigme pour l'attribution de la longueur « 1 m », on ne peut pas dire d'elle qu'elle a 1 mètre de long. Et il est tout à fait clair que c'est de l'objet physique lui-même, et non de sa longueur, que l'on ne peut, selon lui, dire ce genre de chose. Mais dans la mesure où l'on peut dire de lui qu'il a cette longueur, c'est-à-dire lorsqu'il cesse de fonctionner comme étalon de mesure pour devenir lui-même mesurable, on peut certainement le dire dans le même sens qu'à propos de n'importe quel autre objet. Selon Baker et Hacker, « la seule impossibilité réside dans le fait d'utiliser simultanément le mètre-étalon comme un échantillon canonique et de le décrire comme mesurant un mètre de longueur. Il n'y a rien de tel qu'une chose qui mesure toujours et n'est jamais mesurée, mais qui est

---

1. *Ibid.*, p. 190.
2. *Ibid.*, p. 192.

également quelquefois mesurée et dont on trouve qu'elle a un mètre de long »[1]. C'est certainement exact. Mais la vérité est sans doute justement qu'il n'y a rien, pas même l'étalon dont nous nous servons pour fabriquer et vérifier nos instruments de mesure ordinaires (ce que Baker et Hacker appellent l'« échantillon canonique »), qui ne soit jamais mesuré en un certain sens. Il n'y a que le paradigme immatériel supposé qui pourrait fonctionner d'une manière telle qu'il soit toujours mesure, et jamais mesuré. Mais c'est précisément parce qu'il n'a pas de longueur et qu'il ne peut être question de le mesurer.

Wittgenstein a proposé à différentes reprises d'essayer de séparer ce qui a est *a priori* ou « grammatical » de ce qui est empirique dans une même proposition en faisant une distinction entre les deux assertions : « Cet objet-ci a la même couleur (ou la même longueur) que cet objet-là », et : « La couleur (ou la longueur) de cet objet-ci est la même que celle de cet objet-là ». Dans les entretiens avec le cercle de Vienne, il observe à propos du cas de la longueur que l'on peut apparemment exprimer des états de choses semblables tantôt à l'aide d'une seule proposition, tantôt à l'aide de deux, entre lesquelles il existe une relation interne :

> Je peux dire : a a 2 m de long, b a 1,5 m de long. Alors il apparaît (*es zeigt sich*) que a est plus long que b.
> Ce que je ne peux pas dire est que $2 > 1,5$. C'est interne.
> Mais je peux également dire : a a 0,5 m de plus en longueur que b.
> Dans ce cas, j'ai manifestement une relation externe ; car il serait en vérité tout aussi bien pensable que le segment a soit plus court que le segment b. Pour dire les choses encore plus clairement : de ces deux segments déterminés il n'est assurément pas pensable que l'un soit plus long ou plus court. Mais si je dis par exemple que le segment qui se trouve à gauche est plus long que celui qui se

1. Baker et Hacker, *op. cit.*, p. 293.

trouve à droite, alors la relation « plus grand » me communique effectivement quelque chose – elle est externe [1].

Un peu plus loin (p. 55/23-24), la même remarque est faite à propos de la couleur.

Qu'un objet ait la couleur déterminée qu'il a est un fait empirique. Mais que la couleur qu'il a coïncide ou ne coïncide pas avec une autre, soit ou ne soit pas plus sombre qu'une autre, etc., est, pour Wittgenstein, de la grammaire. Dans les leçons des années 1932-1935, il remarque :

> Si une pièce de vêtement est mise à côté de l'échantillon et se révèle avoir la même couleur, nous pourrions dire que c'est une expérience qui montre que les deux sont identiques. Mais que cette couleur soit la même que celle de l'échantillon n'est pas montré par l'expérience. Qu'elle concorde ou ne concorde pas est déterminé *a priori*. Il est vrai *a priori* que, si vous apportez quelque chose de bleu, il concordera ; ce n'est pas quelque chose que vous prédisez [2].

Autrement dit :

> Qu'un vert ou un jaune concorde avec l'échantillon vert fait partie de la géométrie, et non de la dynamique, de *vert* ; en d'autres termes, c'est une partie de la grammaire de « vert », et non une loi naturelle [3].

Dans les *BGM*, Wittgenstein conclut une discussion sur le statut de la proposition grammaticale « Blanc est plus clair que noir » par la suggestion suivante :

> On peut éviter des malentendus en déclarant que c'est un non-sens de dire : « La couleur de ce corps-ci est plus claire que celle de celui-là », que l'on devrait dire : « Ce corps-ci est plus clair que

---

1. *Wittgenstein et le cercle de Vienne*, p. 55/23-24.
2. *Les Cours de Cambridge 1932-1935*, p. 85/107.
3. *Ibid.*, p. 84/106.

celui-là ». Autrement dit, on exclut la forme d'expression en question de notre langage [1].

De la proposition « Blanc est plus clair que noir », Wittgenstein dit qu'« elle est intemporelle parce qu'elle n'exprime que la liaison des mots "blanc", "noir" et "plus clair" avec un paradigme » [2]. La proposition « Le mètre-étalon a un mètre », si elle est utilisée pour formuler une assertion grammaticale (donc impropre), est intemporelle pour la même raison. Elle ne dit pas que le mètre-étalon a un mètre en ce moment ou à un moment quelconque. Elle n'est pas un énoncé sur la barre S, mais sur la liaison spéciale que nous avons instaurée une fois pour toutes entre l'usage de l'expression « un mètre » et cette barre. Il est tout à fait exact qu'un échantillon de couleur peut s'altérer, tout comme la longueur de S peut se modifier de façon plus ou moins importante, et que, pour cette raison, nous ne sommes pas obligés de nous fier inconditionnellement et en toutes circonstances à nos paradigmes. Mais il serait manifestement erroné d'en conclure que nous ne savons pas, en toute rigueur, si le mètre-étalon a bien un mètre, parce que nous ne pouvons jamais être certains que les conditions dans lesquelles il a exactement un mètre sont parfaitement réalisées, et que par conséquent nous ne savons jamais non plus avec certitude si un objet mesuré en mètres a exactement la longueur que nous lui attribuons, comme si une indétermination supplémentaire concernant la longueur exacte du mètre, telle qu'elle est fixée par le paradigme, venait ici en quelque sorte s'ajouter à celle qui résulte des limites imposées nécessairement à la précision d'une opération de mesure quelconque. La proposition « Le mètre-étalon a un mètre » ne dit précisément pas que nous sommes sûrs

1. *BGM*, I, § 105 (trad. fr., p. 72).
2. *Ibid*. (trad. fr., p. 71-72).

qu'il a cette longueur, au sens auquel on peut être sûr qu'un objet ordinaire que l'on a mesuré a une longueur donnée.

Wittgenstein soutient que dire que cette pièce de vêtement concorde avec l'échantillon de couleur est une proposition d'expérience, puisque cela revient à dire que sa couleur est, par exemple, bleue, mais que dire que cette couleur concorde avec celle de l'échantillon a le statut d'une règle concernant l'usage du mot « bleu ». De même, dire que le bord de la table coïncide avec le mètre dont je me sers pour le mesurer est une proposition d'expérience, puisque cela consiste simplement à dire qu'il a un mètre de long et qu'il pourrait très bien avoir une longueur différente. Mais dire que la longueur qui se trouve être celle de cet objet est égale à celle de cet autre objet ou est plus grande qu'elle, n'est pas une proposition d'expérience. À la relation externe « plus grand que » entre les objets correspond une relation interne entre leurs longueurs ; et cette dernière n'est pas à nouveau une relation entre des objets, mais une relation entre des désignations de longueur dans un système de représentation des longueurs. Si cette longueur s'appelle « 3 mètres » et cette autre « 2 mètres », alors la première est plus grande que la seconde pour la simple raison arithmétique (et donc, au sens de Wittgenstein, « grammaticale ») que 3 est plus grand que 2. Mais la tentation à laquelle on est exposé et à laquelle il faut, selon Wittgenstein, résister est de dire que la longueur « 3 m » est « dans » cet objet et la longueur « 2 m » « dans » cet autre et que c'est parce qu'il est dans la nature de la première longueur d'être plus grande que la seconde que le premier objet est plus grand que le second.

Wittgenstein a combattu de façon systématique l'idée que, lorsqu'une chose est rouge, le rouge est dans la chose, ce qui implique que le rouge lui-même *soit*, en un sens privilégié du verbe « être ». On peut appliquer des considérations du même genre au cas de la longueur. Il est tentant de supposer que, lorsqu'une chose a un mètre, le mètre est dans la chose et que, pour cela, il doit posséder un mode d'être tout à fait unique, qui est indépendant de celui de tous les objets ordinaires, y compris de ceux que nous utilisons comme paradigmes pour l'attribution de cette longueur. (Le mètre-étalon est alors supposé avoir servi simplement à donner un nom à un objet dont l'existence et les propriétés sont indépendantes de notre usage d'un paradigme concret et de paradigmes en général). Le mètre prototypique idéal *est*, sommes-nous tentés de dire, exactement comme le rouge *est*. Wittgenstein décrit ainsi la situation :

> On a utilisé le mot « être » pour une espèce sublimée, éthérée de l'exister. Considérez maintenant la proposition : « Rouge *est* » (par exemple). Assurément, personne ne l'utilise jamais ; mais si je devais néanmoins m'inventer un usage pour elle, alors ce serait : comme formule d'introduction à des énoncés qui doivent ensuite faire usage du mot « rouge ». En prononçant la formule, je regarde un modèle de la couleur rouge [1].

Si l'on voulait inventer un usage pour la phrase « Le mètre *est* », ce serait sans doute également comme formule d'introduction à des phrases dans lesquelles on fait usage de l'expression « un mètre » pour dire d'un objet qu'il a un mètre, ou tant de fois un mètre de long. En prononçant cette formule, on regarde probablement un mètre ordinaire ou, mieux encore, le mètre-étalon lui-même. Et c'est en quelque sorte comme si l'on pouvait regarder directement et uniquement la longueur en soi, en oubliant l'objet physique qui la possède. Lorsqu'une proposition qui constitue une simple préparation à un jeu de langage est traitée comme une proposition utilisable dans le jeu de langage, l'image que nous parvenons à lui associer dans le meilleur des cas se révèle fatalement impropre à illustrer ce qui est en question. L'illustration de faits concernant la nature (c'est-à-dire, pour Wittgenstein, la grammaire) de choses comme la longueur ou la

---

1. *BGM*, I, § 72 (trad. fr., p. 60).

couleur ne devrait, semble-t-il, faire intervenir que la longueur ou la couleur en elles-mêmes, et non pas en tant que propriétés accidentelles d'objets physiques déterminés. Tout se passe donc finalement comme si, en tentant de remonter en deçà du jeu de langage pour dire quelque chose de significatif sur ce qui le précède et le rend possible, on n'avait réussi, en fait, qu'à dire quelque chose qui a une fâcheuse apparence de trivialité sur le jeu de langage qui se joue effectivement et sur les instruments linguistiques qui y sont utilisés.

Jacques BOUVERESSE

CHAPITRE III

UN CERTAIN AIR DE FAMILLE
§ 46-49, 51-75

La réflexion sur la pertinence des questions philosophiques n'appartient pas seulement à la dernière période du travail de Wittgenstein; si elle culmine avec *De la certitude*, dont les dernières notes datent de l'année de sa mort, l'idée d'une limitation du champ du questionnable apparaît déjà dans les derniers paragraphes du *Tractatus* ainsi que dans les écrits des années trente. Dans le *Big Typescript,* Wittgenstein énonce que «La difficulté est de s'arrêter de demander "pourquoi?" (Je veux dire, de s'abstenir de cette question)» [1]. Wittgenstein s'intéresse donc aux racines des interrogations philosophiques classiques, et aux confusions qui sont à leur origine.

Ce type de démarche est présent partout dans les *Recherches philosophiques*; on pourrait même la considérer comme *la* méthode philosophique de Wittgenstein. Il semble cependant que l'illustration la plus explicite de cette tentative d'inviter le lecteur à réfléchir à la façon traditionnelle de questionner en philosophie se trouve dans les paragraphes 46-49, et 51-75. Ce n'est cependant pas le seul problème soulevé par cet ensemble de paragraphes, puisque nous y voyons également apparaître une

---

1. *BT*, chap. 79, p. 275.

des notions-clés du philosophe, celle d'*airs de famille* (annoncé dans le § 65, et explicité dans le § 67).

Dans un article récent, John McDowell met l'accent sur la manière dont Wittgenstein traite le jeu de questions et de réponses propres aux attitudes philosophiques classiques, en refusant pourtant de s'engager en prenant partie d'un côté ou de l'autre du débat. Faisant référence à la première cinquantaine de paragraphes des *Recherches*, McDowell écrit :

> Il [Wittgenstein] suggère que la compréhension soi-disant autonome [*self-standing*] de la désignation à la fois reflète et encourage une attitude proprement philosophique, dans laquelle le fait que le langage signifie quelque chose est perçu comme un mystère. Cette attitude même est son point de mire ultime [1].

Un examen des discussions sur les parties constitutives ultimes de la réalité, sur l'essence du langage ainsi que sur celle nos concepts occupera la suite de ce texte.

L'INFINI DE L'ANALYSE

Nous pouvons lire les *Recherches* soit comme une œuvre ayant un contexte historique précis et proposant des critiques de ce que leur auteur lisait et entendait, soit comme un texte qui remet en question nos propres interrogations et fantasmes philosophiques. La façon la plus juste serait, bien évidemment, de joindre les deux lectures, en notant au passage que le choix des problèmes auxquels Wittgenstein s'attaque n'est pas anodin, et qu'il reflète non seulement les opinions de philosophes cités, explicitement ou non, dans les *Recherches*, mais aussi un

---

1. J. McDowell, « Motivating inferentialism : Comments on *Making It Explicit* », *Pragmatics & Cognition*, numéro special, *On Robert B. Brandom*, vol. 13, 1, 2005, p. 121-140, 122.

ensemble d'illusions philosophiques propres à la plupart de ceux qui cultivent cette discipline.

À partir d'une citation du *Théétète* de Platon, Wittgenstein se tourne, au paragraphe 46 des *Recherches*, vers la question des constituants ultimes de la réalité et l'ambition de leur assigner un caractère définitivement simple – une ambition très répandue, semble-t-il, car présente dans son premier ouvrage ainsi que dans la conception russellienne de l'atomisme logique[1]. Pour Bertrand Russell, il existe deux types d'objets, les simples et les complexes, seuls les premiers pouvant être correctement dénommés[2]. Le problème évident de la conception russellienne est le même que celui annoncé par Platon : il est impossible de déterminer empiriquement quels sont les objets simples. L'analyse de la réalité risque de régresser à l'infini, car rien ne semble empêcher de poursuivre la décomposition, il y aura toujours un objet plus simple. Afin de trancher, Russell pose les *sense-data* comme objets simples donnés dans l'immédiateté de la perception ; si nous refusons d'accepter cette proposition, nous sommes de nouveau confrontés à l'abîme des analyses sans fin.

Dans cette réflexion sur ce que veut dire « être simple », Wittgenstein joue avec les usages possibles de l'expression « être composé de ». Ceux-ci, dont la portée diffère d'un cas à l'autre, sont souvent confondus et, suite à cette confusion, créent des problèmes que l'on aurait tendance à qualifier de philosophiques. Quel objet est définitivement simple, et quel autre est

---

1. « La raison pour laquelle j'appelle ma théorie l'atomisme *logique* est que les atomes auxquels je veux parvenir en tant que résidus ultimes de l'analyse, sont des atomes logiques et non pas des atomes physiques. Certains sont ce que j'appelle des "particuliers" – tels que les petites taches de couleur, ou des sons et les choses momentanées –, d'autres des prédicats ou des relations, etc. », Russell, « La philosophie de l'atomisme logique » (1918-1919), dans *Écrits de logique philosophique*, *op. cit.*, p. 338.

2. Cf. *supra*, chap. 2.

composé ? se demande-t-on depuis les origines de la philosophie. « Cela dépend de ce que tu comprends par "composé" » (*RP*, § 47, p. 53), répond Wittgenstein, et bien que cela ne constitue sans doute pas une réponse satisfaisante, elle permet de couper court à la question, en refusant d'entrer dans des explications inutiles. Le paragraphe 47 montre, à travers les usages divers, comment une détermination de ce qu'on veut savoir en posant une question peut contribuer à échapper au piège qu'est le paradoxe, voire le mystère. Ce dernier, s'il existe parfois, est certainement beaucoup plus rare que l'on ne le croit.

La figure du paragraphe 48, faite de petits carrés en couleur, est composée tantôt de neuf carrés, tantôt de quatre couleurs. « Que l'on dise l'un ou l'autre, cela ne revient-il pas au même ? À condition que nous évitions les méprises dans les cas particuliers ! », écrit Wittgenstein, en suggérant ainsi qu'une question du type : « en quoi cette figure consiste-t-elle (dans l'absolu) ? » est tout à fait inintéressante. C'est l'interrogation antérieure à la question qui attire notre attention sur l'examen des cas particuliers semblables : cette interrogation détermine par ailleurs le jeu de langage dans lequel nous nous trouvons. « Tiens, quelles sont les couleurs qui sont employées dans ce dessin ? » ou bien : « Les petits carrés, il y en a combien, au fond ? » Le paragraphe 50, dont le commentaire exhaustif est proposé ici par Jacques Bouveresse, mentionne, entre autres, l'exemple d'une tache de peinture qui peut jouer le rôle d'échantillon, mais peut aussi en jouer un autre, tout à fait différent, tout cela étant relatif au jeu de langage donné.

La discussion autour de ce que « simple » veut dire est reprise dans le paragraphe 60. Après un ordre étrange : « Apporte-moi le manche du balai avec la brosse qui y est fixée ! », une question frappante est posée à propos de celui qui doit l'exécuter : « Comprendra-t-il mieux la phrase sous sa forme plus analysée ? ». On peut sans doute imaginer une situation dans laquelle la réponse serait positive – toutefois, dans la plupart des circonstances, l'analyse ne rend pas la question plus sérieuse, elle peut même provoquer une confusion de par son caractère inhabituel. L'analyse ne peut avoir une pertinence qu'au moment où nous en fixons des objectifs, l'analyse « dans l'absolu », sans aucun point de référence, ne semble pas avoir une utilité quelconque[1]. Un balai, si on l'utilise pour balayer, n'a pas besoin d'analyse ; en revanche si nous sommes intéressés par les matériaux utilisés pour le construire, on remarquera le manche en bois et la brosse en poils synthétiques ; enfin, on peut imaginer quelqu'un se penchant sur la structure des molécules qui constituent lesdits poils !

GÉNÉRATION ASEXUÉE DU LANGAGE

Le paragraphe 52, « la plus étonnante »[2] des paraboles wittgensteiniennes, n'a pas suscité beaucoup d'intérêt de la part des commentateurs, et cela pour plusieurs raisons. Les paragraphes 51 et 53 forment une suite naturelle, reprenant les mêmes images. Le paragraphe 52, par contre, surprend par de nouveaux éléments, qui, du moins superficiellement, n'ont rien en commun avec ceux qui les entoure et qui ne seront pas repris dans la suite du texte. Faut-il donc l'interpréter dans la continuité de ce qui le précède ou le suit, ou bien doit-on plutôt mettre en valeur son autonomie par rapport aux autres paragraphes ? Une lecture attentive donnera sans doute quelques éléments de réponse.

Wittgenstein propose ici deux conceptions concernant la naissance des souris. La première par génération spontanée à partir de chiffons gris et de poussière, et la seconde qu'on pourrait assimiler à la thèse courante qui soutient la reproduction sexuée des rongeurs, ou, du moins, qui réfute la possibilité

---

1. *Cf.* les paragraphes 60-64.
2. S. Cavell, *Les voix de la raison, op. cit.*, p. 53.

de génération spontanée chez les mammifères. Ainsi, si nous n'avons pas de certitude sur la façon dont les souris viennent au monde et sommes enclins à croire en la génération spontanée, alors nous nous penchons sur le problème afin de bien en vérifier la validité. Dans le second cas, convaincus de l'impossibilité d'une telle forme de reproduction, nous ne voyons pas de raison pour entreprendre la recherche de sa justification. Wittgenstein nous donne ici une instruction surprenante, qui semble mettre en cause la certitude de celui qui refuse de prendre les moindres détails en considération : « il faut d'abord que nous apprenions à comprendre ce qui s'oppose, en philosophie, à une telle prise en considération des détails ». Veut-il donc suggérer que la science n'est qu'une superstition de plus et qu'il n'y a au fond aucune raison de lui conférer un statut privilégié par rapport aux croyances millénaires en la génération spontanée de certains êtres très petits ?

Sans cette remarque finale, le paragraphe aurait pu être lu dans la continuité d'une certaine ligne de pensée wittgen-steinienne, celle qui invite son lecteur à ne pas se perdre dans une suite infinie d'analyses. On pourrait le comprendre ainsi : puisqu'il y a des choses dont on est certain et dont on connaît l'origine, on ne doit pas s'engager dans des spéculations inutiles, et il suffit de montrer les sources du problème (ici : l'impossi-bilité de la génération spontanée) pour couper court à toute spéculation. Ce type de démarche est propre à *De la certitude*, où Wittgenstein commence par une discussion de l'argument de G.E. Moore contre l'idéalisme[1]. Quand un idéaliste veut connaître des raisons de ne pas douter de l'existence de ses mains, il ne s'agit pas de lui répondre « je *sais* que je les ai », mais de l'inviter à examiner la façon dont nous utilisons les termes comme « douter », « savoir » et le sens même de la question

---

1. *UG*, § 24.

posée. Cette lecture rassurante est pourtant rendue impossible par la dernière phrase du paragraphe, citée plus haut. À la relative surprise du lecteur, il s'agit ici de philosophie, et nullement des sciences de la nature. Que veut donc montrer l'apologue des souris ?

Semblent illustrées ici les barrières rassurantes des théories philosophiques qui nous confinent à un type d'approche en présentant des certitudes presque irréfutables. La personne qui n'entreprend pas l'examen des tas de poussière lors d'une recherche scientifique n'est pas ici en cause, elle ne sert qu'à expliciter la force du mécanisme qui nous pousse à énoncer nos certitudes, en philosophie cette fois-ci. Puisque nous savons qu'à partir de ce que nous faisons avec les mots – et cet usage ressemble à un amas chaotique de chiffons et de poussière – aucune souris ne peut naître, nous n'avons alors aucune raison de regarder de près ce qui s'y passe. Le langage semble supérieur à l'usage que nous en faisons, usage souvent peu noble et parfois peu réfléchi ; le vrai langage semble résider quelque part ailleurs, et nous n'en avons que sa poussière – voici les conceptions en jeu dans ce paragraphe.

L'examen auquel Wittgenstein nous invite passe d'abord par la mise en cause de nos propres habitudes, et

> pour y parvenir, je devrai me mettre dans l'état d'esprit où « j'incline à supposer » qu'une chose, que je tiens pour impossible, peut arriver. Ce qui signifie que je dois m'exercer à croire en ce que je tiens pour des préjugés et à envisager que ma rationalité elle-même puisse être un ensemble de préjugés [1].

Selon McDowell, le remède à ce genre de résistance est d'arrêter de « considérer la relation entre le nom et l'objet abstraction faite de son rôle dans la vie humaine. [...] le fait même qu'un objet puisse avoir un nom n'est qu'un jeu de

1. S. Cavell, *op. cit.*

langage »[1]. Nous sommes donc, en philosophie, enfermés dans nos théories et préjugés, et ces derniers nous conduisent à étiqueter une fois pour toutes les divers phénomènes de notre vie. Déjà au paragraphe 51, Wittgenstein nous annonce que si nous voulons avoir une chance de voir plus clairement ce qui se passe devant nous, il faut, systématiquement et sans grand espoir de généralisation, « *considérer de plus près* ce qui se passe ». Cora Diamond, lors d'une discussion autour du paragraphe 53[2], souligne ce en quoi consiste la véritable difficulté en philosophie : nous sommes censés non seulement arrêter notre recherche chimérique mais en outre apprendre à la voir comme fondée sur des illusions.

IDENTITÉ ET RESSEMBLANCES

Il est toutefois tentant d'objecter, comme le suggère une des « voix », comme dit Cavell, du paragraphe 65, que Wittgenstein, ayant choisi une solution de facilité, ne ferait pas l'effort philosophique nécessaire pour trouver (ou du moins pour chercher) l'essence du jeu de langage, son nouvel outil. Il serait bien évidemment judicieux de s'interroger sur l'identité de cette voix – est-ce l'auteur du *Tractatus* cherchant à décrypter la véritable structure du langage ? Les paragraphes 65 et suivants semblent en effet être écrits sous forme d'objection à ce livre de jeunesse, qui tente d'établir une fois pour toutes la forme générale de la proposition, la même que la forme générale de la fonction de vérité, ainsi que de donner une définition du nombre cardinal. Dès les années trente, Wittgenstein considérait comme dogmatique cette tentation d'établir « une fois pour toutes » une quelconque idée portant sur le monde ou le langage.

---

1. J. McDowell, *op. cit.*, p. 121-140, p. 122-123.
2. « Le réalisme et l'esprit réaliste », dans C. Diamond, *L'esprit réaliste*, trad. fr. E. Halais et J.-Y. Mondon, Paris, PUF, 2004, p. 55-102.

La notion d'« air de famille », qui apparaît dans le paragraphe 67, ne constitue pas seulement une suite naturelle de ce qui précède – elle sous-tend l'entreprise philosophique entière de Wittgenstein, étant, avec celle de jeu de langage, un des deux instruments majeurs proposés par le philosophe pour l'analyse du langage. La préparation de la définition des airs de famille (§ 65-66) se fait par ailleurs à travers un éclaircissement de ce qu'on devrait entendre par « jeu »; nous n'avons pas ici d'explication à proprement parler, mais une description des usages possibles, la mise en scène d'une idée.

Que partagent les choses que nous nommons à l'aide d'un même terme, que partagent tous les jeux, tous les langages, toutes les musiques? La multiplicité de choses que nous qualifions au moyen d'un de ces termes fait qu'il est souvent impossible de trouver une caractéristique apparaissant dans toutes leurs occurrences. « Wittgenstein est ici concerné par les choses qui sont appelées par le même nom en un seul et même sens et non pas dans des sens (littéraux) différents »[1], précise à juste titre Haig Khatchadourian, en écartant ainsi toute tentative de chercher chez Wittgenstein une théorie poétique des significations métaphoriques. Nous sommes confrontés à un ensemble de caractéristiques qui apparaissent dans certains cas, disparaissent dans d'autres; les liens tissés par ces ressemblances évoquent, pour Wittgenstein, la façon dont, au sein d'une famille, fonctionnent des traits communs, formant un réseau interdépendant et non pas un fil conducteur univoque. Jean-Philppe Narboux[2], dans un texte critique portant sur la notion de critères et d'airs de famille, signale le rôle de la « concevabilité d'une variation de ces critères » dans la réflexion sur ces derniers – variation des

---

1. H. Khatchadourian, « Common Names and "Family Resemblances" » *Philosophy and Phenomenological Research*, vol. 18, 341-358, 1958, p. 343.

2. J.-Ph. Narboux, « Ressemblances de famille, caractères, critères », dans S. Laugier (éd.), *Wittgenstein : Métaphysique et jeux de langage*, *op. cit.*

critères d'application des concepts selon les objets ou selon le contexte. La grammaire, selon Narboux, « prend acte » du fait que tout concept peut être reconnu grâce à son air de famille. Renford Bambrough propose une illustration schématique de la façon dont fonctionnent les ressemblances, montrant une distribution possible de certains caractéristiques :

(e) ABCD ; (d) ABCE ; (c) ABDE ; (b) ACDE ; (a) BCDE[1].

Ici, il n'y a pas d'élément qui soit commun à tous les ensembles de lettres ; il existe toutefois une ressemblance générale qui émerge, permettant de considérer ces ensembles comme faisant partie de la même « famille ».

Il est à la fois impossible et inutile de chercher ici un critère déterminé nous permettant de distinguer entre les cas limites – une chaise sans un pied est-elle encore une chaise ? Qu'en est-il d'une chaise sans pieds ni dos ? Il n'est pas certain que nous soyons véritablement troublés par ce type de questions au quotidien. Et au pire le manque de critère définitif nous mettra dans la situation où nous déclarerons, tout simplement, être dans l'incertitude. Cela ne remettra pas en question, dans la plupart de cas, tout notre savoir (-faire), nous devrons en revanche prendre une décision. Ce qui doit être compris comme « air de famille » est éloigné des discussions relatives à la notion d'identité, pourtant récurrente dans ce type de contexte, et dépourvu de tout poids ontologique. On retrouve là un processus familier de reconnaissance des choses à l'aide de l'ensemble des connaissances acquises dans le contexte, plus ou moins étendu, dans lequel nous exerçons nos capacités cognitives tantôt spontanément, tantôt avec réflexion. Parfois, nous commettons des erreurs, elles ne

---

1. R. Bambrough, « Universals and Family Ressemblances », *Proceedings of the Aristotelian Society*, vol. LXI, 1960-1961, p. 207-222, repris dans G. Pitcher (éd.), *Wittgenstein, The Philosophical Investigations*, London-Melbourne, Macmillan, 1968, p. 189.

sont pourtant pas censées nous conduire à abandonner nos façons de faire habituelles, elles ne sauront tout au plus que nous rendre un peu plus méfiants. Enfin, aucune recette universelle et indépendante du contexte ne peut être fournie pour réussir l'entreprise de reconnaissance de notre objet d'enquête.

Avec la vive discussion sur les universaux qui occupait les philosophes britanniques de la première moitié du vingtième siècle, les airs de famille trouvaient un terrain d'application idéal. La notion interpellait ceux qui s'interrogeaient sur le caractère et la légitimité de la distinction entre les particuliers et les universaux. Le réalisme quant à ces derniers cherchait à établir une caractéristique commune à tous les objets auxquels s'appliquerait un certain nom. Ce réalisme, avec une référence explicite aux idées de Platon, fut adopté, dès 1911, par Russell[1], après une période nominaliste. On peut de nouveau stipuler que cette famille de problèmes parut intéressante à Wittgenstein après la lecture des textes de son ancien professeur; par ailleurs, il renvoie à Frege de façon explicite dans les *Recherches* (§ 71, p. 67). Russell fut particulièrement intéressé par la façon dont le platonisme permettait non seulement d'aborder la question de la relation entre les universaux et les particuliers, mais encore de constituer, à travers l'introduction de l'universel, « le seul élément "récurrent" et, comme tel, il [l'universel] fonde seul la possibilité d'un repérage des invariants de l'expérience, condition *sine qua non* de toute connaissance »[2].

Wittgenstein n'adopte pas, comme on pourrait s'y attendre, une position résolument nominaliste – la seule chose commune aux jeux est qu'on les appelle par ce nom –, pour contrer ce genre de tentations réalistes, mais retourne aux poussières et aux

---

1. Russell, « On the Relations of Universals and Particulars » (1911), réed. *Logic and Knowledge*, R. C. March (éd.), London, Allen & Unwin, 1956, p. 103-124.

2. D. Vernant, *Bertrand Russell*, Paris, Flammarion, 2003, p. 207.

chiffons gris, pour regarder *de plus près*. Les paragraphes 72-76 mettent en jeu l'élément commun, cherché par les défenseurs du réalisme, qui devait, selon ces derniers, permettre de délimiter clairement les concepts en tant qu'ils contiennent un universel présent dans tous les objets auxquels ils s'appliquent. Nous discernons, selon Wittgenstein, des caractéristiques communes en fonction de ce que nous cherchons, et l'élément récurrent nous frappe relativement au contexte, puisque, loin de découvrir l'ordre caché de la réalité, nous le classons là où cela nous paraît pertinent. Pour Elizabeth Anscombe, Wittgenstein montre comment la distinction entre les particuliers et les universaux est dépourvue de sens, car « le concept d'universel est une progéniture bâtarde de deux concepts tout à fait distincts – celui de *fonction* et celui d'existence d'un objet en *plusieurs choses* » [1].

La notion d'airs de famille semblait particulièrement pertinente aux philosophies de l'école oxonienne de droit – Herbert Hart l'évoque à plusieurs reprises, suggérant par exemple que les lois et les principes légaux doivent être considérées comme ayant une « texture ouverte » [2], et la définition en jurisprudence ne peut être compréhensible que si on la formule à l'aide des airs de famille. Des échos de la notion d'airs de famille se trouvent également dans la *cluster theory* présentée par Kripke dans sa réflexion sur les noms propres [3].

Vers 1930, Wittgenstein écrit dans une note : « Pour moi [...] la clarté, la transparence, est à elle-même sa propre fin. Élever

---

1. G.E.M. Anscombe, « Retractation », dans *The Collected Philosophical Papers of G.E.M. Anscombe*, I, *From Parmenides to Wittgenstein*, Oxford, Blackwell, 1981, p. 111.

2. H.L.A. Hart, *The Concept of Law*, Oxford, Clarendon Press, 2e éd., 1994, p. 252. Voir aussi F. Waismann.

3. *Logique des noms propres*, trad. fr. P. Jacob et F. Récanati, Paris, Minuit, 1982.

un édifice, cela ne m'intéresse pas »[1]. Cette remarque ne fait que rappeler une idée déjà présente dans le paragraphe 4.112 du *Tractatus*, celle du caractère non-doctrinal de la philosophie qui traverse toute l'œuvre de cet auteur : « La philosophie n'est pas une théorie, mais une activité. […] La philosophie doit rendre claires, et nettement délimitées, les propositions qui autrement sont, pour ainsi dire, troubles et confuses »[2]. Cette clarté à atteindre ne doit cependant pas viser la clarté « absolue », l'analyse « définitive », atomique. L'analyse dont on a besoin n'est qu'une description, qui aide « à trouver et à inventer des *maillons intermédiaires* » (*RP*, § 122) manquant dans la recherche d'une vue synoptique du langage. « Il y a bien un moment où il faut passer de l'explication à la simple description », dit le philosophe en 1950[3], après avoir demandé de ne pas dire qu'« il n'y a pas de "dernière" explication », car « ce scrait comme si tu disais : "Il n'y a pas de dernière maison dans cette rue ; on peut toujours en construire une nouvelle" » (*RP*, § 29).

Le projet tractarien est, d'une certaine manière, mis en œuvre dans les *Recherches*, où la philosophie « laisse toutes les choses en l'état » (*RP*, § 124), et c'est sans doute une des raisons pour laquelle Wittgenstein souhaitait, dans la préface de cet ouvrage, publier les deux livres ensemble. La continuité n'exclut pourtant pas le recul, et la partie des *Recherches* qui contient les passages commentés clôt, selon la formule de Paulo Faria, « la critique de la sublimation logique »[4], sublimation qui appartient au projet du *Tractatus*.

Anna ZIELINSKA

---

1. *Remarques mêlées*, trad. fr. G. Granel, Paris, Flammarion, 2002, p. 59.
2. *TLP*, trad. fr., p. 57.
3. *UG*, trad. fr., p. 65, § 189.
4. P. Faria, « À l'écoute de Russell », dans Ch. Chauviré, S. Laugier, J.-J. Rosat (éd.), *Wittgenstein : les mots de l'esprit, op. cit.*, p. 52.

Chapitre IV

UNE PROPOSITION : LA CHOSE
LA PLUS ORDINAIRE DU MONDE
§ 77-112

Les *Recherches* s'ouvrent sur la description d'une conception du langage qui comprend les mots comme des sortes d'étiquettes posées sur les choses. Wittgenstein reproche à une telle conception d'être simplificatrice : « ce système ne recouvre pas tout ce que nous nommons langage » (*RP*, § 3). Il ne convient donc pas de dire qu'elle n'a aucun intérêt, mais qu'elle ne correspond qu'à une partie de ce que nous appelons « langage ». Cette critique fait apparaître ce qui peut être considéré comme un principe méthodologique des *Recherches* :

> [...] Et c'est ce qu'il faut se dire dans les nombreux cas où se pose la question : « Une telle représentation est-elle utilisable ou inutilisable ? ». La réponse est : « Elle n'est utilisable que pour ce domaine étroitement délimité, et non pour l'ensemble de ce que tu prétends représenter ». (*RP*, § 3)

Le point de départ des enquêtes philosophiques réside effectivement pour Wittgenstein dans les *représentations* que nous nous faisons de certains phénomènes, les conceptions que nous avons du langage, de la pensée, etc., c'est-à-dire dans des productions *théoriques* développées à partir d'interrogations bien spécifiques : qu'est-ce que le langage ? qu'est-ce que la proposition ?

Les *Recherches* mettent en évidence la vanité de tels questionnements. Si l'on cesse de « penser » et qu'on « regarde » (*RP*, § 66) plutôt, on voit que le langage, le mot, la signification, la proposition, ne se réduisent pas à ce qu'en expliquent les théories philosophiques, ou à la façon dont nous avons tendance à nous les *représenter*. Le problème est comparable dans l'un et l'autre cas : on cherche à décrire *l'essence* de quelque chose (le langage, la proposition) ou à s'en faire une *image*. On fait alors d'un exemple, d'un cas particulier, un cas *générique*, paradigmatique.

Dans les paragraphes 92 à 136, Wittgenstein dénonce l'erreur qui consiste à prétendre définir de façon univoque et définitive ce que sont les propositions [*Satz*] (comme il l'a fait lui-même dans le *Tractatus* en cherchant à établir « la forme générale de la proposition ») et présente ce faisant une double critique de l'usage des *représentations* : la première concerne l'analogie entre la proposition et une image qui est au cœur de la théorie picturale du langage du *Tractatus*, et la seconde se rapporte au caractère *représentationnel* de toute théorie contre lequel Wittgenstein met en garde la philosophie : le propre de l'activité théorique est en effet de *sublimer* son objet, et d'en faire ainsi autre chose que ce qu'il est au départ, dans son lieu d'origine[1].

LA FORME GÉNÉRALE DE LA PROPOSITION
DANS LE *TRACTATUS*

Dans la préface des *Recherches*, Wittgenstein justifie la publication dans un même ouvrage de celles-ci et de son premier livre, le *Tractatus logico-philosophicus* (*RP*, p. 22). Les ana-

---

1. *RP*, § 116. Sur ce point, *cf.* le commentaire de Denis Perrin.

lyses portant sur la proposition mettent en effet clairement en évidence quelles « graves erreurs » l'auteur des *Recherches* peut reconnaître dans le texte qu'il a publié vingt-quatre ans auparavant (p. 22), et dont l'établissement de la forme générale de la proposition peut être considéré comme l'un des principaux résultats.

Dans le *Tractatus*, Wittgenstein s'est en effet assigné pour tâche de tracer *de l'intérieur* les limites du sens, c'est-à-dire des propositions douées de sens. La « forme (la plus) générale de la proposition » est ainsi censée être une sorte de matrice qui rend compte de la façon dont toutes les propositions (douées de sens) sont construites (ou peuvent être construites) à partir des propositions élémentaires : une suite de signes n'est une proposition douée de sens (elle ne fait partie du langage) que si et seulement si elle satisfait *la forme générale de la proposition*[1].

Le point de départ du *Tractatus* est que le lien entre monde, pensée et langage ne se fait pas au niveau des objets, mais au niveau des *faits*. Et la possibilité pour une proposition de représenter un fait est garantie par la « forme logique », commune à ce fait et à la proposition. C'est au niveau de la proposition, du fait, et de la pensée que joue l'isomorphisme logique qui est la clé de la théorie dite « picturale » du langage : une proposition est l'*image* d'un fait. Quant à la pensée, elle est un intermédiaire, un élément charnière, entre le langage et le monde : elle est « l'image logique des faits » (*TLP*, 3) d'une part, et la « proposition pourvue de sens » (*TLP*, 4) de l'autre. La proposition est la forme sensible d'une pensée (c'est un ensemble de signes sur du papier ou de phonèmes audibles), pour autant que celle-ci a un sens, et ce *sens* est ce qui est le cas si la proposition est vraie. Si l'on suit la colonne vertébrale du *Tractatus*, constituée par les sections numérotées avec des nombres entiers, on reste toujours

---

1. Cf. *TLP*, 4.5.

à ce niveau, et on passe du fait à la pensée et de là à la proposition douée de sens. Et c'est de cette proposition (douée de sens) que Wittgenstein décrit la *forme générale* : « la forme générale de la proposition est : il en est ainsi et ainsi » (*TLP*, 4.5). Cela revient à dire qu'une proposition est la *description d'un fait*[1]. Cette première définition le conduit à une seconde caractérisation de la forme générale de la proposition : « Toutes les propositions sont les résultats d'opérations de vérité sur des propositions élémentaires » (*TLP*, 5.3). La définition ultime de la forme générale de la proposition telle qu'elle est présentée en 6 n'est en fait qu'une expression formalisée de cette caractérisation : est proposition ce qui appartient à un ensemble défini de façon inductive à partir d'un ensemble de base (les propositions élémentaires) et une opération (dans la mesure où tous les connecteurs logiques peuvent être exprimés à partir du seul connecteur de négation conjointe, Wittgenstein choisit celui-ci pour tenir lieu de tous les autres)[2]. Une proposition est donc soit une proposition élémentaire, soit le résultat de l'application (unique ou réitérée) de connecteurs logiques à des propositions élémentaires, et en tant que telle, elle est *nécessairement* vraie ou fausse.

LES « GRAVES ERREURS » DE LA CONCEPTION TRACTARIENNE

Les paragraphes se rapportant à la proposition sont ceux dans lesquels la critique du *Tractatus* est sans doute le plus manifeste. Il s'agit pour Wittgenstein de mettre en évidence la non-pertinence de la tentative d'exhiber une forme générale de la proposition. Le *Tractatus* est même mentionné explicitement à deux reprises (*RP*, § 97 et 114).

---

1. Cf. *TLP*, 4.023.
2. *TLP*, 6 : « La forme générale de la fonction de vérité est [p̄, ξ, N(ξ̄)]. C'est la forme générale de la proposition ».

La restriction à un seul type d'exemple et la généralisation à partir d'un cas particulier

Cette critique est plus précoce dans les *Recherches* (§ 18 à 25). Il existe une multitude de types de propositions, et c'est une simplification indue que de réduire les propositions aux propositions descriptives, factuelles (*RP*, § 23). Wittgenstein énonce une liste exotique et non exhaustive d'exemples de phrases différentes (« rapporter un événement », « résoudre des énigmes », « solliciter, remercier, jurer, saluer, prier ») et oppose la diversité des types de phrases évoquées à la façon dont les logiciens (« y compris l'auteur du *Tractatus logico-philosophicus* ») considèrent le langage. Dans ce même paragraphe, Wittgenstein introduit le concept de « jeu de langage » : « L'expression *jeu* de langage doit ici faire ressortir que parler un langage fait partie d'une activité, ou d'une forme de vie ». Les « jeux de langage » sont les différentes formes spécifiques que prennent nos usages des mots dans les différents contextes dans lesquels il sont mis à contribution. On ne peut pas plus réduire la diversité des propositions aux seules propositions descriptives qu'on ne peut réduire les divers jeux de langage à un langage décrivant le monde (*RP*, § 23 et 27).

On ne peut donc faire d'un cas particulier (une proposition descriptive) le *paradigme* de tous les cas particuliers (toutes les propositions qui jouent un rôle dans nos jeux de langage). Non seulement cela reviendrait à ne plus rendre compte de ce que sont vraiment les cas particuliers auxquels on s'intéresse, mais en outre, il est illusoire de croire qu'on peut transformer un item particulier, la proposition « il en est ainsi et ainsi » (*RP*, § 134), un échantillon de couleur ou une feuille (*RP*, § 73, 74) par exemple, en un item *général*. En effet, alors que cet item général serait censé valoir, en tant que « forme générale » des items particuliers, en tant qu'image montrant ce qui leur est commun, à la place de n'importe lequel d'entre eux, Wittgenstein montre qu'en fait, il ne vaut pas du tout (« il en est ainsi et ainsi », en tant que schéma abstrait, ni ne s'accorde, ni ne s'accorde pas avec la réalité), ou alors il vaut toujours et seulement en tant qu'il est *aussi* un item particulier (*RP*, § 73, 74, 134).

La recherche d'essences (la sublimation de l'objet considéré)

La mise en garde contre la sublimation de l'objet considéré par la philosophie est au cœur de la critique de la forme générale de la proposition. L'objet est « sublimé » quand on ne garde de lui que son *essence*, que ce qui lui est propre et le caractérise à l'exclusion de tout autre. Quand bien même on ne s'intéresserait qu'aux *propositions descriptives,* il ne convient pas de chercher une *essence* de celles-ci. Cette critique est le corrélat de celle d'une conception référentielle de la signification des mots, présentée dans tout le début des *Recherches*. Un mot n'a pas *une* signification qui pourrait être définie nettement et de façon définitive[1]. Il n'est pas nécessaire qu'existe un trait *commun* à toutes les choses qui portent un même nom ; entre elles peuvent n'exister que des « ressemblances », des « airs de famille » (*RP*, § 66 et 67). Cette critique rend en effet vaine les questions de la forme « qu'est-ce que… ? » censées porter justement sur *ce* trait commun, fondamental, *essentiel*, de l'objet sur lequel porte l'interrogation. Or c'est bien l'essence de la proposition que le *Tractatus* veut définir. L'argument de Wittgenstein est le suivant : en ne voulant conserver que les traits *essentiels* de la proposition, en la *sublimant*, on en fait une chimère (*RP*, § 94) (de même qu'en dépouillant l'artichaut de ses feuilles on ne trouve pas le « véritable artichaut », mais on fait disparaître l'artichaut (*RP*, § 164).

La forme générale qui définit l'essence de la proposition dans le *Tractatus* ne caractérise en effet pas ce que nous enten-

---

1. *Cf.* par exemple *RP*, § 79.

dons communément par « phrase » (une suite de mots dans une langue donnée), mais la *proposition douée de sens*, c'est-à-dire *la pensée* qui est le corrélat de cette proposition (*TLP*, 4), l'*image logique* du fait décrit par cette proposition (*TLP*, 3). La proposition dont le *Tractatus* donne la forme générale est donc précisément le « pur être intermédiaire » supposé « entre le *signe* propositionnel et les faits » qu'évoque le paragraphe 94 des *Recherches*. Elle n'est pas le *signifiant*, mais *le signifié*[1], une entité objective commune à toutes les propositions exprimant le même sens (*TLP*, 3.341).

À la recherche d'une essence « cachée » « qu'une analyse doit exhumer », Wittgenstein oppose celle de « quelque chose qui serait déjà offert à la vue et dont une mise en ordre permettrait d'*avoir une vue synoptique* » (*RP*, § 92). La proposition n'est pas un phénomène « curieux » doté d'un pouvoir extraordinaire », une entité qui se trouve au-delà du langage, mais « la chose la plus banale du monde » (*RP*, § 93), un phénomène « spatial et temporel » (*RP*, § 108), qui a un usage « aussi modeste que les mots "table", "lampe", "porte" » (*RP*, § 97). L'exhortation de Wittgenstein à ramener les mots « de leur usage métaphysique à leur usage quotidien » (*RP*, § 116) revient à refuser de s'intéresser à une version *sublimée* des choses (à leur prétendue *essence*) et caractérise donc une forme d'anti-platonisme radicale. La signification des mots comme « langage » et « proposition » n'est pas plus mystérieuse que celle du mot « table » ou « sapin » : elle est donnée *dans la façon dont nous les utilisons*.

La présupposition de l'existence d'un ordre a priori

La critique de la recherche de l'essence de la proposition s'articule à celle de la présupposition de l'existence d'un « ordre *a priori* du monde, c'est-à-dire l'ordre des *possibilités*, qui doit

---

1. *Cf.* sur ce point J. Bouveresse, *Le Mythe de l'intériorité*, *op. cit.*, p. 219.

être commun au monde et à la pensée », ordre « d'une extrême simplicité » et « antérieur à l'expérience » (*RP*, § 97). Un tel « ordre des *possibilités* » est en effet supposé dans le *Tractatus* : la proposition représente un fait *possible*, qui est ce que Wittgenstein appelle également son *sens*[1], et qui correspond aussi à la *pensée* corrélative de cette proposition[2]. L'ordre des possibilités est celui des *images logiques des faits* que sont la pensée (*TLP*, 3) et *le sens* des propositions. Si la vérité d'une proposition ne peut être décidée *a priori* (c'est la confrontation avec le monde qui rend possible cette décision), en revanche, la *possibilité* d'une confrontation avec le monde, à savoir le fait qu'une proposition ait un sens ou non, est, elle, bien décidable *a priori*. Or Wittgenstein montre désormais que le sens d'une proposition ne peut être défini, spécifié, hors du contexte de l'occurrence de cette proposition (*RP*, § 35 par exemple). Et dire qu'on ne peut parler du sens d'une proposition hors de tout contexte revient à exclure qu'on puisse déterminer hors d'un contexte donné si une proposition a un sens ou non.

Mais le rejet de l'« ordre » en question a une seconde visée. Dans le *Tractatus*, cet ordre caractérise tout langage, y compris notre langage ordinaire (*TLP*, 5.5563). Les *Recherches* nient qu'on doive déduire du bon fonctionnement du langage l'*existence* d'un ordre parfait quelconque sous-jacent *même* à notre langage ordinaire (*RP*, § 98). Il faut rejeter cette *ombre* se tenant derrière le signe propositionnel qu'on appelle son « sens » et qui censée être garante du fonctionnement du langage[3]. Ce qui est remis en cause est ainsi l'idée même d'une structure commune, la structure logique (*RP*, § 102), propre à la proposition, à la

---

1. Cf. *TLP*, 2.201-2.221.
2. Cf. *TLP*, 3.02.
3. *Cf.* J. Bouveresse, « Le réel et son ombre : la théorie wittgensteinienne de la possibilité », dans R. Egidi (ed.), *Wittgenstein : Mind and Language*, Dordrecht-Boston-London, Kluwer Academic Publishers, 1995.

pensée et au fait qu'elle représente, et par là, l'existence de l'*isomorphisme* entre proposition, pensée et fait, sur lequel reposait la théorie picturale du langage.

Dans un manuscrit antérieur[1], le paragraphe 102 est précédé du passage suivant : « Il apparut que je n'avais pas un concept général de la proposition et du langage. Je devais reconnaître ceci et cela comme des signes (Sraffa) et je ne pouvais pourtant fournir aucune grammaire pour ceux-ci. […] Le pneumatique dans la compréhension disparaît entièrement et avec lui le pneumatique du sens ». Malcolm raconte en effet que Sraffa, ami et collègue de Wittgenstein à Cambridge dans les années 30, aurait contribué à l'ébranlement de la conception de la structure logique du monde et du langage et ainsi également de la notion de sens qui étaient celle du *Tractatus*, en demandant à Wittgenstein quelle était censée être la forme logique du geste utilisé par les Napolitains (consistant à tapoter de la main ouverte la pointe du menton) pour exprimer leur réprobation[2]. Ce qui est mis en évidence par là est que des signes fonctionnent, sans qu'on puisse leur supposer une « structure logique », sans qu'ils représentent *un fait* quelconque. La conception « pneumatique », c'est-à-dire *propositionnelle*, de la pensée et du sens, est ainsi mise en défaut. Comme l'écrit Travis, « nous devons détruire cet alignement en batterie du langage, de la pensée, du monde, et de l'expérience »[3], c'est-à-dire abandonner l'ordre des possibilités présupposé par le *Tractatus*.

---

1. MS 157b, 27 février 1937 (je traduis).

2. N. Malcolm, *Ludwig Wittgenstein*, Paris, Gallimard, 1965, p. 386. Dans la préface des *Recherches*, Wittgenstein insiste sur l'importance des critiques de Sraffa dans l'élaboration des « idées les plus fécondes » de son texte, *RP*, p. 22.

3. C. Travis, *Les liaisons ordinaires Wittgenstein sur la pensée et le monde*, *op. cit.*, p. 240.

L'exigence du caractère déterminé du sens

Dans le *Tractatus*, le vague qui caractérise le langage (les signes propositionnels) ne contamine pas le domaine du *sens*. Le caractère déterminé du sens semble être une *exigence* imposée par le bon fonctionnement de notre langage. Mais c'est précisément cette exigence que les *Recherches* suggèrent d'abandonner :

> Le sens de la proposition (aimerait-on dire) peut certes laisser ceci ou cela ouvert, mais la proposition doit néanmoins avoir *un* sens déterminé. [...] Une clôture qui a un trou ne vaut pas mieux que pas de clôture *du tout*. – Mais est-ce bien vrai ? (*RP*, § 99)

Exiger que le sens soit déterminé revient à exiger qu'il existe un fait dont l'existence ou la non-existence rend vraie ou fausse la proposition. La proposition « Le chat est sur la table » est vraie si et seulement si le chat est sur la table. Le sens de la proposition est identique à ses conditions de vérité[1]. Une proposition peut certes contenir une certaine indétermination, une description peut être plus ou moins précise, mais il importe simplement que quelque chose soit décrit, qui est ou n'est pas le cas.

Ce qui est contesté dans les *Recherches,* c'est cette idée de « *complétude* » du sens, complétude qui caractérisait précisément le sens pour les *Carnets*[2] et le *Tractatus* (*TLP*, 5.156). Si une proposition n'a pas un sens *complètement* déterminé, elle est comme un enclos ouvert à un endroit[3]. De même que, si l'enclos n'enclôt plus, il semble qu'on ne puisse plus, par définition,

---

1. Cf. *TLP*, 4.431.

2. *Cf.* p. 122 (16.6. 1915) : « Toute proposition qui a un sens a un sens *complet* et est une image de la réalité, de telle sorte que ce qui n'est pas encore dit en elle ne peut tout simplement pas appartenir à son sens. [...] Une proposition peut donc bien être une image incomplète d'un certain fait, mais elle est *toujours une image complète* ».

3. Cf. *RP*, § 99 ; *RP*, § 71.

parler d'enclos, de même, il semble qu'on ne puisse pas parler non plus, par définition, du *sens* d'une proposition qui ne décrirait pas un fait possible dont l'existence ou la non-existence la rendrait vraie ou fausse, c'est-à-dire qui ne permettrait pas de déterminer ses conditions de vérité (c'est-à-dire encore, son sens). Est désormais remis en cause le caractère défini et définitif de *ce qui est dit par une proposition*, c'est-à-dire l'idée même que *le sens* d'une proposition, ses conditions de vérité, peuvent être énoncés, explicités *a priori*, hors de tout contexte d'usage.

Si l'on considère ainsi la phrase « l'eau du lac est bleue », on s'aperçoit que la valeur de vérité *et le sens même* de cette phrase (c'est-à-dire, la situation censée la vérifier ou l'infirmer) diffèrent selon les contextes dans lesquels elle apparaît (selon que l'on regarde le paysage ou l'eau d'un seau par exemple[1]). Il n'existe pas un fait, une situation objective, représentés par cette phrase et qui serait son sens. Le problème n'est donc pas : le non-dit dans ce qui est dit rend-il impossible de parler de ce qui est dit réellement par une phrase ? Mais il réside dans le fait que rien n'est dit *tant qu'un contexte ne donne pas un sens à ce qui est dit* (*RP*, § 117). Le rejet du caractère déterminé du sens est ainsi corrélatif principalement de deux affirmations des *Recherches* : d'une part qu'il n'existe pas *une* essence pour un mot, essence qu'expliciterait la définition de ce mot (un concept peut être caractérisé par de simples «ressemblances de familles»); d'autre part, qu'il n'est pas possible de parler de la signification d'un mot ni du sens d'une phrase hors d'un jeu de langage et d'une occurrence déterminés. L'abandon du caractère déterminé du sens ne veut pas dire qu'on ne sait jamais au fond de quoi on parle, mais qu'on ne dit jamais quelque chose que dans un contexte déterminé. Ce n'est pas en tant que *représentation* d'un fait quelconque qu'une phrase a un sens (conception

1. *Cf.* C. Travis, *Les liaisons ordinaires. Wittgenstein sur la pensée et le monde*, *op. cit.*, p. 211 *sq.*

pneumatique du sens), mais en tant que *coup* dans un jeu de langage (*RP*, § 22).

<h2>LA DESCRIPTION DU CONCEPT DE « PROPOSITION »
DANS ET PAR LE LANGAGE ORDINAIRE</h2>

Le diagnostic de la raison de ces différentes erreurs est énoncé par Wittgenstein lui-même au paragraphe 114 : « *TLP* (4.5) : "La forme générale de la proposition est : Il en est ainsi et ainsi". – C'est le genre de proposition que l'on se répète un nombre incalculable de fois. On croit suivre encore et toujours le cours de la nature, et on ne fait que suivre la forme à travers laquelle nous la considérons ». La représentation que nous nous faisons de ce que nous examinons nous empêche de voir les choses telles qu'elles sont devant nous (*RP*, § 103). Nous voyons ainsi l'unicité et l'identité là où notre langage n'a qu'un mot[1] ou là où une image vient se substituer à ce que nous considérons. « Nous prédiquons de la chose ce qui réside dans le mode de représentation » (*RP*, § 104). C'est ce qui s'est produit avec la proposition : « une image nous tenait captif » (*RP*, § 115).

Parce que les propositions (et encore pas toutes !) décrivent des faits, on cherche dans ce caractère descriptif, représentationnel, l'essence de la proposition. On la décrit alors par les mots ; « il en est ainsi et ainsi ». Mais cette expression n'est pas tant la description d'une proposition en général que la *description abstraite d'une image*. Malcolm raconte que l'idée que la proposition est une image a été suggérée à Wittgenstein par la représentation d'accidents d'automobiles dans un journal, à l'aide de croquis et de diagrammes. Il aurait alors réalisé « que ces croquis étaient en tous points comparables à une proposi-

---

1. *Cf.* la note du paragraphe 104.

tion » [1]. Une image (les croquis), une certaine façon de se représenter les choses, l'ont ainsi conduit à élaborer une conception *représentationnelle* de la proposition dont les *Recherches* montrent les limites. L'image dont il faut se libérer, ce n'est pas le croquis de l'accident de voiture comme tel, mais c'est *le fait de voir la proposition comme un croquis de ce genre.*

Le remède consiste alors précisément à cesser de chercher à *se représenter*, en apprenant au contraire à regarder et à *décrire*. Les paragraphes 105 à 108 présentent en quelque sorte le tournant effectué par Wittgenstein : l'abandon du type de recherches qu'incarnait le *Tractatus* et le choix de s'en tenir au langage ordinaire, non pas comme un pis-aller, mais comme l'*objet* et l'*outil* véritables de l'analyse philosophique. On peut noter les éléments dramatiques introduits ici : « nous avons du mal, pour ainsi dire, à garder la tête hors de l'eau » (*RP*, § 106), « le conflit devient intolérable et l'exigence menace maintenant de se vider de son contenu » (*RP*, § 107). Intervient alors le fameux appel destiné à sortir de cette situation intenable : « Revenons donc au sol raboteux ! » (§ 107), et l'affirmation assurée que « nous reconnaissons que ce que nous nommons "propositions", "langage", n'est pas l'unité formelle que j'avais imaginée, mais une famille de formations plus ou moins apparentées entre elles » (§ 108). Dans la confusion des voix qui est celle des *Recherches*, deux voix sont ici tout à fait identifiables : le « je » qui est l'auteur du *Tractatus*, et le « nous », qui, dans ce passage, représente assurément la nouvelle voix de Wittgenstein. Cette affirmation ne clôt pas toute discussion (une voix demande aussitôt : « Que devient alors la logique ? »), mais se présente toutefois certainement comme une caractérisation positive du langage et de la proposition. L'abandon de la recherche des essences n'implique pas de renoncer à toute recherche philosophique. Simplement,

1. Malcolm, *op. cit.*, p. 385.

l'objet n'est plus le même (non pas « une unité formelle » mais « une famille de formations plus ou moins apparentées entre elles »), et la méthode change elle aussi (d'où les paragraphes 108 à 133 qui traitent pour l'essentiel de la philosophie).

Le mot « proposition » (ou plutôt « phrase », faudrait-il dire désormais, puisque c'est de « phrases » que nous parlons au quotidien, et non de « propositions » (le mot allemand « *Satz* » s'applique pour les deux mots français) retrouve dans les *Recherches* sa signification « modeste » (*RP*, § 97), celle dans laquelle il est utilisé ordinairement. C'est parce que les philosophes la lui avaient fait perdre (*RP*, § 93) qu'on avait pu penser qu'il fallait et qu'on pouvait construire une théorie du langage qui définirait de la *nature* des différentes entités linguistiques. Ainsi, à qui objecterait, comme au paragraphe 65 : « Tu te facilites la tâche ! [...] Tu te dispenses donc justement de la partie de la recherche qui fut en son temps pour toi le pire des casse-tête, à savoir celle qui traite de *la forme générale de la proposition* et du langage », Wittgenstein répond : « Au lieu d'indiquer un trait commun à toutes les choses que nous appelons langage, je dis que ces phénomènes n'ont rien de commun qui justifie que nous employions le même mot pour tous, mais qu'ils sont tous *apparentés* les uns aux autres de bien des façons différentes ».

La critique de la forme générale de la proposition repose sur ce changement de perspective : il s'agit désormais de « regarder », c'est-à-dire de décrire ce qui est sous nos yeux. Les paragraphes 134 à 136 correspondent à l'examen du concept de « proposition » dans cette perspective nouvelle. Il apparaît ainsi que « l'*une* des choses qui caractérisent notre concept de proposition est de *sonner comme une proposition* » (*RP*, § 134), que le concept de proposition est obtenu au moyen d'exemples et non par une définition (*RP*, § 135), que les propositions sont caractérisées par « les règles de construction des phrases (de la langue française par exemple) » et par « l'emploi du signe dans le jeu de langage » (*RP*, § 136), et non pas un critère définitoire comme la bipolarité. On parle bien ici des phrases, au sens ordinaire du mot : des phrases qu'on entend et qui ont leur place dans une langue et des jeux de langage, et non d'entités extra-linguistiques liées mystérieusement à nos mots.

Dans le *Tractatus*, la philosophie est censée définir de l'intérieur les limites de l'expression des pensées, des propositions douées de sens, grâce à l'établissement de la forme générale de la proposition. Les *Recherches* nous conduisent à nier à la fois la pertinence de la donnée d'une forme générale de la proposition et celle de l'exigence du caractère déterminé du sens. Les mots « proposition » et « sens » sont ramenés à un usage modeste : nous parlons de propositions bien que nous ne puissions pas donner de forme générale à ce concept, et nous parlons de « sens », même si, lorsque quelque chose est dit, lorsqu'une proposition a un sens, ce qui est dit ne peut être explicité de façon exhaustive et définitive, « sans résidu », dit Travis. La distinction entre sens et non-sens, à laquelle Wittgenstein fait toujours appel pour mettre en évidence le caractère absurde de certaines phrases, ne repose plus, comme dans le *Tractatus*, sur une définition *a priori* de ce que signifie le fait d'être doué de sens. Dire qu'une phrase a un sens, c'est simplement, désormais, dire qu'elle fonctionne, qu'elle a un rôle dans un jeu de langage déterminé. La reconnaissance du sens d'une proposition ne peut donc se faire que dans un contexte particulier. On ne dit rien quand on dit qu'une phrase, dans l'absolu, a ou n'a pas de sens. Une proposition n'a jamais de sens que dans un contexte d'occurrence déterminé. Et si la tâche de la philosophie est encore explicitée dans les *Recherches* par le recours à la distinction entre sens et non-sens (*RP*, § 119), cette dernière ne tourne plus à vide. Elle est requise comme outil lorsque se présente une phrase que nous ne comprenons pas (*RP*, § 464). Ni la distinction entre sens et non-sens ni le travail philosophique ne passent plus par la recherche de la forme générale de la proposition.

Céline Vautrin

CHAPITRE V

L'EXIL ET LE RETOUR
§ 114-136

DE LA MÉTAPHYSIQUE À L'ORDINAIRE

1. On trouve, à la section 116 des *Recherches*, la formule suivante, qui semble dessiner le geste fondamental que se propose d'accomplir la philosophie wittgensteinienne : «*Nous reconduisons les mots de leur usage métaphysique à leur usage quotidien*». Aussi lumineuse soit-elle au premier abord, cette proposition condense en réalité non seulement la conception que Wittgenstein se faisait de la philosophie, mais également certaines des difficultés que soulève cette conception. Le geste en question est celui d'un retour, grâce auquel nos mots égarés retrouvent leur «lieu d'origine (*Heimat*)» que le philosophe métaphysicien leur a d'abord fait quitter. Comme l'a bien montré Stanley Cavell [1], le thème de la perte et de l'exil anime en profondeur la pensée de Wittgenstein, qui écrit à la section 123 : «Un problème philosophique est de la forme : "Je ne m'y retrouve pas"». Le philosophe se présente comme celui qui est perdu dans son propre langage, incapable de s'en tenir aux règles d'application qu'il a lui-même fixées : «Le fait fondamental est ici

---

1. Cf. *This New Yet Unapproachable America*, trad. fr. S. Laugier, *Une nouvelle Amérique encore inapprochable*, Combas, L'éclat, p. 40-42.

que nous établissons des règles, une technique pour un jeu, et qu'ensuite, quand nous suivons ces règles, les choses ne se passent pas comme nous l'avions supposé ; que par conséquent, nous sommes pour ainsi dire empêtrés dans nos propres règles » [1] (125). Mais que se passe-t-il qui fait déraper le langage de son usage ordinaire vers son usage métaphysique ? Comment donc notre langage, qui ne dit rien d'autre que ce que nous lui faisons dire, nous échappe-t-il jusqu'à dire tout autre chose que ce que nous voulions dire ou même jusqu'à ne plus rien dire ? D'où vient cet écart constitutif de l'exil philosophique du langage ? En d'autres termes : qu'est-ce que l'attitude philosophique – la « tendance » et la « pulsion » dont parlent respectivement les sections 94 et 109 – et comment en vient-on à s'y abandonner ? En un mot : qu'est-ce que la philosophie ? Voilà une question qui court à travers l'ensemble des *Recherches*.

Si l'idée du retour questionne aussi bien la nature de ce dont il faut ramener nos mots que les raisons pour lesquelles ils s'y sont égarés, elle interroge tout autant ce vers quoi il s'agit de les reconduire – à savoir, l'« usage quotidien » – et les modalités de cette reconduite. On peut en première approximation définir

---

1. Plus précisément, Wittgenstein évoque ici l'exemple de la contradiction en mathématique (124 et 125), en pensant peut-être au « paradoxe » que Russell mit en évidence en 1902 dans la fondation logique frégéenne de l'arithmétique. Un tel cas montre à ses yeux la façon dont nous pouvons ne plus savoir comment appliquer nos règles dans un cas inédit, comme si elles se mettaient à bégayer sans savoir ce qu'il faut dire : nous sommes alors « empêtrés » en elles. Le rôle de la philosophie n'est pas d'ordre technique ici, *i.e.* elle n'a pas à résoudre la difficulté (elle se situe « *avant* la résolution de la contradiction »). C'est le « statut civil » de celle-ci qui doit l'occuper, *i.e.* la représentation philosophique que le mathématicien – qui n'échappe pas à la confusion conceptuelle (cf. *RP*, p. 324) – peut être tenté de se donner de la difficulté rencontrée, par exemple en la pensant comme une maladie tapie dans l'édifice des mathématiques et prête à le détruire. La vue synoptique peut ici clarifier la place de la contradiction, en la circonscrivant et en montrant que les mathématiques peuvent se pratiquer malgré celle-ci.

l'« usage quotidien » comme l'ensemble des utilisations de nos mots qui les mettent « au travail », c'est-à-dire les multiples façons de les employer qui leur donnent une fonction effective dans nos vies ordinaires, ce que Wittgenstein appelle les « jeux de langage » : par exemple, une description qui dit à quoi ressemble un objet, un ordre qui prescrit une action ou une dénomination qui identifie quelque chose – et cela par opposition aux emplois seulement apparents, à l'occasion desquels le langage « tourne à vide » (132), comme lorsqu'on croit avoir donné un nom à sa sensation privée. Mais quel rôle précis joue l'usage ordinaire dans le mouvement de retour qu'il vient clore ? Comment faut-il caractériser l'opposition de l'ordinaire et du métaphysique ? Et le terme « opposition » est-il même le plus adéquat pour qualifier le retour que Wittgenstein se donne pour tâche d'opérer ? L'alternative exégétique qui s'ouvre ici et qu'ont diversement parcourue les commentateurs peut s'énoncer de la façon suivante : l'usage ordinaire constitue-t-il le point d'ancrage d'une théorie philosophique de rechange que Wittgenstein considèrerait comme plus juste que celles auxquelles il s'en prend ? Ou est-il censé assurer, une fois retrouvé et rétabli dans ses droits, la fin pure et simple de la philosophie ? Bref, doit-il nous permettre de recommencer la philosophie sur les bases de la signification ordinaire des concepts enfin nettoyée des incompréhensions des philosophes ou, au contraire, nous libérer du questionnement et des constructions philosophiques en général ? La question de la nature de la philosophie traditionnelle se double de celle de l'acception wittgensteinienne de « philosophie », et le sens même de ce que Wittgenstein entend réaliser dans les *Recherches* se trouve ainsi interrogé. Mais de façon plus locale, c'est le statut des remarques que nous examinons ici qui se révèle délicat : faut-il, comme une large part de la tradition commentatoriale le soutient, faire des remarques 89 à 133 le « discours de la méthode » wittgensteinien ou cette séquence

énonce-t-elle les modalités du renoncement à toute philosophie ?
Il semble que l'on ait à choisir, comme certains l'ont affirmé [1],
entre deux façons de comprendre la dissolution wittgensteinienne des problèmes et doctrines philosophiques traditionnels,
c'est-à-dire entre une lecture « non-pyrrhonienne » et une lecture
« pyrrhonienne » des *Recherches*, selon que l'on tient la pensée
de Wittgenstein pour une doctrine philosophique en bonne et due
forme (que l'on apparentera à la philosophie du langage ordinaire) ou pour la recherche thérapeutique et sceptique d'un
abandon de toute philosophie. Peut-être d'ailleurs est-il plus
légitime de soutenir que Wittgenstein lui-même ne décide pas
entre ces deux orientations et qu'au sein de la forme dialoguée
des *Recherches*, il présente plusieurs voix en conflit – celle de
l'interlocuteur philosophe, celle du narrateur qui développe
tantôt une philosophie du langage ordinaire tantôt le rejet radical
de toute philosophie, celle aussi du commentateur qui se place
au-delà du dialogue – sans que l'on puisse en distinguer une
comme étant la sienne. C'est que Wittgenstein n'était pas moins
fasciné par les problèmes à la tentation desquels nous soumet la
philosophie qu'attiré par une réponse qui érige le langage
ordinaire en doctrine philosophique et par une réplique qui
consiste à mettre un terme à la philosophie [2].

2. Quelle que soit la lecture que l'on adopte, il reste que
jamais Wittgenstein n'a considéré la philosophie traditionnelle
comme un simple catalogue d'erreurs de langage à la rédaction
duquel s'adonneraient certains individus à leurs moments

---

1. *Cf.* D. Stern, *Wittgenstein's* Philosophical Investigations – *an Introduction*,
Cambridge, Cambridge University Press, 2004, 2.1 et « Comment lire les
Recherches philosophiques ? » *Philosophie*, 86, été 2005, Paris, Minuit, p. 40-61.
Voir également A. Pichler, *Wittgensteins* Philosophische Untersuchungen. *Vom
Buch zum Album*, Amsterdam, Rodopi, 2004, section 5.2.

2. D. Stern, *op. cit.*, 1.3, 2.1 et 2.3.

perdus[1]. Si, assurément, la philosophie provient de telles erreurs, elle n'a pourtant rien d'accessoire, mais constitue au contraire l'une des dimensions fondamentales de la vie humaine : « Les problèmes qui proviennent d'une fausse interprétation des formes de notre langage ont le caractère de la *profondeur*. Ce sont de profondes inquiétudes qui sont enracinées en nous aussi profondément que les formes de notre langage, et dont la signification est aussi importante que celle de notre langage » (111). C'est d'abord que l'être humain ne pratique jamais son langage sans se le représenter ou, selon les mots de Wittgenstein, s'en donner une certaine « image (*Bild*) » ou « présentation (*Darstellung*) » : il s'agit là d'un trait essentiel de la forme de vie caractérisée par l'usage du langage[2]. Le philosophe n'y échappe pas, tout au contraire : les problèmes et doctrines qu'il formule sont motivés par une présentation (image) déformante de certaines parties de notre langage ordinaire et par la force avec laquelle la vision de ces parties le frappe : « L'aptitude à la philosophie consiste dans l'aptitude à recevoir une impression forte et durable d'un fait grammatical »[3]. C'est ensuite que le langage pénètre très loin dans nos vies : les concepts qui le constituent ne sont pas de simples outils mais de véritables modes d'être qui dessinent, comme autant de motifs divers et complexes, la tapisserie de la vie humaine : « Les concepts de base sont tellement entrelacés avec ce qu'il y a de plus fondamental dans notre mode de vie qu'ils en deviennent insaisissables » ; « Les règles de notre

---

1. Cf. *RP*, § 36 (*in fine.*) Wittgenstein écrivait en 1931 : « Je crois maintenant que ce qu'il faudrait faire serait de commencer mon livre avec des remarques sur la métaphysique considérée comme une espèce de magie. Mais je ne devrais ni parler en faveur de la magie, ni la tourner en dérision. Le caractère profond de la magie devrait être préservé », *Manuscrit 110*, p. 77.

2. Cf. *RP*, p. 247.

3. *BT*, § 90.

langage imprègnent notre vie »[1]. Notre concept de douleur, par exemple, est intimement mêlé à notre vie, ce qui revient à dire qu'il y a du sens pour nous à exprimer sa douleur, la faire connaître, la décrire, la dissimuler ou la feindre, la représenter dans une œuvre d'art, autant de motifs qui ne pourraient être sans le concept en question et pourraient ne pas être dans une autre culture que la nôtre[2].

QU'EST-CE QUE LA PHILOSOPHIE?

1. Les remarques précédentes fixent la place qu'occupe le langage dans la pratique wittgensteinienne de la philosophie. Il ne s'agit pas de développer une quelconque philosophie du langage, mais de reconnaître que la philosophie, dans ses manifestations les plus classiques, provient d'un certain rapport au (d'une certaine image du) langage ordinaire. Wittgenstein répond au philosophe traditionnel : « Tes questions se rapportent à des mots. Aussi me faut-il parler de mots » (120). Le recours à l'analyse linguistique ne vise donc pas à établir une théorie du langage, mais se trouve justifié par le fait que, en raison de la force de l'impression qu'il cause, le langage suscite la pulsion philosophique, qui est donc une réaction à l'« impression forte et durable » qu'un fait grammatical produit sur nous et aux erreurs auxquelles le langage lui-même, par ses formes propres, nous incite[3]. Dans le prolongement des réflexions sur le langage par

---

1. *Letzte Schriften über die Philosophie der Psychologie II*, trad. fr. G. Granel, Mauvezin, T.E.R., 2000, p. 61 et 94.

2. Cf. *RP*, § 520.

3. Wittgenstein écrivait déjà au début des années 1930 : « À tous le langage réserve les mêmes pièges ; le terrible réseau des faux chemins bien praticables. (…) La philosophie n'est pas consignée dans des propositions, mais dans un langage. » (*BT*, § 90). Et au § 109 des *RP* : « La philosophie est un combat contre

laquelle s'ouvrent les *Recherches*, Wittgenstein évoque ainsi l'impression que peut produire en nous le substantif «signification». La forme particulière de notre langage que celui-ci constitue peut nous pousser à croire, en raison de sa parenté superficielle avec d'autres substantifs, que la signification est une chose qui accompagne le mot lorsque nous comprenons et utilisons ce dernier : «Comme si la signification était un halo que le mot portait avec lui et transportait dans tous ses emplois» (117). Mais par-là on oublie l'emploi effectivement opéré, au cours de l'«usage quotidien», du mot «signification» et l'on embrasse en conséquence une image déformée de cet emploi. Wittgenstein caractérise souvent la perspective singulière prise par le regard philosophique comme celle d'une «sublimation» du langage[1]. En d'autres termes, l'impression éprouvée par le philosophe a cette particularité de suggérer qu'il existe une «essence [pure] de la chose» qu'il faudrait «essayer de saisir» (116) – par exemple, une essence de la signification, conçue dès lors comme une entité spirituelle qui animerait le signe matériel : «On dit : L'important n'est pas le mot mais sa signification; et on pense alors sa signification comme une chose du même genre que le mot, et néanmoins différente de lui. Ici le mot, et là sa signification» (120). Revenir de cet «usage métaphysique» à l'«usage ordinaire» suppose d'abord de replacer le mot en question dans son «lieu d'origine», c'est-à-dire «au sein des circonstances particulières» dans lesquelles il est employé (117). Ainsi «signification» trouve-t-il l'un de ses emplois majeurs dans la demande d'explication de la signification d'un mot, *i.e.* de son usage[2] – tandis qu'il faut attendre le philosophe pour que surgisse la question de la nature ou de l'étoffe de la

---

l'ensorcellement de notre entendement par les ressources de notre langage.» ; *cf.* aussi § 112 et 115.

   1. Cf. *RP*, § 38, 94 et 426.
   2. Cf. *RP*, § 43.

signification. Dès lors, c'est en retournant à leur racine, que constituent ces représentations sublimées, que Wittgenstein aborde les théories philosophiques de façon à montrer leur caractère dépourvu de sens, et non pas en leur reprochant des incohérences internes ou une inadéquation empirique.

La perspective propre à la sublimation philosophique et à la recherche de l'essence manifeste une insatisfaction à l'égard de nos modes d'expression. S'il part en quête d'une signification fondamentale, c'est parce que le philosophe considère que ces modes sont en eux-mêmes erronés, comme s'ils échouaient toujours à dire la réalité de façon correcte, y compris lorsque les phrases que l'on formule par leur moyen se trouvent être vraies [1] – la section 120 exprime cette inquiétude : « [Le langage de tous les jours] est-il quelque chose de trop grossier et de trop matériel pour ce que nous cherchons à dire ? *Mais comment donc en construire un autre ?* – Et comme il est étrange que nous puissions, malgré tout, faire quelque chose du nôtre ! » Lorsqu'il construit une idéographie à la façon de Frege, le logicien prétend trouver derrière les emplois courants de « proposition », « mot » etc. la nature essentielle des concepts considérés que ces emplois dissimulent et distordent, alors que cette prétention elle-même résulte d'une incompréhension des termes ordinaires [2]. De même, le défenseur du langage privé aspire à donner un nom qui respecte le caractère privé de sa sensation, la désigne directement dans sa singularité et ne constitue pas un simple signe public et extérieur destiné à autrui. Mais en réalité, de telles

---

1. Cf. *RP*, § 105-106 et 402. Wittgenstein écrit dans le même sens : « Recherches philosophiques : recherches conceptuelles. L'essentiel de la métaphysique : que pour elle la différence entre recherches factuelles et recherches conceptuelles n'est pas claire. Le questionnement métaphysique est toujours en apparence une question factuelle, bien que le problème soit conceptuel », *BPP I*, § 949.

2. Cf. *RP*, § 108.

tentations et l'idée même d'une essence supposent non pas que le philosophe se soit détaché de l'usage ordinaire pour rejoindre une signification essentielle, mais tout à l'inverse qu'il reste profondément pris en lui, le regard tourné vers lui, selon une vue déformante toutefois : par exemple, c'est l'analogie, *interne* au langage ordinaire et à ses formes, de la désignation d'un objet et de celle d'une sensation qui suscite tout à la fois le sentiment d'insatisfaction à l'égard des modes ordinaires de désignation de la sensation, la conception de celle-ci comme un objet privé et l'idée qu'il devrait y avoir dans son cas une dénomination directe et adéquate. Bref, lorsque le philosophe croit avoir quitté l'usage ordinaire pour en établir un nouveau (« métaphysique »), parfaitement réglé quant à lui sur la réalité, la représentation qu'il se donne de celle-ci est en vérité un effet de langage : la sensation super-privée que le philosophe se propose de dénommer adéquatement ne se donne pas à une saisie de la réalité indépendante de tout langage, mais est le résultat d'une alchimie philosophico-linguistique. En somme, le philosophe se propose (à son insu) d'accomplir le geste absurde de se tenir à l'extérieur du langage ordinaire au moyen de celui-ci.

2. Cette conception de la démarche philosophique nous dit d'abord quelque chose d'important sur la nature du retour à accomplir en direction du quotidien, puisqu'en un sens, et contrairement à ce qu'il croit, le philosophe ne le quitte jamais tout à fait. L'exil métaphysique des mots signifie à cet égard qu'ils sont toujours là, sous nos yeux (126 et 129), mais qu'ils nous sont devenus étrangers à force d'être coupés des sites naturels de leur usage courant, comme lorsque nous demandons « Qu'est-ce que l'être ? », « Qu'est-ce que le savoir ? », etc. En un mot, nous ne les reconnaissons plus – voilà pourquoi l'étonnement philosophique s'attache à des choses tout à fait familières. Il s'agit donc tout autant de ramener nos mots à leur usage ordinaire que de retourner nous-mêmes jusqu'à cet usage, autrement dit, de réussir à le voir de nouveau ou encore à nous le remémorer

(127). En définitive, le questionnement philosophique s'avère exprimer non pas que l'on a atteint un stade de compréhension supérieur, mais au contraire qu'on ne comprend plus son propre langage. Et la difficulté de la libération peut se dire comme une difficulté à voir. On pourrait se demander au passage si le retour ainsi compris doit nous conduire à être, contrairement au philosophe, satisfaits de nos formes d'expression. Si tel était le cas, Wittgenstein défendrait une certaine forme de philosophie du langage ordinaire. Mais sans doute est-il plus juste de comprendre sa contestation de l'insatisfaction philosophique également comme une sortie hors de tout débat à l'égard de nos formes d'expression.

Un second enseignement important concerne la nature des problèmes que se posent les philosophes. Si Wittgenstein emploie le terme «problème», il lui préfère parfois ceux d'«inquiétude» et de «scrupule»[1], parfois aussi de «trouble» ou de «perplexité», et cela parce qu'à proprement parler, les problèmes philosophiques ne sont qu'apparents et insolubles. Il ne peut y avoir de problème, en effet, que si une solution est en droit susceptible de venir le résoudre. Le questionnement philosophique, avons-nous dit, suppose que l'on ait coupé une expression de ses contextes ordinaires d'usage. Or cela revient à lui retirer toute espèce de sens, et le philosophe – lorsqu'il demande, par exemple, ce qu'est l'essence de la signification – pose une question à laquelle aucune réponse ne peut être apportée, non pas parce qu'il aurait affaire à un problème extraordinairement difficile, mais parce qu'à proprement parler, il n'a rien demandé. Nous touchons là à ce qui sépare irrémédiablement, du point de vue de Wittgenstein, et contre Russell notamment, la démarche philosophique de celle de la science. Alors que celle-ci est capable de formuler un problème pourvu d'une méthode de résolution et

---

1. Cf. *RP*, § 111, 125 et 120.

de découvrir la réponse adéquate en procédant par hypothèses soumises au contrôle expérimental, la philosophie procède « sans rien expliquer ni déduire » et « On pourrait aussi appeler "philosophie" ce qui est possible *avant* toute nouvelle découverte et invention » (126). Par conséquent, si l'on s'autorise à parler de découverte dans son cas, il s'agit de « la découverte d'un quelconque simple non-sens » (119) – celle précisément « qui me donne la capacité de cesser de philosopher quand je le veux » (133) – et si l'on prétend établir des « thèses » philosophiques, « on ne pourrait jamais les soumettre à la discussion, parce que tout le monde serait d'accord avec elles » (128). C'est d'abord que la philosophie trouve son élément dans la représentation du langage et de ses concepts, et qu'il n'est pas besoin pour la pratiquer (de façon traditionnelle ou wittgensteinienne) de quitter le plan du langage pour découvrir des faits nouveaux [1], qu'on les cherche dans l'intériorité psychologique ou dans la transcendance idéale de la logique : le sens de nos mots n'est rien d'autre que ce que nous faisons avec eux, et dire qu'il y a un sens caché dans nos propositions que nous pourrions découvrir reviendrait à affirmer qu'elles ne sont pas les propositions qu'elles sont [2]. Qu'elle voie bien ou mal, la philosophie ne porte son regard que sur ce qui est « offert à la vue » (126). En outre, elle travaille aux « limites du langage » (119), c'est-à-dire du sens, et non pas au niveau de la vérité : les énoncés du philosophe traditionnel retirent toute signification aux termes qu'ils utilisent et la tâche du philosophe wittgensteinien est de rappeler les règles grammaticales qui leur assurent un usage pourvu de sens,

---

1. Ce qui ne signifie pas que tout autre fait que linguistique n'importe pas à la philosophie. Cf. *RP*, p. 95.

2. *Cf.* Baker et Hacker, *Wittgenstein – Meaning and Understanding*, Oxford, Blackwell, 1992, XIII « The Nature of Philosophy », p. 280 et XIV, « Übersicht » p. 308-309.

règles sur lesquels ceux qui possèdent un même langage ne peuvent que tomber d'accord.

En conséquence, toute explication et toute hypothèse doit être bannie de la philosophie. Seule la description a ici droit de cité, mais une description qui épouse l'usage effectif du langage – au-delà de ses formes et de sa grammaire apparentes – de façon à effectuer le retour évoqué : « [La philosophie] laisse toute chose en l'état » (124 – voir 109 et 126). Le projet wittgensteinien de la philosophie n'est pas de dire comment devrait être le langage (ce que veut le « dogmatisme » évoqué par la section 131), ni de lui trouver un fondement (133), mais de réussir à voir de nouveau l'usage effectif en lequel il consiste.

3. Mais alors comment rendre compte de la difficulté – de fait incontestable – de la philosophie ? Pourquoi est-il si difficile de voir l'usage quotidien ? Les réponses à cette question sont multiples. Trois au moins peuvent être évoquées ici. La première est que : « La philosophie dénoue les nœuds dans notre pensée ; aussi son résultat doit être simple, mais son activité aussi compliquée que les nœuds qu'elle dénoue »[1]. C'est donc le chemin jusqu'aux trivialités grammaticales qui est sinueux. En outre, comme nous l'avons dit, les formes de notre langage dressent, elles aussi, un obstacle à la saisie de la grammaire, qui manque pour cette raison d'une synopsis clarificatrice. Enfin, notre attachement aux illusions philosophiques constitue peut-être la difficulté la plus sérieuse. Si les problèmes philosophiques sont en un sens de simples « châteaux de sable » que l'on détruit facilement, quant à leur dimension théorique, en leur opposant des rappels grammaticaux et en renonçant à utiliser certaines formes d'expression (par exemple, en cessant de penser le psychique selon l'image de l'intériorité), il reste que ce que l'on cherche à mettre à bas représente « tout ce qui présente de l'intérêt, c'est-

1. *BT*, § 90, p. 422.

à-dire tout ce qui est grand et important » pour celui qui philosophe (118), par exemple l'être, le temps, l'intentionnalité, l'intériorité psychique etc. La dissolution du problème philosophique est par cet aspect tout autant une affaire de volonté que d'intellect[1]. Il y a là une abdication d'un attachement presque affectif à accomplir qui est tout sauf évidente.

LA PROFONDEUR DE LA SURFACE

Avoir un langage, disions-nous, c'est aussi bien porter sur lui un certain regard, qui est l'élément dans lequel évolue la philosophie : « Le travail en philosophie – comme celui en architecture, à bien des égards – est véritablement un travail sur soi-même. Sur sa propre conception. Sur la façon dont on voit les choses »[2]. Revenir à l'usage quotidien suppose ainsi de s'affranchir de la « représentation imagée (*bildliche Darstellung*) »[3] que nous nous formons de notre grammaire lorsque nous philosophons et de la remodeler en une « représentation synoptique (*übersichtliche Darstellung*) », qui est, dit Wittgenstein « la façon dont [il voit] les choses » (122). Il y aurait beaucoup de naïveté à croire que nous pourrions considérer notre langage ordinaire d'un point de vue de nulle part, de façon neutre, comme s'il pouvait à la fois être profondément nôtre et nous être profondément étranger – même de surplomb (*Übersehen*), la vue reste une « représentation ». Que nous nous fassions une image de notre langage sans pouvoir prendre un point de vue extérieur sur lui ne signifie donc pas que nous serions enfermés en lui sans pouvoir adopter d'autres perspectives que relatives et inférieures

1. Cf. *BT*, § 86, p. 406-407.
2. *Ibid.*
3. Cf. *RP*, § 295.

à un hypothétique point de vue idéal, mais qu'un tel point de vue est illusoire.

La représentation synoptique – qu'il arrive à Wittgenstein de désigner comme la « méthode de la philosophie » (*BT*, § 89, p. 414) – vise la clarification de la pensée[1] par la mise « *en évidence* des différences que les formes habituelles de notre langage nous poussent à négliger »[2] (132). Pour cela, il s'agit de juxtaposer des jeux de langage (fictifs aussi bien que réels) dont les différences, une fois reconnues, montrent entre autres choses que là où nous cherchions une essence, nous n'avons affaire qu'à un ensemble de cas apparentés[3], que là où nous nous étions attachés à un unique emploi d'un terme et l'érigions en définition, il en existe d'autres tout aussi ordinaires qu'il nous faut nous rappeler[4] ou encore, que là où nous pensions n'avoir affaire qu'à un seul concept, il y en a au moins deux[5]. Les jeux de langage décrits à maintes reprises par Wittgenstein dans ses remarques[6] remplissent donc le rôle d'« objets de comparaison » (130-1), destinés à faire ressortir les contours de nos jeux de langage sur le fond de jeux apparentés mais différents (*i.e.* « voir les connexions », 122). Dans cette lumière de la différence doivent se dissoudre les problèmes philosophiques et émerger la compréhension philosophique telle que la conçoit Wittgenstein. Mais selon le problème considéré, certaines mises en ordre plutôt que d'autres seront à même d'apporter l'apaisement souhaité (132) : en aucun cas n'est recherché « *l'*Ordre » immanent à notre

1. Cf. *TLP*, 4.112.

2. On pourrait facilement reprendre ici l'exemple de la désignation de la sensation.

3. *Cf.* l'exemple du concept de jeu, *RP*, § 66-71.

4. *Cf.* les cas où se souvenir ne s'accompagne d'aucune représentation mentale : *BlB*, p. 147-148.

5. *Cf.* la mesure du temps et la mesure de l'espace (*ibid.*, p. 69).

6. Les « jeux clairs et simples » renvoient notamment à ceux présentés aux § 1-2 et 48.

langage, mais uniquement un ordre qui se signale par son efficacité thérapeutique. Et de ce fait, il ne saurait y avoir « une méthode
mais des méthodes, comme autant de thérapies [1] différentes »
(133) correspondant à ces différentes zones de notre langage et
aux problèmes à chaque fois nouveaux qu'elles engendrent [2]. Ce
n'est donc pas l'ordre de notre grammaire ni notre usage quotidien qui sont en cause et qu'il faudrait « réformer », « affiner » ou
« compléter » (130 et 133), mais le regard que nous portons sur
eux qui n'est pas satisfaisant et doit être modifié.

À quel progrès peut donner lieu la « méthode » de la
synopsis ? Il ne peut qu'être local et consister en la dissolution de
problèmes particuliers, car la grammaire n'a pas une structure
générale, mais est composée de zones diverses et variées. Si la
fin de la philosophie demeure le but de Wittgenstein dans les
Recherches (« les problèmes philosophiques doivent *totalement*
disparaître » [3], 133), elle ne peut être atteinte qu'en traversant
les (infiniment) nombreux problèmes philosophiques qui se
présentent sans cesse. C'est donc moins *la* philosophie qui
doit connaître un terme que des problèmes philosophiques qui
doivent pouvoir être entièrement réglés [4] : voilà sans doute ce que
signifie désormais « cesser de philosopher ».

Comme on l'aura compris, Wittgenstein recourt largement à
la métaphore visuelle afin d'exposer sa conception de la
philosophie. Que l'élément de la philosophie soit le langage et la

1. *Cf.* aussi *RP*, § 255. Quoique implicite, l'analogie avec la psychanalyse
freudienne ne fait ici aucun doute. Wittgenstein l'a souvent développée au début
des années 1930 ; voir notamment *BT*, § 87, p. 410.

2. Cf. *RP*, § 109 : « Et cette description reçoit sa lumière, c'est-à-dire son but,
des problèmes philosophiques ».

3. C'était déjà le cas dans le *Tractatus*, voir l'« Avant-propos ».

4. *Cf.* J. Bouveresse, *Essais III*, « Les problèmes philosophiques et le
problème de la philosophie », Marseille, Agone, 2003, p. 5-8.

représentation que nous nous en donnons signifie aussi bien que
« tout est offert à la vue » ou que rien de ce qui intéresse la philosophie n'est caché, sans que pour autant nous sachions porter sur
cela un regard adéquat. Le retour à l'usage quotidien est, en définitive, celui qui conduit de la profondeur illusoire des arrière-
mondes philosophiques à la surface triviale et manifeste de
l'usage effectif du langage, ce qui suppose de reconnaître que la
profondeur philosophique n'est jamais qu'un effet d'optique
produit par la surface du langage et que s'il y a une profondeur
véritable, ce ne peut être que celle de tel ou tel aspect de cette
surface[1].

Denis PERRIN

---

1. Cf. *RP*, § 144 et 387.

CHAPITRE VI

OÙ SE TROUVENT LES RÈGLES?
§ 185-202

Une expression qu'on lit souvent à propos de la question des règles telle qu'elle se présente dans les *Recherches Philosophiques* est celle de «Charybde et Scylla»: le choix serait entre une conception «platoniste» qui voit dans les règles des «rails» qui nous guident, et une conception inverse, «interprétativiste», qui ne voit dans l'application de la règle rien d'autre qu'une interprétation, et une source de scepticisme. C'est une telle alternative – qui détermine la plupart des interprétations et des usages de la conception wittgensteinienne des règles, comme l'a bien vu Robert Brandom dans son opposition du régulisme et du régularisme[1] – qu'un examen attentif de ce que Wittgenstein *veut dire* dans ces passages des *Recherches* peut rompre. D'abord parce qu'il n'est pas dans l'intention de Wittgenstein de donner, dans cette partie des *Recherches*, une théorie ou une conception de la règle, mais une *méthode* pour la penser (pour envisager notre «vie dans les règles»), et donc la majorité des commentaires se fourvoient d'emblée en parlant d'un paradoxe ou d'une «conception» wittgensteiniens des règles. Ensuite parce qu'en voulant isoler les règles et en faire une *question* ou un paradoxe (un débat où s'opposeraient des

1. R. Brandom, *Making it Explicit*, Cambridge (Mass.), The MIT Press, 1994.

opinions ou thèses), on manque ce que veut faire Wittgenstein, en particulier ce qu'il veut montrer de la *difficulté* philosophique qu'il y a à définir la règle. C'est cela – voir les choses autrement, *regarder au bon endroit*, comme le suggère Cora Diamond[1] – que Wittgenstein souhaite que nous fassions, pas discuter des conceptions de la règle, des « applications correctes ou incorrectes de la règle » (Kripke), des « règles qui gouvernent les usages de nos expressions » (Hacker & Baker).

RÈGLES, INTERPRÉTATION ET LANGAGE

> *When you come tomorrow, bring my football boots.*
> *Also, if humanly possible, Irish water*
> *spaniel. Urgent. Regards. Tuppy.*
> *– What do you make of that, Jeeves ?*
> *– As I interpret the document, sir, Mr Glossop*
> *wishes you, when you come tomorrow,*
> *to bring his football boots.*
> *Also, if humanly possible, an Irish water spaniel.*
> *He hints that the matter is urgent, and send his regards.*
> *Yes, that's how I read it, too…* (P.G. Wodehouse)

Un certain nombre de remarques de Wittgenstein, dans les *Recherches*, semblent aller à l'encontre d'une conception dite « platoniste » de la règle, selon laquelle toute la signification de la règle serait déjà contenue en elle-même. Les règles, dit Wittgenstein, ne sont pas des rails, c'est-à-dire qu'elles ne contiennent pas, ne nous (or)donnent pas (*eingeben*, § 222), leur application. Reprenons les passages concernés :

---

1. C. Diamond, « Rules : Looking in the Right Place », dans *Wittgenstein : Attention to particulars*, D.Z. Phillips, P. Winch (eds.), New York, St Martin Press, 1989.

218. D'où vient l'idée que le commencement d'une série serait la partie visible de rails qui vont de manière invisible jusqu'à l'infini ? Eh bien, au lieu de règles nous pouvons nous représenter des rails. Et à l'application illimitée de la règle correspondent des rails d'une longueur infinie.

219. « Tous les pas sont en réalité déjà faits » veut dire : je n'ai plus le choix. La règle, une fois estampillée d'une signification donnée, tire les lignes au long desquelles elle doit être suivie dans tout l'espace. – Mais si quelque chose de tel était vraiment le cas, en quoi est-ce que cela m'aiderait ?

Non ; ma description n'a de sens que si elle est à comprendre de manière symbolique (*symbolisch*). – *Cela me vient ainsi* – devrais-je dire.

Lorsque j'obéis à la règle, je ne choisis pas. Je suis la règle *aveuglément* (*blind*)

221. Mon expression (*Ausdruck*) symbolique était proprement une description mythologique de l'usage d'une règle.

Wittgenstein épingle ici une mythologie de la règle, qui nous fait croire que tout est déjà en elle, que « tous les pas sont faits ». Mais il ne s'agit pas de rejeter cette mythologie, qui, dit-il, nous frappe, ou plutôt nous vient naturellement (*So kommt es mir vor*). Le fait est que nous voyons les choses ainsi, comme Wittgenstein le dit par exemple du concept de représentation synoptique (*übersichtliche Darstellung*) :

> Il désigne (*bezeichnet*) notre forme de représentation, la manière dont nous voyons les choses (Est-ce une « Weltanschauung » ?). (*RP*, § 122)

La description mythologique « ne nous aide pas » (à comprendre ce que nous faisons réellement quand nous suivons une règle) ; mais elle n'est pas « en compétition » avec une description littérale. Et il n'y a guère de sens à la réfuter ou à l'inverser par une autre description, selon laquelle il n'y aurait là *rien* qui nous guide. Ce que Kripke interprète comme un « paradoxe sceptique » chez Wittgenstein est précisément l'idée, qu'il tire d'une « critique » de l'idée des règles-rails, que nous n'avons rien (aucun *fait*) sur quoi nous fonder pour faire ou dire quoi que ce soit. Or Wittgenstein n'énonce ici pas de thèses, mais, comme le notait Rush Rhees, il veut *faire voir* la difficulté philosophique en question ici.

> Ce à quoi je veux arriver, ce n'est pas à faire en sorte que vous soyez d'accord avec moi sur des opinions particulières, mais que vous examiniez la question de la bonne manière (…). Ce que je veux vous enseigner, ce ne sont pas des opinions, mais c'est une méthode. En fait, la méthode qui consiste à considérer comme non pertinentes toutes les questions d'opinion. Si j'ai tort, alors vous avez raison, ce qui est tout aussi bien. Tant que vous cherchez la même chose (*look for the same thing*)… [1].

Wittgenstein recherche non pas une conception correcte de la règle, mais une méthode pour y penser, c'est-à-dire la chercher et la regarder (l'expression *look for* veut dire tout cela à la fois). Les discussions sur les règles depuis Kripke sont représentatives de l'incompréhension qu'on peut avoir de la pensée de Wittgenstein : malgré tout l'intérêt et la subtilité des arguments avancés, elles la ramènent à des questions d'opinions, et en manquent l'essentiel : où il faut réellement chercher, pour trouver ce que Diamond appelle, à la suite de Rhees, « les règles des vies dans lesquelles il y a le langage ».

À quoi s'oppose la vision mythologique de la règle ? À ce que c'est *ordinairement* que suivre une règle. Wittgenstein a énoncé, auparavant, son projet : « ramener les mots de leur usage métaphysique à leur usage ordinaire » (§ 116), et retrouver leur *Heimat*. Mais y a-t-il une conception *ordinaire* de la règle ? Que serait-elle ? Kripke a été largement critiqué pour ses conclusions, et en particulier pour la « solution sceptique » au paradoxe scep-

---

1. R. Rhees, *Discussions of Wittgenstein*, London, Routledge and Kegan, 1970, p. 43.

tique qu'il propose, résolvant le vide de la règle en termes de
« conditions d'assertion » et d'« accords de communauté ». Mais
en réalité Kripke se fourvoie, dès le début, par sa position du
problème. Il pose la question de la règle dans les termes de la
réponse qu'il va donner : ceux de la correction de l'application
d'*une* règle donnée (additionner 2). Mais qu'est-ce qu'additionner (ou n'importe quelle action) demande Wittgenstein, hors
des connexions que l'action possède dans « notre vie » ?

> Le concept de douleur est caractérisé par la place déterminée qu'il
> a dans notre vie.
> La douleur occupe *telle* place dans notre vie, elle a *telles*
> connexions (*Zusammenhängen*) (Autrement dit : c'est seulement
> ce qui occupe telle place dans notre vie, seulement ce qui a telles
> connexions que nous appelons douleur). (*Fiches*, § 532-533)

En séparant artificiellement « notre vie » et les règles, Kripke
arrive aisément à l'idée qu'il n'y a rien (pas de *fact of the matter* –
pour reprendre comme Kripke l'expression de Quine) qui fonde
l'application de la règle. Quine utilise la notion de *fact of the
matter* contre le « mythe de la signification », contre l'idée d'une
correction, en traduction radicale, de l'équivalence établie dans
le dictionnaire entre les langues (*there is nothing to be wrong
about*). Kripke l'emploie à propos de nos usages du langage,
contre l'idée que nous voulions dire quoi que ce soit dans le
langage. Nous renvoyons ici à son argument sur l'addition, et sa
question (sceptique) de savoir si, en additionnant nous « voulons
dire » « quus » (une fonction que Kripke définit par $x + y$ si x,
$y < 57$, et 5 sinon) ou « plus ».

> Puisqu'il est impossible de répondre au sceptique qui suppose que
> je veux dire quus, il n'y a aucun fait, à mon sujet (*no fact about me*)
> qui fasse la moindre différence, que je veuille dire plus ou que je
> veuille dire quus. En réalité, il n'y a pas de fait, à mon sujet, qui
> fasse de différence, que je veuille dire une fonction définie par

« plus » (qui détermine ma réponse dans des cas nouveaux) ou que je ne veuille rien dire du tout[1].

La question sceptique ne concerne alors plus les règles, mais la signification, le vouloir-dire (*meaning*). Mais on constate que cette question envisage d'emblée la règle, et l'idée de suivre correctement la règle, de manière isolée (l'addition, plus ou quus, arrivant ainsi de nulle part). Kripke renvoie, ensuite, à nos formes de vie (ou à nos « accords de communauté ») pour résoudre le problème sceptique. Le problème est que les formes de vie sont déjà là, au moment où le paradoxe est soulevé. Les règles sont des règles à l'intérieur de nos pratiques. Comme le dit Diamond, reprenant le passage des *Fiches* :

> Nous avons bien des manières de dire quelle règle quelqu'un est en train de suivre, et s'il suit une règle quelconque dans ce qu'il fait ; mais nos procédures font partie de notre commerce avec ceux qui partagent la vie des règles avec nous. Dire si quelqu'un suit une règle occupe *telle* place dans notre vie, a *telles* connexions[2].

Kripke partage artificiellement en deux un unique problème, celui de la place des règles dans notre vie. Il part d'une définition de la règle et d'exemples qui n'ont rien à voir avec ce que nous entendons ordinairement par *suivre une règle*, en tire une conclusion sceptique (inévitable dès lors que le problème a été posé ainsi), et recourt, pour la réfuter, à l'idée d'accord. Mais à ce stade, il est trop tard, et la solution de Kripke – définir la *signification* de la règle par des conditions d'*assertion* déterminées par la communauté[3] – s'avère aussi artificielle que le problème. Le

---

1. S. Kripke, *Wittgenstein on Rules and Private Language*, Oxford, Blackwell, 1982, p. 21 ; trad. fr. Th. Marchaisse, *Règles et langage privé*, Paris, Seuil, 1996.

2. C. Diamond, art. cit., p. 29.

3. S. Kripke, *op. cit.*, p. 92.

recours à l'accord de communauté ne peut pas être une solution au scepticisme.

Aux paragraphes 199-200, Wittgenstein envisage les cas où des gens suivraient une règle d'une façon qui n'a vraiment rien à voir avec ce qu'est suivre une règle « dans le contexte de nos vies ».

> Est-ce que ce que nous appelons « suivre une règle » est quelque chose qu'un seul homme, juste une fois dans sa vie, pourrait faire ? – C'est là une remarque sur la grammaire de l'expression « suivre la règle ». Il est impossible qu'une règle ait été suivie une seule fois par un seul homme (…). Suivre une règle, faire un rapport (…) sont des coutumes (*Gepflogenheiten*) (des usages, des institutions).

Il est curieux de tirer un « paradoxe de la règle » d'une conception de la règle qui, précisément, n'a rien à voir avec ce qu'est, réellement, suivre une règle. Kripkc fait dès le départ comme si nous pouvions précisément saisir ce qu'est une règle, indépendamment de son contexte : alors que c'est cela que Wittgenstein veut mettre en question. C'est que Kripke cède à l'idée qu'on peut avoir, pour reprendre l'expression de McDowell, une « vue de côté » de la règle (*from sideways on*).

> L'idée est que la relation qu'ont notre pensée et notre langage mathématiques à la réalité qu'ils caractérisent peut être contemplée, non seulement de l'intérieur de nos pratiques mathématiques, mais aussi, pour ainsi dire, *de côté* – d'un point de vue indépendant de toutes les activités et réactions humaines qui localisent ces pratiques dans notre « tourbillon de l'organisme » ; et qu'on pourrait reconnaître, depuis cette vue de côté, qu'un mouvement donné est le mouvement correct à un point donné de la pratique [1].

1. J. McDowell, « Non-Cognitivism and Rule-Following », dans *Wittgenstein : to follow a rule*, S. Holtzman, Ch. Leich (ed.), London, Routledge

Reprenons l'énoncé du paradoxe tel qu'il sert de point de départ à Kripke :

> Tel était notre paradoxe : une règle ne peut déterminer de manière d'agir, puisque chaque manière d'agir pourrait être mise en accord (*Übereinstimmung*) avec la règle. La réponse était : si tout peut être mis en accord avec la règle, alors tout peut être aussi mis en désaccord (*Widerspruch*). (*RP*, § 201)

Wittgenstein expose ici moins un paradoxe qu'un malentendu, dû à notre *inclination* (*Neigung*) à dire que toute action selon la règle serait une interprétation (*deuten*). Cette inclination naît en réalité d'une dialectique entre l'image de la « règle/rails » et celle de la « règle/interprétation », qui se redouble dès lors qu'elle est engagée. En examinant la question de près, on voit comment les deux attitudes reviennent au même. L'interprétation fait le lien entre la règle et l'action qu'elle est censée gouverner, mais chaque interprétation requiert elle-même sa propre interprétation (d'où la menace d'une régression à l'infini). On a alors tendance à privilégier *une* interprétation pour arrêter, récupérer quelque chose de « la dureté du *doit* logique » (§ 437). Mais on retombe dans la difficulté initiale, celle du « platonisme », inhérente à l'idée d'une interprétation qui aurait d'elle-même un pouvoir normatif, qui serait en quelque sorte « super-rigide » (pour reprendre une expression de McDowell). C'est un problème que Wittgenstein mentionnait dans le *Cahier Bleu* :

> Ce qu'on souhaite dire, c'est : « chaque signe est susceptible (*capable*) d'interprétation, mais la *signification* ne doit pas être susceptible d'interprétation. C'est la dernière interprétation ». (p. 34)

and Kegan, 1981, trad. fr. J.-Ph. Narboux, « Non-cognitivisme et règles », *Archives de Philosophie*, t. 64, cahier 3, 2001.

Ce *souhait* est le même que l'*inclination* à donner à la règle, isolément et absolument, un pouvoir de contrainte. L'absolutisme (le régulisme) comme l'interprétativisme se fondent sur une même conception, une « imagerie de la machinerie super-rigide » [1]. Il est fourvoyant en effet d'imaginer que l'image d'une machinerie causale puisse nous donner une compréhension véritable de la règle, et, dit McDowell, de la « portée normative » de la signification [2]. Wittgenstein veut, dans ses remarques sur les règles, faire apparaître des mythologies, notamment celle d'une force mécanique (et même super-mécanique, encore plus qu'une force « physique ») de la règle :

> Comme si une forme physique (mécanique) de guidage (*Führung*) pouvait rater, laisser passer quelque chose d'imprévu – mais pas la règle ! Comme si la règle était, pour ainsi dire, la seule forme fiable de guidage. (*Fiches*, § 296)

Kripke confond le rejet de la mythologie du « fait superlatif » (*übermäßige Tatsache*, § 192), du « fact of the matter » de la signification [3], et celui du fait ordinaire de la signification et du vouloir dire. « Il n'y a pas de fait superlatif à propos de mon esprit qui constitue le fait que je veuille dire l'addition par « plus » » [4]. On comprend que Putnam, dans *Words and Life*, critique de la même façon Quine, Rorty et « Kripgenstein » pour leur *thèse* selon laquelle nous ne voulons « rien dire » par nos mots [5]. Dès lors qu'on soulève cette possibilité, on va inévitablement vers une position communautaire que Putnam résume par « tout ne va

---

1. J. McDowell, « Meaning and Intentionality in Wittgenstein's Later philosophy », 1992, repris dans *Mind, Value and Reality*, Cambridge (Mass.), Harvard University Press, 1998, p. 273.

2. *Ibid*.

3. *Cf.* Quine.

4. S. Kripke, *op.cit.*, p. 65.

5. H. Putnam, *Words and Life*, Cambridge (Mass.), Harvard University Press, 1994, p. 349.

quand même pas si mal » : il y a quand même des *pratiques* (la pratique de la science pour Quine, la culture pour Rorty, nos accords sociaux pour Kripke) pour redonner sens à tout cela : « réfutation sceptique du scepticisme » qui n'est possible que parce que dès le début, on a nié l'évidence, défini la règle et la signification de manière perverse, et donc, on n'a pas « regardé au bon endroit ».

SIGNIFICATION, RÈGLE ET ACCORD

Kripke partait du paragraphe 201 des *Recherches* :

> Si tout peut être mis en accord avec la règle, alors tout peut être aussi mis en désaccord. Et donc il ne pourrait y avoir là ni accord, ni désaccord.

Il y voit un paradoxe, parce que Wittgenstein semble représenter un dilemme (ni, ni) : soit il n'y a pas de règle (pas de « doit », de *muß*), soit tout est affaire d'interprétation. La conséquence du dilemme est, selon Kripke, qu'on ne peut parler de signification pour l'individu isolé ; donc la solution du paradoxe, pour lui, est dans l'accord de communauté (sur des conditions communes de la signification et de l'assertion). Or Kripke interprète ce passage de Wittgenstein sans réellement tenir compte de ce qui suit dans le même paragraphe des *Recherches* :

> Qu'il y a là malentendu, on peut le voir du simple fait que dans cette démarche de pensée nous donnons une interprétation après (*hinter*) l'autre ; comme si chacune ne nous contentait que pour un instant, jusqu'à ce que nous pensions à une autre encore derrière elle. Ce que nous montrons par là est précisément qu'il y a une saisie d'une règle qui n'est *pas une interprétation*, mais qui, suivant les cas de l'application (*von Fall zu Fall der Anwendung*), se montre (*aüßert*) dans ce que nous appelons « suivre la règle » et « aller à son encontre ».

Pour Wittgenstein, toute cette ligne d'argumentation (précisément celle de Kripke), celle de la vacuité de la signification, repose sur un malentendu. Le moyen d'y répondre – donc de résoudre le paradoxe – n'est alors pas de trouver un point de référence ou des conditions de détermination des significations, mais de comprendre ce qu'est « la saisie d'une règle qui n'est *pas* une interprétation », et pour le comprendre, il faut regarder, *cas par cas*, de façon particulière et non générale, ce que nous appelons « suivre une règle » et « aller à son encontre ».

En s'interrogeant sur la règle et l'usage en termes de *signification*, Kripke regarde « au mauvais endroit » (*in the wrong place*). En envisageant la question de la règle sous l'aspect d'un paradoxe que soulèverait la situation de l'individu isolé de la communauté linguistique, on résout la question en la posant (*beg the question*), et on évite la radicalité de la question de Wittgenstein : comment, *moi*, sais-je suivre une règle ? (que je sois isolé, ou en communauté). Comme le dit McDowell :

> Le paradoxe que Wittgenstein formule au paragraphe 201 n'est pas, comme le suppose Kripke, le simple « paradoxe » suivant lequel, si l'on considère l'individu de façon isolée, on n'a pas le moyen de donner sens à la notion de signification. C'est le paradoxe, authentique et dévastateur, que la signification est une illusion. En focalisant l'analyse sur l'individu isolé de la communauté, on n'est pas en train de tomber aussi dans cet abîme ; on cherche plutôt un moyen de l'éviter[1].

De quel abîme parle-t-on ici ? Quel est le problème posé par Wittgenstein ? C'est celui de mon vouloir-dire dès lors que je suis pris dans des usages, un contexte ; et il ne peut se résoudre par le recours à un accord de communauté, car ce que Wittgenstein pose dans les paragraphes 143 et suivants des *Recherches*, c'est précisément la question du rapport de la règle à l'accord, et pas

---

1. « Wittgenstein on Following a Rule », dans McDowell, *op.cit.*, p. 243.

la question de la signification des énoncés de l'individu en tant que tels. Donc, comme l'a bien dit Cavell dans «L'argument de l'ordinaire»[1], le recours, soit à la communauté, soit à nos pratiques, ne résout rien, et renforce, voire *constitue* la question sceptique.

Le point de départ de Kripke, qui le conduit à sa «solution», est le fait que «si une personne est considérée isolément, la notion de règle guidant la personne qui l'adopte n'a *pas* de contenu»[2]. Dans ce cas, dit Kripke, le sujet agira «sans hésiter mais aveuglément».

> Cela fait partie de notre jeu de langage sur les règles qu'un locuteur puisse, sans donner aucune justification, suivre sa propre *inclination* confiante à croire que c'est là la bonne manière de répondre. C'est-à-dire que les «conditions d'assertibilité» qui permettent à un individu de dire que, en une occasion donnée, il doit suivre sa règle de cette manière plutôt qu'une autre sont, en définitive, qu'il fait *ce qu'il incline à faire*[3].

Il est important d'examiner la démarche de Kripke ici. Le passage où Wittgenstein dit «aveuglément» est celui où il décrit une vision mythologique. Quand Wittgenstein parle de «suivre aveuglément», c'est pour dire comment les choses *me viennent* (pas pour décrire, par exemple, nos pratiques réelles). Elles pourraient me venir autrement, par exemple quand je dis «j'ai atteint le sol dur». Cavell remarque :

> Parler en termes de mythologie nous donne, disons, une perspective sur nous-mêmes. (…) Puisque dans le fait de suivre une règle il n'y a pas de risque qu'on puisse déterminer à l'avance, nous pourrions être frappés du fait qu'une règle a un pouvoir de

1. Dans *Conditions nobles et ignobles*, trad. fr. C. Fournier et S. Laugier, Combas, L'éclat, 1993.
2. S. Kripke, *op. cit.*, p. 89.
3. S. Kripke, *op. cit.*, p. 87 et p. 88, souligné par nous.

pression qui va plus loin que tout ce que nous connaissons. Alors nous pourrions être frappés aussi du fait que nous sommes encore plus puissants que ces règles puisque nous pouvons prendre et choisir parmi elles. Mais peut-être ne faisons-nous là que choisir la longueur des chaînes qui nous retiennent. L'aveuglement exprime ce pouvoir de la règle en tant que notre pouvoir de nous y soumettre[1].

L'interprétation de Kripke conduit à une conception *conformiste* de la règle, selon laquelle je la suis toujours « aveuglément ». Mais ce n'est pas ce que veut dire Wittgenstein. On est également étonné de l'interprétation que livre Kripke du fameux passage du « sol dur », *i.e.* :

> Si j'ai épuisé les justifications, alors j'ai atteint le sol dur, et ma bêche se retourne. Alors j'incline à dire : c'est simplement ainsi que je fais (§ 217).

« J'incline à faire » serait déjà, chez Wittgenstein, une expression curieuse. Mais on notera surtout que pour Kripke, l'individu isolé peut faire « ce qu'il incline à faire », mais en société, ce n'est plus le cas (les conditions d'assertion ne sont plus les mêmes). C'est cette thèse qui constitue sa solution au paradoxe sceptique :

> La situation est très différente si nous élargissons notre perspective et nous autorisons à envisager celui qui suit la règle comme en interaction avec une plus large communauté. Les autres auront alors des conditions de justification pour déterminer si le sujet l'applique la règle correctement ou non, et ces conditions ne seront pas simplement que l'autorité du sujet doit être acceptée sans conditions[2].

---

1. S. Cavell, *Conditions*, *op. cit.*, p. 138.
2. S. Kripke, *op. cit.*, p. 89.

La solution de Kripke, loin de résoudre le scepticisme, nous y introduit encore plus avant. Mais elle pose bien le problème de la règle dans toute sa généralité : Quelle est l'autorité du sujet ? Comment entre-t-elle en compétition avec celle de la communauté ? Ces questions ne peuvent être résolues par l'idée de règle, car elles la définissent, y sont *connectées*.

C'est ce que montre clairement Vincent Descombes dans la conclusion, très wittgensteinienne, de son livre *Le complément de sujet*[1]. Après avoir parlé des raisons (variées) qu'on a d'accepter les règles, Descombes précise : « il y a de multiples raisons pratiques pour lesquelles on peut être amené à décider de *ne pas* suivre telle coutume pourtant bien établie, de ne pas se conformer à telle règle de l'étiquette, de ne pas reconnaître tel droit acquis. Ainsi nous n'avons pas à nous mettre en quête d'un motif unique pour toutes les conventions humaines » (p. 464). La question pour Descombes est bien celle de la convention humaine et de sa force normative et naturelle.

Wittgenstein a énoncé, au paragraphe 224, la parenté (familiale : ils sont « cousins ») des termes de règle et d'accord. De quelle nature est l'accord ? Si l'on passe au passage conclusif de la partie des *Recherches* consacrée à la règle, on en a une indication :

> Vous dites alors que c'est l'accord des hommes qui décide ce qui est vrai ou faux ? – C'est ce que les êtres humains *disent* qui est vrai et faux ; et ils s'accordent dan*s* le *langage* qu'ils utilisent Ce n'est pas un accord des opinions mais de la forme de vie.
>
> Pour que langage soit moyen de communication, il doit y avoir non seulement accord dans les définitions, mais (aussi étrange que cela puisse paraître) accord dans les jugements. (§ 241-242)

---

1. V. Descombes, *Le complément de sujet, enquête sur le fait d'agir de soi-même,* Paris, Gallimard, 2004.

L'accord est notre *accord dans le langage*, que Bouveresse, dès 1971, dans *La parole malheureuse*, avait appelé le « contrat linguistique ». Mais – là est le scepticisme, l'abîme dont parle McDowell – rien ne nous indique que notre voix (*Stimme*) se fond dans l'accord, dans la concordance (*Übereinstimmung*) en question. On peut reprendre à ce sujet l'article de Cavell, « L'accessibilité de la seconde philosophie de Wittgenstein »[1] :

> Nous apprenons et nous enseignons des mots dans certains contextes, et on attend alors de nous (et nous attendons des autres) que nous puissions (qu'ils puissent) les projeter dans d'autres contextes. Rien ne nous assure que cette projection aura lieu (et en particulier ce n'est pas assuré par notre appréhension des universaux, ni par notre appréhension de recueils de règles), tout comme rien ne garantit que nous ferons et comprendrons les mêmes projections. Le fait que dans l'ensemble nous y parvenons est affaire du cheminement partagé de nos intérêts et de nos sentiments, de nos modes de réaction, de notre sens de l'humour, de ce qui est important ou adéquat, de ce qui est scandaleux, de ce qui est pareil à autre chose, de ce qu'est un reproche ou un pardon, de ce qui fait d'une énonciation une assertion, un appel, ou une explication – tout le tourbillon de l'organisme que Wittgenstein appelle « formes de vie ». Le langage et l'activité humains, la santé et la communauté humaines ne sont fondés sur rien de plus, et rien de moins. C'est là une vision aussi simple que difficile, et aussi difficile que terrifiante – difficile parce que terrifiante. Entreprendre la tâche d'en *montrer* la simplicité serait faire un grand pas vers l'accessibilité de la seconde philosophie de Wittgenstein[2].

L'angoisse de l'apprentissage est exactement celle de la règle : rien ne nous assure que nous sommes sur les bons rails,

1. Dans *Must We Mean What We Say ?*, Cambridge, Cambridge University Press, 1969 et dans *Europe*, dossier *Wittgenstein*, 906, octobre 2004, p. 63-77.

2. S. Cavell, *Must We Mean What We Say ?, op. cit.*, p. 52.

sinon précisément nos formes de vie. Ainsi le scepticisme sera
inhérent à toute pratique humaine : toute confiance en ce que
nous faisons (poursuivre une série, compter, etc.) se modèle sur
la confiance que nous avons en nos usages partagés du langage.
McDowell commente ainsi le passage :

> La terreur dont parle Cavell est une sorte de vertige, induit par la
> pensée qu'il n'y a rien d'autre que des formes de vie partagées
> pour nous conserver, en quelque sorte, sur les rails. Nous avons
> tendance à penser que c'est là un fondement insuffisant pour notre
> conviction que nous faisons vraiment, à chaque étape, la même
> chose qu'auparavant [1].

Mais le traitement pour ce « vertige » – l'angoisse inhérente
à l'usage du langage même – ne sera pas dans le recours à la
communauté, car cette angoisse est suscitée précisément,
comme le montre Cavell au chapitre 2 de *Conditions*, par le
rapport de l'individu à la communauté, qu'il appelle la question
de l'*instruction*. Cela montre les limites d'une certaine conception de la règle, qui va trouver dans l'accord de communauté
« l'arrière-plan » (pour reprendre l'expression que Searle
reprend à Wittgenstein) de toute justification de nos actions.
Wittgenstein veut montrer *à la fois* la fragilité et la profondeur de
nos accords, et la *nature* même des nécessités [2] qui émergent de
nos formes de vie. Il n'y a donc pas de « traitement » à ce scepticisme, qui n'est pas seulement un doute sur la validité de ce que
nous faisons et disons, mais nous révèle à quel point « je » suis
la seule source possible. Récuser cela, comme le fait Kripke,
en plaçant dans le maître (ou « les autres », la communauté) la
source de l'autorité, ce n'est pas répondre au scepticisme, mais le
réitérer.

---

1. J. McDowell, « Non-Cognitivism and Rule-Following », art. cit., p. 149.
2. *Cf.* J. Bouveresse, *La force de la règle*, Paris, Minuit, 1987.

On voit mieux ce point si l'on pense à la notion de critère, qui résume pour Cavell la conception wittgensteinienne de la règle.

> L'invocation philosophique de « ce que nous disons », et la recherche des critères qui sont les nôtres, « sur la base desquels nous disons ce que nous disons », en appellent à (*are claims to*) la communauté. Or le réquisit de communauté est toujours une recherche de la base sur laquelle celle-ci peut être, ou a été, établie. Je n'ai rien de plus à ma disposition pour poursuivre que ma propre conviction, mon sens que je fais sens.

Cela pose une question essentielle : celle du fondement de notre concordance, et de ma voix dans la communauté. Voir le paragraphe 241 : « C'est ce que les êtres humains disent qui est vrai et faux ». Les interprétations courantes de ce passage des *Recherches* le tiennent, soit pour la formulation d'une hypothèse simpliste sur des accords ou conventions que nous aurions passés sur les usages (la traduction française donne ainsi : nous nous accordons *sur*), soit pour d'une reconnaissance de ce qui, dans le langage, est *donné*, et à quoi nous ne pouvons que nous soumettre : ce qui doit être « accepté », le « donné ». Mais mon accord *et* mon appartenance à *cette* forme de vie ne sont pas donnés au même titre. Que le langage me soit donné n'implique pas que je sache, *a priori*, comment je vais m'entendre, m'accorder *dans* le langage avec mes co-locuteurs. Le recours à la notion de communauté n'est en rien, chez Wittgenstein, une *solution*. « La seule source de confirmation, ici, c'est nous-mêmes ; *chacun de nous ayant autorité complète* », dit Cavell[1]. Le modèle d'accord social pour Wittgenstein est l'accord linguistique : nous nous accordons *dans* le langage que nous parlons, mais avant toute règle.

---

1. S. Cavell, *Les Voix de la raison*, *op. cit.*, p. 50.

À ces accords, Wittgenstein donne tantôt le nom de conventions, tantôt celui de règles. (…) Il appelle « accord *dans* les jugements » l'accord sur la base duquel nous agissons, et notre capacité à nous servir du langage dépend, selon lui, d'un accord dans des « formes de vie ». Or les formes de vie sont précisément ce qui doit être « accepté » ; car elles sont « données » (*V.R.*, p. 66.)

Que les formes de vie soient « données » ne veut pas dire seulement que notre donné, ce sont des *formes* de vie, mais que notre forme de vie est un donné. Ce qu'entend alors la notion de forme de vie, ce n'est pas le conservatisme mais, dit Cavell, « l'absorption réciproque du naturel et du social », du normatif, de la règle.

Lorsqu'il nous est demandé d'accepter ou de subir la forme humaine de vie, comme « une donné pour nous », on ne nous demande pas d'accepter, par exemple, la propriété privée, mais la séparation ; non pas un fait particulier de puissance, mais le fait d'être un homme, pourvu donc de cette (étendue ou échelle de) capacité de travail, de plaisir, d'endurance, de séduction. L'étendue ou l'échelle exactes ne sont pas connaissables *a priori*, pas plus qu'on ne peut connaître *a priori* l'étendue ou l'échelle d'un mot[1].

JE suis le seul à déterminer l'étendue de « notre » accord. Ce qui constitue la communauté, c'est ma prétention (*claim*) à parler pour elle, pour les autres. Le je, loin d'être donné *a priori*, *est* revendication. Et c'est là le problème fondamental qui est le plus souvent évité dans les discussions politiques contemporaines de la communauté, celui de :

la prétention à parler au nom du « groupe » : comment ai-je pu participer à l'établissement des critères, alors que je ne reconnais pas l'avoir fait, et que je ne sais pas quels ils sont ? (…) enfin,

---

1. S. Cavell, *Une nouvelle Amérique encore inapprochable*, Combas, L'éclat, p. 48-49.

il faudrait souligner que ce qui est en cause ici n'est pas de pouvoir dire *a priori* qui est impliqué par « moi », puisque, au contraire, l'un des buts de l'espèce particulière d'investigation que Wittgenstein qualifie de « grammaticale » est, justement, de découvrir *qui* est ainsi impliqué. (*V.R.*, p. 54-55)

Car c'est précisément la question. En quoi ma société, ma communauté est-elle la mienne, et peut-elle parler en mon nom, et inversement ? Comment, de quel droit, puis-je parler au nom du groupe dont je suis membre ? (*V.R.*, p. 49). C'est tout le sens de *claim* (la revendication) chez Cavell : *ma* prétention à parler pour « nous », qui fait du langage et de la règle une question sociale, voire politique [1].

Le recours à la notion de communauté n'est en rien, chez Wittgenstein, une solution au problème politique. Si je renvoie à ma communauté, reste le problème de *mon* appartenance. « Car la seule source de confirmation, ici, c'est nous-mêmes ; chacun de nous ayant autorité complète » (*V.R.*, p. 50). Cela suggère que le partage sur lequel se fonde le débat libéral/communautarien, entre la voix de l'individu et la voix de sa société, est artificiel, et fondé sur une méconnaissance de la nature de mon appartenance à la communauté. La communauté est à la fois ce qui me donne une *voix* politique, et qui peut aussi bien me la retirer, ou me décevoir, me trahir au point que je ne veuille plus parler pour elle, ou la laisser parler pour moi, *en mon nom*. Ma participation est ce qui est constamment en question, en discussion – en *conversation*, pour reprendre un thème essentiel et commun à Rawls et Cavell – dans mon rapport à la communauté.

Lorsque Wittgenstein dit que les humains « s'accordent dans le langage qu'ils utilisent », dans une forme de vie, il fait ainsi appel à un accord qui n'est fondé sur rien d'autre que la validité

---

1. Voir S. Laugier, *Une autre pensée politique américaine*, Paris, Éditions Michel Houdiard, 2004.

d'une voix. Dans *Must We Mean What We Say?,* Cavell, reprenant Kant, définissait la rationalité du recours au langage ordinaire, sur le modèle du jugement esthétique, comme revendication d'une « voix universelle » : se fonder sur *moi* pour dire ce
que *nous* disons. Ce qui s'affirme alors chez Kant, c'est la revendication d'un assentiment universel, « et en fait chacun suppose
cet assentiment (*Einstimmung*), sans que les sujets qui jugent
s'opposent sur la possibilité d'une telle prétention ». Cette revendication est ce qui définit l'accord, et la communauté est donc,
par définition, *revendiquée*, pas fondatrice. C'est *moi* – ma voix
– qui détermine la communauté, pas l'inverse. Trouver ma *voix*
consiste, non pas à trouver un accord conventionnel avec *tous*,
mais à faire reconnaître ma compétence.

Dans cette approche sociale de Wittgenstein, la lecture
alternative des *Recherches* que l'on peut opposer à Kripke serait
une fois de plus, celle de l'*ordinaire*. On fait comme si le recours
à l'ordinaire, et à nos *formes de vie* (en tant que donné à accepter)
était une solution au scepticisme : comme si les formes de vie
étaient, par exemple, des institutions sociales. Or il serait
possible, suivant la suggestion de Cavell, d'opposer formes de
vie et *formes* de vie, et de différencier l'interprétation biologique
de la forme de vie de son interprétation sociale [1]. On aperçoit
dans cette perspective les limites des interprétations sociologi-
santes de Wittgenstein, qui ne voient pas dans la forme de vie
le « tourbillon » de notre vie dans le langage, mais, dans une
mécompréhension parallèle à celle de Kripke, un ensemble
d'institutions ou de règles sociales que nous serions plus ou
moins « inclinés à suivre ».

Ici s'opposent deux conceptions, celle de l'arrière-plan,
(notamment telle qu'on la trouve chez Searle [2], qui affirme que

---

1. S. Cavell, *Une nouvelle Amérique encore inapprochable*, p. 46-47.

2. J. Searle, *La construction de la réalité sociale*, trad. fr. C. Tiercelin, Paris,
Gallimard, 1998, chap. VI.

les institutions constituent l'arrière-plan qui nous permet d'interpréter le langage, de percevoir, et de suivre des règles sociales,
sans forcément les connaître), et celle de la naturalité de la forme
de vie. Pour Searle, l'œuvre du second Wittgenstein porte essentiellement sur l'arrière-plan [1]. Le problème est que le seul moyen
de donner un sens à la notion est précisément d'en récuser le sens
institutionnel. Le terme d'arrière-plan (*Hintergrund*) apparaît
dans les *Recherches* pour indiquer une représentation que nous
nous faisons (§ 102), pas pour *expliquer* quoi que ce soit.
L'arrière-plan ne peut donc avoir de rôle causal, car il est le
langage même – nos usages *ordinaires*, le tourbillon dont parle
Cavell, et qui est évoqué ici :

> Nous jugeons une action d'après son arrière-plan dans la vie
> humaine (…). L'arrière-plan est le train de la vie (*das Getriebe
> des Lebens*). Et notre concept désigne quelque chose dans *ce* train.
> (*BPP* II, § 624-625)

Le passage le plus significatif se trouve un peu plus loin :

> Comment pourrait-on décrire la façon d'agir humaine ?
> Seulement en montrant comment les actions de la diversité des
> êtres humains se mêlent en un grouillement (*durcheinander-
> wimmeln*). Ce n'est pas ce qu'*un individu* fait, mais tout
> l'ensemble grouillant (*Gewimmel*) qui constitue l'arrière-plan sur
> lequel nous voyons l'action (§ 629).

On voit ici l'inadéquation de l'expression d'« arrière-plan » :
nous *voyons* l'action, mais *prise* au milieu d'un grouillement, du
tourbillon de la forme de vie. C'est cela la perception du sens de
l'action humaine. Ce n'est pas du tout la même chose de dire que
l'application de la règle est *déterminée* par un arrière-plan, et de
dire qu'elle est à *décrire dans* l'arrière-plan (*Grund*) d'actions
et de connexions (*Zusammenhänge*) humaines. L'arrière-plan

---

1. *Cf.* J. Searle, *op. cit.*, trad. fr., p. 172.

ne donne ni ne détermine une signification, mais constitue, ou plutôt fait émerger, fait voir la signification : Wittgenstein mentionne, dans les *Remarques mêlées*, « l'arrière-plan sur lequel ce que je peux exprimer reçoit une signification ».

Suivre une règle fait partie de notre vie dans le langage, et est inséparable d'autres pratiques. Diamond écrit ainsi :

> Nous imaginons une personne disant « 1002 » après « 1000 » en appliquant la règle « ajouter 2 », et tout le monde disant aussi « 1002 » dans les mêmes circonstances : et nous croyons que c'est cela, l'« accord ». Ce que nous ne voyons pas alors, c'est la place de cette procédure dans une vie où des règles de toutes sortes existent sous un nombre considérable de formes. En réalité, nous ne sommes pas seulement entraînés à faire « 446, 448, 450 » etc. et autres choses similaires ; nous sommes amenés dans une vie dans laquelle nous dépendons du fait que des gens suivent des règles de toutes sortes, et où les gens dépendent de nous : les règles, l'accord dans la manière de les suivre, la confiance en l'accord dans la manière les suivre, critiquer ou corriger les gens qui ne les suivent pas comme il faut – tout cela est tissé dans la texture de la vie[1].

La question n'est plus celle du contraste entre l'individu isolé et la communauté, mais entre la règle et la forme de vie où elle est prise et intriquée. Au thème trop perceptuel et statique de l'arrière-plan, à celui de la grammaire, on peut préférer ceux de la texture et du grouillement, ou celui, structural, de la *place* et des *connexions* (« La douleur occupe *telle* place dans notre vie, elle a *telles* connexions », § 533). Des connexions qui, comme le dit Diamond, n'ont rien de caché, et sont là, sous nos yeux : *lie open to view*[2].

---

1. C. Diamond., art. cit., p. 27-28.
2. *Ibid.*, p. 19.

RÈGLES ET FORMES DE VIE

Show how rules of grammar are rules of the lives
in which there is language ; and show at the same time
that rules have not the role of empirical statements
(R. Rhees)

La solution de Wittgenstein à la question de l'interprétation de la règle n'est donc pas dans l'accord, mais dans « une saisie de la règle qui n'est pas une interprétation ». Ce n'est pas là seulement une proposition négative : il s'agit de voir où sont les règles. Un moyen de penser « une saisie de la règle qui ne soit pas une interprétation » est de comprendre que la signification n'est pas à distinguer de l'usage, ni de l'action, ce qui veut dire, précisément, qu'il n'y a pas à distinguer *ce qui est dit* du *contexte* de l'énonciation. Beaucoup d'interprétation de la règle (Kripke et Hacker-Baker) fondent ainsi leur conception de la règle sur une séparation artificielle du *Satz* et de son usage (et probablement sur une lecture de Wittgenstein dans les termes d'une sémantique erronée du performatif qui en ferait la somme d'un sens et d'un acte[1]). En « ne regardant pas l'usage, mais la signification »[2], ils regardent au mauvais endroit. De même, il faut comprendre ce que dit Wittgenstein au paragraphe 202, où il explicite en fait son expression « pas une interprétation » : « "suivre la règle" est une pratique (*eine Praxis*) ».

Il y a toutes sortes de façons de mal comprendre cet énoncé, comme renvoyant à nos pratiques en tant qu'arrière-plan explicatif et justificatif (de Searle à Rorty), ou comme la *thèse* (que l'on retrouve chez Rawls, qui revendique l'inspiration wittgen-

---

1. Voir là dessus « Connaissance morale, concepts moraux », dans S. Laugier, *Éthique, littérature, vie humaine*, *op. cit.*

2. C. Diamond, art. cit., p. 33.

steinienne[1]) que toute pratique serait gouvernée et définie par des règles, alors que Wittgenstein spécifie (§ 199) qu'il y a toutes sortes de pratiques dont « suivre une règle » fait partie – en connexion, comme dit Diamond, avec des idées comme la correction, l'explication, le « quiconque » (*anyone-ness*), les blagues, la pratique du droit, de la mathématique, etc. Ce n'est qu'en intégrant « suivre une règle » à l'ensemble de ces pratiques (de notre forme de vie) qu'on peut y voir clair. Nos pratiques ne sont donc pas épuisées par l'idée de règle ; au contraire, la chose que veut montrer Wittgenstein, c'est qu'on n'a pas dit grand-chose d'une pratique comme le langage quand on a dit qu'elle est gouvernée par des règles.

> « Mais alors l'usage du mot n'est pas régulé ; le "jeu" que nous jouons avec n'est pas régulé ». Il n'est pas partout encadré par des règles (*von Regeln begrenzt*), mais il n'y a pas non plus de règles pour dire, par ex., à quelle hauteur lancer une balle au tennis, ou avec quelle force ; et pourtant le tennis est un jeu, et il a des règles. (*RP*, § 68)

Lorsque Wittgenstein dit qu'il n'y aurait pas de langage sans règles grammaticales, il ne veut pas dire que ces règles ont des propriétés remarquables, qu'il nous resterait à définir. Il faut les *décrire*. C'est ce qu'il entend par son « Retour au sol raboteux ! » (§ 107).

Il en est des règles comme des phrases, ou propositions (*Sätze*). Sans *Sätze* non plus, pas de langage ; mais il ne faut pas en tirer l'idée que ces *Sätze* auraient des propriétés extraordinaires, qui transcendent la description ordinaire du langage (voir chapitre IV).

> Quelqu'un pourrait dire « une proposition (*Satz*) est la chose la plus ordinaire du monde », et un autre « Une proposition : voilà

---

1. J. Rawls, « Two concepts of Rules », *Philosophical Review*, 1955. Voir le commentaire de Cavell, *Les Voix de la raison,* chap. 10.

quelque chose de très étrange » – et celui-ci ne peut simplement *regarder* comment les propositions fonctionnent. (*RP*, § 93)

Dans toute son analyse des règles, Wittgenstein dit des choses similaires : la règle nous apparaît comme quelque chose d'étrange, de mystérieux, alors qu'elle est (aussi) quelque chose de parfaitement ordinaire. C'est ce mélange d'ordinaire et d'étrange qui caractérise, précisément, toutes nos activités qui ont à voir avec des règles. La règle définirait ainsi ce qu'on peut appeler, à la suite de Cavell, « l'inquiétante étrangeté de l'ordinaire ». Rhees résumait ainsi ce que voulait faire Wittgenstein : « Montrer comment les règles de la grammaire sont des règles des vies dans lesquelles il y a le langage ; et montrer en même temps que les règles n'ont pas le rôle d'énoncés empiriques ». Les règles sont des règles de notre vie dans le langage, et elles ont leur place dans les activités dans cette vie qui sont *connectées* les unes aux autres[1]. Ces pratiques ne peuvent être définies isolément les unes des autres, et *c'est dans ces connexions que se trouvent les règles*.

Cela résout/dissout le problème soulevé par Kripke : une pratique comme l'addition, et son enseignement, n'existe que dans ses connexions (à notre vie, à une pratique nommée mathématique, au passage d'expressions symboliques à d'autres, à des régularités dans nos manières de faire cela et à d'autres pratiques sociales).

Autrement – s'il n'y avait pas de mathématiques, ou si vous n'aviez aucune idée de ce que c'est – je ne pourrais pas dire que je vous ai montré ce qu'est un calcul. Je ne pourrais pas me mettre à expliquer : « regardez, ça, c'est un calcul », même si je sais que vous allez être attentif[2].

---

1. Voir la dessus C. Diamond, *L'esprit réaliste*, *op. cit.*
2. J. Rhees, *op. cit.*, p. 48.

On comprend mieux ce point si l'on pense à la lecture, à laquelle Wittgenstein consacre toute une série de remarques dans sa discussion des règles. La question n'est pas de savoir si lire correspond à un processus mental, une capacité, etc. Cela « ne nous intéresse pas ». Ce qu'on peut remarquer, c'est : on ne saurait apprendre ce que c'est que lire à quelqu'un en le lui *montrant* (comme pour « sauter »), on ne peut apprendre à lire en imitant ce que fait quelqu'un. On ne peut dire que quelqu'un est en train de lire qu'en connexion avec certaines manières de vivre. Ainsi « lire » *est* une pratique, et cela permet de comprendre ce qu'est un suivi de la règle « qui n'est pas une interprétation ». L'interprétation, c'est l'action même.

C'est en ce sens seulement que « lire » (comme le montre la *place* des analyses de « lire » dans les *Recherches*, aux § 156-171) est connecté à « suivre une règle ».

> L'usage de ce mot dans les circonstances de notre vie ordinaire nous est naturellement tout à fait familier. Mais le rôle que le mot joue dans notre vie, et donc le jeu de langage où nous l'employons, serait difficile à décrire même à gros traits (*RP*, § 156).

Lire, comme suivre une règle, a à la fois quelque chose de familier, et de bizarre – d'*unheimlich*. Wittgenstein suggère ainsi dans tous ces passages des *Recherches* : je pourrais dire que « le mot écrit m'indique » (*eingeben*) quelque chose, qu'il a une « influence » sur moi, me guide (*führen*) (§ 171-169-170). Ces remarques de Wittgenstein veulent décrire les règles en tant que « règles de nos vies dans lesquelles il y a langage » (Rhees), et notre *expérience* de la règle, en tant que celle de « l'inquiétante étrangeté de l'ordinaire », de notre forme de vie dans le langage.

Sandra LAUGIER

CHAPITRE VII

LA DOULEUR :
NI UN QUELQUE CHOSE NI UN RIEN
§ 244-317

Le thème de la douleur est un des plus ramifiés des *Recherches Philosophiques* ; il revient obsessionnellement dans plus d'une vingtaine de paragraphes, étroitement lié qu'il est au problème de la nomination des sensations et autres expériences personnelles. Cette question de la nomination s'inscrit dans le cadre de la problématique centrale du suivi de la règle et de l'argumentation contre le langage privé. Ce dernier nous reconduit à la question oblique de la subjectivité qui traverse toute l'œuvre de Wittgenstein, débutant avec le traitement du solipsisme pour aboutir dans les *Recherches* à l'affirmation de la valeur expressive des énoncés d'expérience personnelle à la première personne du présent, notamment des aveux de douleur (« J'ai mal aux dents »). De tels énoncés sont déclarés expressifs, car, surtout dans le cas de la douleur, autour duquel est construite toute l'argumentation, et dont on pourrait questionner d'ailleurs l'exemplarité, il s'agit d'un cas à la fois massif et très spécifique [1], ils prolongent des réactions et expressions (*Äusserungen*) naturelles comme le cri ou le gémissement.

---

1. Il existe en effet un comportement de douleur très caractéristique et universel, même si l'expression langagière qui en fait partie varie selon les

Le problème de la douleur apparaît tout d'abord dans le paragraphe 26 en liaison directe avec le rejet de l'image augustinienne sur lequel s'ouvre le livre : « On croit qu'apprendre le langage consiste à dénommer les objets », à les étiqueter, alors que la dénomination n'est qu'une « préparation à l'emploi d'un mot » en vue de quelque chose. Notamment se pose la question de la *dénomination* des sensations, des expériences personnelles, bref, de ces entités qu'on dit privées ou incommunicables : « Comment les mots se rapportent-ils aux sensations ? ». Le paragraphe 244 contient l'essentiel de la problématique et surtout, nous allons le voir, le repositionnement de la question.

On a pu voir dans les passages sur la douleur la destitution du paradigme référentialiste qui dominait le *Tractatus*, où les éléments de base de l'ontologie, les objets simples, sont étiquetés par des noms : mais le cas de la douleur montre qu'il faut renoncer à penser les mots sur le modèle des noms d'objets comme une table ou une chaise. Comment ce qui n'est pas un objet matériel aux contours nets, comment une sensation de brûlure ou d'élancement etc, peut-elle être proprement nommée ? Et comment en vient-elle à recevoir ce nom, par quelle opération, sinon par un acte d'ostension que j'effectue par devers moi ? Le problème de savoir si et comment on peut nommer des « entités » jugées privées comme la douleur en cache un autre, plus lourd

---

langues. La douleur est en outre naturellement liée à un dommage corporel, une blessure, une maladie. Un saignement intervient dans bien des cas. En revanche le comportement associé à la joie ou à la peur est peut-être un peu moins typé naturellement. Qui plus est « douleur » n'est pas un nom de sensation mais le nom d'un *type* sous lequel tombent des sensations diverses et variées de brûlure, piqûre, élancement, pincée etc. Rien de tel n'existe pour la joie et la peur, même si l'on peut parler d'une joie mauvaise ou d'une peur muette etc. Dans les *Fiches* (§ 437), Wittgenstein ira jusqu'à nier que « joie », qui n'est de toute façon pas un nom de sensation, soit un terme désignatif, ni pour « quelque chose d'intérieur ni [pour] quelque chose d'extérieur », ce qui contrevient à son usage habituellement libéral d'un mot comme « désigner ».

de sens : y a-t-il un sens à dire que les sensations sont privées, problème que Wittgenstein déporte de la métaphysique à la grammaire. Cette grammaire va être élucidée par le recours, fréquent chez lui, à la question « Comment avons-nous appris tel mot ? » ; à la question de la désignation, il substitue un problème d'apprentissage : comment un homme apprend-il la signification des noms de sensations ? et remonte à l'origine de ces mots, au lien naturel qui existe chez le bébé entre la douleur et la réaction vocale à la douleur qui en est l'expression naturelle ; au cours de l'apprentissage du langage, celle-ci se voit peu à peu remplacée par des expressions linguistiques articulées et des jeux de langage plus complexes : un « nouveau comportement de douleur », commente Wittgenstein. Son idée est de retirer à l'énoncé « j'ai mal aux dents, à la tête etc. » tout ou partie de sa valeur en apparence *descriptive* : « Je dis au contraire que l'expression verbale de la douleur remplace le cri et qu'elle ne le décrit pas ». Le mot « douleur » ne signifie pas plus « crier » que « J'ai mal » ne décrit un état interne de douleur dont moi seul pourrais témoigner. En apprenant à dire « j'ai mal » dans certaines circonstances, l'enfant apprend un jeu de langage, mais ce jeu, contrairement à ce qu'on est tenté de croire quand on philosophe, ne crée pas un nouveau lien (la dénomination) entre la douleur et son expression linguistique, il étend bien plutôt la gamme des expressions de la douleur qui s'enrichit, passant des réactions naturelles comme le cri aux expressions verbales apprises comme les énoncés de douleur du type « j'ai des brûlures d'estomac », où entrent des mots qui signifient par convention. Le nouveau jeu n'est pas à vocation descriptive, mais reste expressif, de nature à susciter la compassion et les soins. Et il comporte à un titre essentiel le pronom « je » ; en effet, si l'expression brute de la douleur, le cri, est sans sujet et se passe bien de lui, le jeu de langage plus complexe qui se greffe sur elle introduit la marque de la subjectivité dans l'aveu de douleur, même si pour autant, en disant « j'ai mal », je ne désigne pas la personne qui ressent les douleurs (§ 404), « je ne nomme par là aucune personne. Pas plus que je n'en nomme une quand *je gémis* de douleur. Bien que les autres puissent reconnaître au gémissement qui ressent des douleurs ». Mettre en revanche « j'ai mal à la gorge » au passé ou à la troisième personne du présent rend l'énoncé à un régime descriptif et non plus expressif. La grammaire des aveux n'est pas celle d'une description qui repose sur l'observation d'un état de choses.

Ainsi Wittgenstein requalifie le problème de la dénomination des sensations et autres expériences personnelles en lui substituant la question : Comment a-t-on appris à dire « douleur », « j'ai mal », « j'ai une douleur lancinante » ?, dont la réponse permet, en retrouvant la juste grammaire des expressions, de dissoudre les problèmes philosophiques liés à la méconnaissance de cette grammaire et à son manque de synopticité. En remontant au pré-linguistique Wittgenstein dévoile le soubassement naturel de notre concept de douleur qui en conserve comme l'empreinte ; le langage prolonge le cri et le gémissement, la phrase « j'ai la migraine » est une plainte, ce n'est pas un énoncé descriptif, ce qui n'en garantit toutefois pas la sincérité même si elle retient quelque chose de l'authenticité de la plainte primitive. C'est seulement si on oublie ce lien et sa naturalité, si on coupe le langage verbal de sa source naturelle, si l'on oublie que la nature humaine s'exprime en nous à travers la voix de la convention, que l'on en vient à concevoir la douleur comme un objet privé, dont moi seul pourrais témoigner, dont je serais le seul à être certain, et que je ne pourrais partager avec personne. Or, en ce cas le besoin se fait sentir d'un critère d'identité pour cette douleur, et c'est alors que le doute peut s'installer sur la réalité de la douleur d'autrui, car celui-ci peut toujours simuler : « Si je suppose que le jeu de langage normal comportant l'expression de la sensation est aboli, j'ai besoin d'un critère d'identité pour la sensation, et alors la possibilité de l'erreur existe également » (§ 288). L'oubli de la réaction originelle est la vraie source du doute sur l'authenticité de la douleur d'autrui. Or la possibilité de la simulation est un trait structurel des jeux de langage où il est question de nos sensations ou impressions, l'incertitude y est principielle; la possibilité d'une simulation est partie intégrante de certains jeux de langage humains; mais qu'en serait-il des animaux, qui ne parlent pas? « Pourquoi un chien ne peut-il pas simuler la douleur? Est-il trop sincère? »; non, mais si on lui apprenait à hurler alors qu'il ne souffre pas, ce ne serait pas là de la simulation faute de « l'environnement adéquat qui ferait de ce comportement une simulation véritable » (§ 250). D'ailleurs, sans l'expression naturelle, l'apprentissage du vocabulaire de la douleur serait impossible : « Qu'en seraient-ils si les hommes n'extériorisaient pas leur douleur (s'ils ne gémissaient pas, ne grimaçaient pas, etc.)? Alors on ne pourrait pas enseigner à un enfant l'emploi de l'expression "mal de dents" » (§ 257); « Mes mots de sensation sont-ils étroitement liés à mes expressions naturelles de sensation? En ce cas mon langage n'est pas « privé ». Quelqu'un d'autre pourrait le comprendre, tout comme moi. – Mais qu'en serait-il si je n'avais que la sensation, et non ses expressions naturelles? Alors j'*associerais* simplement des noms aux sensations, et j'emploierais ces noms dans une description » (§ 256). En ce cas nous ne pourrions avoir *notre* discours de la douleur avec la souffrance qui pénètre nos mots, ce serait un langage froid, inexpressif. Ainsi le véritable lien pertinent est moins le lien sémantique de dénomination que le lien naturel qui rattache mon concept de douleur et son usage aux réactions primitives à la douleur; mon concept en garde la marque (le lien entre ce concept et l'expression est déclaré « logique »), et si l'on a compris cela, on n'est plus tenté de voir en la douleur un objet privé car nous avons tous –c'est un fait d'« histoire naturelle », les mêmes réactions primitives à la douleur. « *If you prick us, do we not bleed?* », rappelle Shylock fort à propos.

Ainsi Wittgenstein nous renvoie régulièrement aux sources naturelles de notre langage sans lesquelles certains de nos jeux langagiers n'auraient pas d'intérêt : en effet, certains faits naturels très généraux, qui passent inaperçus à cause de leur trop grande familiarité, reculent pour ainsi dire à l'arrière-plan (*Hintergrund*) de nos jeux, formant les présupposés latents de notre langage : « si, par exemple, il n'y avait pas d'expression caractéristique de la douleur, de la peur, de la joie, ... nos jeux de langage normaux perdraient de leur intérêt » (§ 142). Ces faits très généraux qu'on néglige parce qu'ils vont de soi concernent la nature humaine, mais aussi la nature physique et ses lois, l'ancrage naturel des jeux de langage de la douleur est donc universel et profond.

Dans le paragraphe 244, véritable matrice des développements sur la douleur, Wittgenstein se montre très soucieux de ne pas apparaître comme un vulgaire béhavioriste réduisant la douleur au comportement de douleur, naturel ou acquis, ou définissant la douleur en termes de comportement : ce serait « considérer que ce que les gens éprouvent n'a aucune importance du moins tant qu'ils se comportent de manière bien définie »[1] et ce serait aussi contraire à « l'usage normal du mot » (*ibid.*). Il s'insurge contre l'objection suivante : « Mais ne dites-vous pas que tout ce qui arrive, c'est qu'il gémit et qu'il n'y a rien derrière ? » (*op. cit.* p. 48). De fait il n'y a, confirme Wittgenstein, rien comme un objet privé mental qui se tiendrait *derrière* le gémissement, mais cela ne veut pas dire que la douleur n'est rien ou n'a aucune importance, car bien évidemment rien n'est plus réel qu'une rage de dents, de sorte qu'il est facile de réfuter l'objection « Vous n'avez donc en réalité aucune douleur, vous ne faites que gémir » (*ibid.*) ; mais d'un autre côté on ne peut dire non plus « qu'il y a encore un objet que nous n'avons pas mentionné » (p. 72) « un quelque chose qui accompagne mon cri de douleur » et qui me fait crier (§ 296), un quelque chose d'essentiel que négligerait l'analyse que donne Wittgenstein. Car la douleur « n'est pas un quelque chose, mais pas non plus un

1. *Notes sur l'expérience privée et les sense data*, trad. fr. E. Rigal, Mauvezin, T.E.R., 1982, p. 41.

rien » et d'ailleurs « un rien fait aussi bien l'affaire qu'un quelque chose dont on ne peut rien dire » (§ 304). N'est-il pas d'ailleurs périlleux de parler d'entités sans identité quand la référence semble inscrutable pour autrui : « Je suis même prêt à parler de n'importe quel x derrière mes mots pourvu qu'il conserve son identité. Les reproches que vous m'adressez, n'est-ce pas comme si vous disiez : dans votre langage, vous ne faites que parler » (p. 43) ? Quant à l'identité du x en question, autant en faire abstraction, par une sorte d'expérience de pensée qui va nous désabuser : « Débarrasse-toi toujours de l'objet privé en supposant qu'il change sans cesse, mais que tu ne le remarques pas parce que ta mémoire te trompe sans cesse » (*RP*, II, p. 292). Mais peut-être que parler de l'identité d'un objet qui serait privé n'a pas grand sens : l'apologue du scarabée dans la boîte (§ 293) tente de nous en persuader : chacun dit avoir un scarabée dans sa boîte sans savoir ce qu'il y a dans celle des autres, en ne sachant « ce qu'est un scarabée que parce qu'il a regardé le sien ». Le prétendu scarabée symbolise, non la douleur réelle, mais la douleur conçue philosophiquement comme un objet privé (douleur ou sensation de rouge) dont on dit ne savoir ce que son nom signifie qu'à partir de son propre cas : de la sorte, et Wittgenstein pousse son idée à l'extrême, comme par provocation, la boîte pourrait aussi bien être vide car « la chose dans la boîte ne fait absolument pas partie du jeu de langage », elle peut être « entièrement « supprimée » », « quelle qu'elle soit elle s'annule » (*ibid.*). D'un autre côté, la douleur réelle fait, elle, partie du jeu de langage, qui n'est pas fait que de mots, mais englobe d'autres réalités, dont la douleur elle-même, elle « entre en jeu », pourrait-on dire, car c'est toujours « en présence » de ma douleur que je dis que j'ai mal (sauf bien sûr si je mens). Et on n'a pas à s'inquiéter de la question de la permanence de la signification du mot « douleur » tout au long du jeu dès lors qu'on renonce à considérer cette douleur comme un objet privé (au sens hyperbolique que les philosophes donnent à « privé ») désigné par un pseudo-nom, et qu'on se préoccupe davantage de la bonne application des règles d'usage de ce nom dans nos jeux de langage collectifs, laquelle seule garantit par contrôle public la stabilité de la signification des mots.

Ce qui inspire une partie des objections envisagées par Wittgenstein, c'est la réification de la douleur conçue comme une entité privée *derrière* cris, gémissement et mots; faute de réifier la douleur, Wittgenstein se voit accuser de la considérer comme rien, mais il la considère en fait comme on ne peut plus réelle, quoique la grammaire de la douleur ne soit pas celle d'un objet matériel comme une table ou une chaise; or nous avons tendance à plaquer la grammaire des choses physiques sur celle des sensations ou des expériences personnelles mais aussi des humeurs, des formes, des couleurs, passant du substantif à la sub-stance, confusion grammaticale typique de notre philosophie : quand nous nous apercevons qu'un substantif n'est pas utilisé comme un nom d'objet au sens habituel du terme, nous ne pouvons nous empêcher de le prendre pour un nom d'objet éthéré, disait déjà le *Cahier Bleu*[1]. Mais Wittgenstein nous rappelle à l'ordre : « Ne pas pouvoir s'empêcher – quand nous nous laissons aller à des pensées philosophiques – de dire telles et telles choses, avoir une tendance irrésistible à les dire, ne signifie ni que nous sommes contraints de faire une *supposition* ni que nous avons la compréhension ou la connaissance immédiates d'un état de choses » (§ 299).

Mais dire qu'il ne faut pas réifier la douleur n'est pas dire que les noms de douleur ne s'ancrent pas en un certain sens dans le réel, et que langage flotte, déconnecté du réel, ou qu'il n'y a pas de réel en dehors du langage : ce serait la position, textualiste, des structuralistes français, mais pas celle de Wittgenstein; nous utilisons bel et bien référentiellement les mots de la douleur (« j'ai la migraine »), et cette pratique référentielle est réaliste,

_____

1. *BlB*, trad. fr., p. 97.

ils « se rapportent » bien à quelque chose, mais pas forcément *à un quelque chose*. Contrairement à ce qu'a cru Strawson, Wittgenstein ne nie pas qu'on puisse *nommer* les sensations. Il rappelle simplement la complexité et la variété des jeux de langage que nous jouons avec ces purs instruments du langage que sont les noms de sensations, de nombres, de couleurs, d'objets externes, d'abstractions, sans qu'on doive tenter pour autant de tirer de cette diversité une catégorisation ontologique des différentes sortes d'objets ainsi nommés, car là n'est pas le propos de la philosophie de Wittgenstein, pure enquête grammaticale. Seulement, ramener la philosophie à une enquête grammaticale n'est pas affirmer comme les structuralistes français l'auto-suffisance et l'auto-référence du langage et ignorer toute problématique de la référence. Simplement dans le cas de la douleur il y a moins référence qu'expression de ma part, sincère ou non, et du même coup je ne peux qualifier de *savoir* le fait de ressentir ma douleur, le doute étant en la matière impossible : « je sais » est redondant dans « je sais que j'ai mal » (§ 246). Je ne sais pas non plus par introspection que je souffre, et je ne suis pas davantage le possesseur de ma douleur, même si je dis « ma » douleur, je ne l'ai pas comme j'ai une auto, et ce possessif n'a pas un sens privatif. En parlant de ma rage de dents, je n'identifie pas la douleur, je la manifeste, et cette manifestation fait partie du comportement de douleur. À ce titre, elle n'est ni vraie ni fausse. Et quand je souffre, c'est ma personne entière, en chair et en os, corps et âme, non ma main blessée, simple partie de moi-même, qui souffre, d'ailleurs c'est moi que l'homme compatissant regarde dans les yeux, adoptant ainsi l'attitude humaine appropriée à la souffrance d'autrui.

Il faut donc rendre à chaque substantif sa grammaire, comprendre comment sont employés les termes et énoncés de douleur, comment ils fonctionnent dans le langage ordinaire, et aussi comment on a pu être tenté de réifier l'entité douleur à partir de ce que semble nous suggérer le langage ou de ce que veut nous imposer le philosophe toujours prêt à passer du substantif à la substance. Dès lors les problèmes ontologiques concernant l'entité douleur et les problèmes sémantiques (la façon dont les mots se rapportent à elle) se résorberont dans l'inspection horizontale de la grammaire, des règles et de « l'institution de leur application » (§ 380). On ne fait que signaler son adhésion à un mode d'expression quand on dit des choses comme « les sensations sont privées », « moi seul peux savoir ce que je ressens », « ce n'est qu'à partir de mon propre cas que je sais ce que « douleur » signifie » etc, toutes assertions qui se veulent métaphysiques et profondes alors qu'elle ne sont que « grammaticales », c'est-à-dire définissant *a priori* les règles d'emploi de certains mots : ainsi la proposition : « Les sensations sont privées » est comparable à « On joue tout seul aux jeux de patience » (§ 248) au sens où chacune de ces deux propositions fixe ou définit la grammaire d'un jeu avec certains signes (de sensations, dans le premier cas), il s'agit de définitions *a priori* ou de règles dont on croit ne pas pouvoir imaginer le contraire. Mais en réalité on peut trouver un sens à dire que je peux avoir mal à la dent d'autrui, si l'on imagine une opération chirurgicale de science fiction me reliant neurologiquement à autrui [1] ou à parler de la douleur d'une poupée si l'on emploie « douleur » en un « sens secondaire ».

Ainsi, dans le droit fil de l'argument contre le langage privé qui est la raison profonde de l'irradiation du thème de la douleur dans les *Recherches*, Wittgenstein s'attache à montrer que baptiser « douleur » ceci que je ressens, au cours d'une cérémonie secrète de définition ostensive, est un acte de langage aussi nul et non avenu que de marier des gens si on n'est pas maire, pour reprendre l'exemple d'Austin. Nommer une sensation, la baptiser, n'a de sens que de l'intérieur d'un jeu de langage compréhensible par autrui, car pouvant faire l'objet d'un appren-

---

1. *BlB*, trad. fr., p. 101 *sq*.

tissage, nommer présuppose une armature de règles, et ne saurait s'effectuer de manière privée que sous la forme d'une cérémonie inutile ou d'un coup de baguette magique ; qui plus est, donner un nom à une sensation n'a de sens que si je sais dans quel jeu de langage je vais l'employer et si j'ai un usage pour lui. Donner une définition ostensive privée d'une douleur et la graver dans ma mémoire, se promettre de réutiliser son nom chaque fois qu'elle réapparaîtra n'est pas encore, faute de critère de correction, donner l'usage du nom, c'est en fait une simple préparation à un ou à des jeux de langage, cela ne fait pas encore partie du jeu, ce n'est pas jouer un « coup » dans un jeu de langage : « Mais que signifie : « Il donne un nom à sa douleur » ? – Comment s'y est-il pris pour dénommer la douleur ? Et quoi qu'il ait fait, dans quel but l'a-t-il fait ? – Lorsqu'on dit : « Il a donné un nom à la sensation », on oublie qu'il a déjà fallu une longue préparation dans le langage pour que le simple fait de dénommer ait un sens. Et quand nous disons que quelqu'un donne un nom à la douleur, ce qui est ici préparé est la grammaire du mot « douleur » ; elle montre le poste où le nouveau mot sera placé » (§ 257). Cela dit Wittgenstein n'entend pas nier qu'on puisse définir ostensivement le mot « douleur » à l'intention d'autrui (en le piquant, par exemple, § 288) dans un contexte normal où personne ne prétend que cette douleur est privée, incommunicable, et le critère de la compréhension de cette définition sera l'usage que fera du mot cette personne. Dans ce cas en effet, qui est celui de l'usage ordinaire de ce mot, public ou pouvant le devenir, les conditions sont remplies pour qu'on puisse parler d'une définition ostensive, laquelle, toutefois, a souvent besoin d'être désambiguïsée et ne se suffit pas, quoi qu'on pense, à elle-même (§ 28).

Mais dire cela n'est pas non plus tomber dans l'illusion que l'essentiel même de la douleur ne se laisse pas décrire par des mots, comme si la douleur était « quelque chose de trop éthéré pour qu'on la nomme »[1]. Ce serait tomber dans le mythe de l'insaisisssable ou de l'indescriptible qui nous tente lorsqu'il est question de formuler des impressions, des humeurs, des souffrances physiques ou morales ; car nous pouvons parfaitement, avec les mots dont nous disposons, entrer dans des jeux de langage où la douleur est manifestée, qualifiée, quadrillée en quelque sorte, elle peut être d'ailleurs l'objet d'évocations littéraires etc. « Je ne peux te dire comme j'ai mal » n'est de toute façon pas une description d'un état de choses mais une plainte verbalement articulée qui s'inscrit dans le cadre d'un certain jeu de langage et qui appelle la compassion plus qu'elle n'informe autrui. Le problème de la référence à la douleur n'est pas celui de la difficulté de parler d'une douleur difficile à mesurer ou à localiser si elle est diffuse, si elle irradie, etc. Le problème n'est pas celui de la non précision ou de l'immatérialité de l'entité douleur, qui entraînerait une attitude sceptique sur le fait de pouvoir parler des sensations, comme si elles étaient ineffables ; pour Wittgenstein on peut parfaitement se référer à des entités vagues ou abstraites au sein d'une pratique réaliste de la référence. Ne parlons-nous pas de fatigue, de chagrin, de direction, de célébrité ? Nous avons un emploi pour tous ces mots, et ces actes de référence ne posent de problème que si on ne les inscrit pas d'emblée dans la perspective des jeux de langage publics, de l'application contrôlable de règles, et de la forme de vie humaine qui est leur cadre naturel.

Ainsi a-t-on pu voir en un sens dans ces paragraphes sur la douleur la fin du paradigme référentialiste du *Tractatus* et sa dissolution dans les notions de grammaire et de jeu de langage ; la question de savoir comment les mots se rapportent aux sensations n'apparaît comme un problème abstrait de référence ou de dénomination que si on oublie la naturalité du lien entre la

---

1. *Notes sur l'expérience privée*, p. 14.

douleur et ses expressions naturelles. Wittgenstein doit nous renvoyer, pour nous désabuser, à l'apprentissage du langage, comme raison et non comme cause de nos façons de parler, à la formation du discours plus ou moins sophistiqué de la souffrance à partir de nos réactions vocales primitives ; ce n'est pas, contrairement à ce qu'a cru Strawson, la question de savoir si on peut nommer les sensations de brûlures, coupures, piqûres, élancements, points de côté, douleurs irradiantes, sans parler des souffrances morales, du chagrin, du remords etc, car ce point se résorbe totalement à même le langage ordinaire dans la question de savoir comment sont appliquées les règles communes relatives à ces noms, comment fonctionnent ces instruments du langage dans des jeux à vocation publique où il est question de souffrance « en présence de » la souffrance elle-même. Le problème sémantique abstrait de la référence est dissout dans celui, pragmatique, de l'usage réglé et public des mots et des énoncés sur la douleur, et dans le rappel de la naturalité de nos réactions premières à la douleur, sachant que la raison d'être de ces mots est de venir se greffer sur, et prolonger, des expressions naturelles de la douleur dont elles conservent le statut expressif, celui d'une plainte. Ainsi notre concept de douleur n'est-il pas indifférent à ses origines naturelles, corporelles et comportementales, il en garde une sorte de mémoire qu'il faut réactiver ; c'est se faire une bien mauvaise idée du langage que d'occulter le lien naturel entre douleur et cri, entre bouche et cri, qui ensuite va être interprété comme un lien sémantique (le cri signe de la douleur) ; le signifiant-cri sera incorporé à un langage verbal articulé, de façon unie, sans rupture : « comment puis-je aller jusqu'à vouloir me glisser, au moyen du langage, entre l'expression de la douleur et la douleur même ? » (§ 245), se demande Wittgenstein, et en effet ce serait un pur artefact théorique de séparer ce que la nature a uni. Ce que montre l'étude de ces jeux est que nous usons bel et bien référentiellement de noms de sensations (§ 244) et que cette pratique référentielle est le plus souvent, mais pas toujours, réaliste, mais que la vocation de ces noms leur est conférée par l'armature de la grammaire, et leur origine naturelle, pas par l'entité douleur qu'il s'agirait de désigner ; le discours en question est « un nouveau comportement de douleur » bien plus complexe, que l'enfant apprend à partir de ses cris et gémissements et qu'il substitue peu à peu à eux (sans toutefois les abandonner complètement), en même temps qu'il apprend à simuler, voire à dissimuler la douleur. Ce comportement peut être à l'adresse de quelqu'un, il appelle la pitié et la consolation : le langage de la douleur en première personne n'a aucune chance d'être privé, même intériorisé et tenu secret, il est souvent à vocation publique, les plaintes et lamentations pouvant d'ailleurs être facilement ritualisées dans certaines cérémonies publiques. La prise en compte de l'apprentissage, de la grammaire et des jeux de langage permet de dissoudre la question (sémantique abstraite, avec, sous – jacente, la question de la nature ontologique de la douleur), de la référence des mots de sensations, ainsi d'ailleurs que celui de leur sens, ce qui annule la pertinence du schéma ternaire frégéen : nom, sens, dénotation ; si les mots de la douleur dénotent, c'est à travers toutes les déclinaisons de leur emploi dans tel jeu de langage, et à la limite on pourrait se passer de dire qu'ils désignent une douleur (mais nous ne le faisons pas, nous avons une pratique référentielle réaliste), car l'usage réglé rend entièrement compte de la fonction des mots les uns par rapport aux autres (et par rapport au reste du réel, qui n'est pas dans une situation de face à face mais d'intrication avec eux) ; en effet dans une perspective holiste comme celle de Wittgenstein, le mot n'a de signification que dans le contexte d'une phrase, et la phrase, dans celui du langage tout entier, lui-même inscrit dans une forme de vie. La sémantique (abstraite) se résorbe dans la pragmatique (concrète), et dans le « flux de la vie », et le langage de la douleur conserve quelque chose de son origine naturelle, il n'est jamais complètement « dénaturé » : la douleur pénètre les mots.

Les paragraphes sur la douleur font exploser tant le cadre du *Tractatus* où le rapport sémantique de base est le lien d'étiquetage entre les noms et les objets simples que la théorie de Russell selon laquelle « ceci » est le seul véritable nom propre logique ; la définition ostensive s'en trouve ainsi remise à sa vraie place, dans nos jeux de langage. Son importance est relativisée. Elle est juste un instrument du langage qui ne nous fait pas sortir magiquement du langage pour nous permettre de prendre pied dans la réalité comme on est tenté de le croire. On ne peut non plus arracher le sens à la pratique du langage pour l'hypostasier à la manière frégéenne en le plaçant dans une sphère séparée, ni continuer à croire que les noms de sensations dénomment comme le font les noms d'objets physiques, ou dénomment tout court, abstraction faite du cadre grammatical des jeux de langage, dénommer ou désigner étant une fonction aussi réglée dans un jeu que le déplacement du roi aux échecs (à la différence près qu'aux échecs on ne dit pas que les pièces d'ivoire dénotent quelque chose, car la fonction dénotative est ici réduite à zéro, résorbée dans l'usage réglé des pièces ; mais il est vrai que le jeu d'échecs ne nous sert de toute façon pas à parler de la réalité, sa place est autre, purement ludique, dans notre vie, il a une autre « application », alors que nous avons une pratique référentielle plus réaliste du discours arithmétique, voire du discours de fiction, ils parlent, en un sens, de quelque chose : le vrai point est qu'ils n'ont pas le même rôle, pas la même grammaire, et la dénomination se résorbe dans l'usage réglé, ce qui ne veut pas dire qu'on n'a pas une pratique réaliste de la dénomination de sensations comme la douleur. Le réalisme de cette pratique n'est pas sans rapport avec le socle naturel de notre langage, notamment du fait négatif qu'il aille de soi que ce soubassement n'ait pas certains traits. Supprimez les expressions naturelles de la douleur et construisez des mondes alternatifs où il y aurait un discours sur la douleur, et voyez alors le prix de cette suppression ; aurons-nous encore les mêmes jeux de langage ? Ce n'est pas sûr, même s'il ne s'agit pas d'affirmer dogmatiquement que certains jeux seraient impossibles, car les propos au conditionnel contrefactuel de Wittgenstein restent toujours négatifs quant à l'antécédent et évasifs quant au conséquent : s'il n'y avait ni cris et ni pleurs, que serait, dans un monde alternatif, notre façon de parler de la douleur ? Voilà qui met au défi l'imagination du philosophe, qui est seule ici sollicitée pour qu'apparaisse par contraste l'importance de la présence de l'arrière-plan négligé ou du socle naturel oublié. C'est ainsi que le philosophe viennois met au jour les « présupposés » naturels de nos jeux de langage et redonne toute sa place à notre nature d'homme. Du chien qu'on a dressé à hurler quand il n'a pas mal, on ne dira pas qu'il simule la douleur, du bébé non plus. Wittgenstein nous invite à faire l'inventaire peut-être interminable de tout ce qui leur manque en matière d'inné et d'acquis pour qu'ils soient dits simuler, et des présupposés de nos jeux de langage à nous, adultes humains ancrés dans une certaine forme de vie, souvent si obvies qu'on les néglige car l'obvie, ce qui va sans dire, est invisible à force d'évidence. Dans les expériences de pensée qui font varier les présupposés, ou une composante, d'un jeu de langage réel, bâtissant ainsi des mondes possibles (des « constructions auxiliaires » dont on se débarrasse après usage), Wittgenstein présente des intermédiaires entre usages réalistes et usages fictionnels du langage, une polarité implicite chez lui (nos usages sont *plus ou moins* réalistes) qui vient prendre le relais de son ancienne dichotomie, abandonnée en 1929, entre langage phénoménologique et langage physicaliste.

Christiane CHAUVIRÉ

CHAPITRE VIII

EN PREMIÈRE PERSONNE
§ 398-411

Le problème qui sous-tend l'argumentation des *Recherches* au paragraphe 243 et ouvre la séquence que l'on considère traditionnellement comme « l'argument du langage privé » est celui de la possibilité d'une désignation exclusivement privée des sensations, des impressions, des processus et des états mentaux. Le langage présumé est privé *de droit* : il est censé décrire les expériences internes du locuteur que lui seul pourrait comprendre. Peter Hacker a souligné à juste titre qu'il convient, plutôt que de réduire ces remarques à une unité superficielle, d'y lire une pluralité d'arguments subtilement entrelacés. Mais cette précision ne suffit pas encore à rendre justice à la tonalité particulière de ces passages : ils sont en outre selon l'expression de Cavell formulés à « mi-voix »[1]. C'est en effet dans le même mouvement que l'illusion d'un langage privé est évoquée et dissoute. Toute la difficulté réside donc en ce que, tout autant que comme une série d'arguments, ces remarques s'offrent au lecteur comme une série d'exercices, de méditations, toutefois discontinues, qui approchent depuis différents angles une chimère pour en éprouver – plutôt qu'en démontrer – l'impossibilité. Autant

---

1. *Les Voix de la Raison*, Paris, Seuil, 1996, p. 499.

de pistes que le lecteur doit emprunter pour réaliser qu'il ne s'agissait là que d'impasses et s'en dégager.

La diversité des procédés employés ne doit pas voiler leur cible commune : Wittgenstein avait déjà fait mention du solipsisme au paragraphe 24, en invoquant l'importance des possibilités de transformation de propositions assertoriques en descriptions de la vie intérieure, et renvoyé à plus tard le traitement du solipsisme. C'est bien la tâche des remarques qui forment le cœur des *Recherches* que de répondre à une version *sémantique* du solipsisme qui soutient que la signification résulte d'une opération interne et privée d'étiquetage que chacun effectuerait pour son propre compte et dont le langage commun ne livrerait qu'un succédané. L'une des voies les mieux balisées par la littérature secondaire pour explorer ce baptême intérieur est celle de l'impossibilité d'une définition ostensive privée[1]. Nous voudrions ici en emprunter une autre, qui lui est étroitement apparentée. Le refus de réifier les représentations en images privées auxquelles le locuteur seul aurait un accès direct et de les confondre avec les significations de ce qu'elles représentent constitue comme la toile de fond de la critique du langage privé. Mais aux paragraphes 363-397, Wittgenstein s'attelle à décrire de plus près le concept de représentation pour distinguer les images qui illustrent l'activité représentative de celles qui peuvent « s'imposer à nous et ne servir à rien » (*RP*, § 397). Nous voudrions montrer que la séquence de remarques, paragraphes 398-411, est à lire dans le prolongement de cette interrogation sur la représentabilité et qu'elle forme – plutôt qu'un simple appendice – l'acmé de la critique du langage privé, avant de revenir dans un second temps sur le lien qui unit le *puzzle* solipsiste à la référence en première personne.

---

1. Pour approfondir cette question, le lecteur pourra se reporter à J. Bouveresse, *Le Mythe de l'intériorité*, Paris, Minuit, 1987, et plus particulièrement à « L'idiolecte commun », p. 413-566.

REPRÉSENTATIONS ET LANGAGE PRIVÉ

Dès les premières remarques des *Recherches*, Wittgenstein distingue la grammaire du vouloir dire de celle de se représenter quelque chose (*RP*, § 35) et récuse l'association naïve de la signification d'un terme à l'image qu'il évoque. Il détache également le concept de compréhension de ce que nous considérons le plus souvent sans garantie comme son événement (la compréhension éclair), substituant à la description d'états mentaux occultes celle de capacités et de maîtrise publiques. La détermination de la signification par l'usage fonctionne comme un leitmotiv anti-mentaliste qui jalonne l'ensemble du texte : Wittgenstein dénonce notre propension à nous détourner de l'examen de l'usage public et intersubjectif des signes vers les processus psychiques qui semblent en être la cause. Ce penchant s'applique tout particulièrement au cas des représentations : plutôt que d'analyser l'emploi du terme « représentation », nous nous demandons ce que sont les représentations, ce qui se passe lorsqu'on se représente quelque chose (*RP*, § 370). En lieu et place d'un *concept* de représentation, nous n'en obtenons qu'une *image* et qui plus est, une image fautive : nous supposons en effet que s'interposent entre le langage et la réalité des entités intermédiaires, les représentations, sur lesquelles le locuteur devrait s'appuyer pour décrire ses expériences internes, et qui ne jouent en réalité aucun rôle explicatif :

> Nous sommes, je l'ai dit, tentés de décrire notre langage en disant que nous employons certains éléments, certaines représentations, que pourtant nous retirons au dernier moment [1].

Pour le « privatiste », tout se passe comme si la représentation entendue comme une image privée remplissait une double

---

1. *Notes sur l'expérience privée et les « sense data »*, Mauvezin, T.E.R., 1999, p. 104.

fonction : le locuteur peut la décrire et l'utiliser à des fins informatives, mais la présentabilité (*Darstellbarkeit*) de l'image représentative (*Vorstellungsbild*) n'est accessible qu'à lui seul (*RP*, § 280). Wittgenstein critique non seulement la confusion de la représentation avec une image (*RP*, § 301), mais celle de la représentation avec une image privée à laquelle le locuteur aurait un accès direct, qu'il ne pourrait décrire aux autres qu'indirectement par le truchement du langage. L'assimilation fautive de la représentation à une image contemplée intérieurement par un œil de l'esprit, et qui constitue l'objet de la définition ostensive privée, est donc elle-même une image simplifiée à l'extrême de l'activité représentative. Wittgenstein dénonce ainsi « le mythe de l'image intérieure »[1] qui repose sur une internalisation du modèle perceptif et assimile la relation du sujet à ses représentations à une vision interne d'objets supposée être à elle seule sa propre justification :

> Nous avons parlé de « langage privé ». Il se pourrait que nous disions : « Même si personne d'autre ne sait ce que je nomme "mal de dents", *moi*, du moins, je le sais ». « Je sais à quoi cela ressemble le fait que *j'*imagine du rouge ». Eh bien, à quoi cela ressemble-t-il ? « Je ne puis l'expliquer aux autres, mais je puis me l'expliquer à moi-même. Je le fais en imaginant du rouge »[2].

Or, le mythe de l'image intérieure repose sur une réification des représentations et sur leur appropriation par le sujet représentant. La cible de Wittgenstein – comme souvent – n'est pas explicite : cet *Urbild* vise tout autant l'idéalisme subjectif que l'empirisme de Locke[3]. L'insistance avec laquelle Wittgenstein

---

1. *Remarques sur la philosophie de la psychologie*, II, § 109, Mauvezin, T.E.R., 1994, p. 23.

2. *Notes sur l'expérience privée et les « sense data »*, *op. cit.*, p. 125.

3. *Essai sur l'entendement humain*, II, 32, § 15, trad. fr. J.-M. Vienne, Paris, Vrin, 2001, p. 606-607, ainsi que le début du livre III, trad. fr. J.-M. Vienne, Paris, Vrin, 2006. On pourra consulter l'article de G. Brykman, « Le Mythe de l'intério-

récuse que la relation du sujet à ses représentations soit de possession peut toutefois laisser penser qu'il s'attaque ici plus précisément à la détermination que Frege donne de la représentation comme « un tableau intérieur » (*inneres Bild*) que chaque locuteur possèderait en propre, alors que « le sens peut être la propriété commune de plusieurs individus »[1]. Frege le souligne de nouveau dans « La Pensée » : à la différence des pensées qui sont saisies, les *Vorstellungen* sont quelque chose que l'on a ; contrairement aux choses du monde extérieur, elles ont besoin d'un porteur (*Träger*)[2]. Or, si Wittgenstein s'accorde avec Frege pour garantir l'objectivité du sens et distinguer le sens d'une proposition de la représentation qu'elle provoque dans notre esprit, selon lui nul n'est besoin pour autant de ravaler les représentations à un monde intérieur irréductiblement subjectif. Alors que pour Frege, l'hypothèse solipsiste poussée dans ses dernières conséquences débouche sur la nécessité d'admettre un troisième domaine – celui des pensées – qui permet de verrouiller les doutes sceptiques, Wittgenstein au contraire voit dans la revendication de l'exclusivité (*privacy*) des représentations – au double sens de leur inaliénabilité et de leur incommunicabilité – une pièce maîtresse du *puzzle* solipsiste.

En effet, le solipsiste – pour la première et la dernière fois nommé aux paragraphes 402-403 – ne défend pas un égoïsme métaphysique ni même un idéalisme subjectif standard. L'interlocuteur de Wittgenstein souligne un privilège du sujet dans

rité chez Locke », *Archives de Philosophie*, 55, 1992, p. 575-586, qui nuance avec subtilité l'accusation dont l'*Essai* a été l'objet, en distinguant notamment la tradition du discours mental de l'hypothèse d'un langage nécessairement privé.

1. « Sens et dénotation », *Écrits logiques et philosophiques*, Paris, Seuil, 1971, p. 105-106. Faute de place, nous renvoyons le lecteur à l'ensemble de ce passage, ainsi qu'à « La Pensée », *op. cit.*, p. 178 *sq.* Que ce dernier article soit à l'arrière-plan de la critique de Wittgenstein est d'autant plus plausible que la distinction entre représentation et pensée est introduite par l'examen du statut du « je ».

2. « La Pensée », *op. cit.*, p. 181.

l'accès à ses représentations occulté par le langage ordinaire et en fait l'origine de la signification. Le privilège sémantique débouche sur une asymétrie épistémologique : le solipsiste oppose la certitude et l'infaillibilité des rapports à la première personne (je sais que j'ai mal) à ceux qu'il établit à la troisième personne (comment puis-je affirmer avec certitude que je sais qu'il a mal ?).

Une première façon de porter atteinte à ce privilège consiste à faire jouer l'expression contre la référence : le cas particulier des représentations comprises comme des images privées vient illustrer la dissociation plus générale que Wittgenstein a critiquée précédemment entre les processus mentaux et leurs expressions[1]. Le lien de l'impression à son expression n'est donc pas plus contingent qu'arbitraire : il est naturel et conceptuel.

La naturalité confère à ce lien sa nécessité : l'enfant qui a mal crie, et exprime sa douleur par une réaction naturelle et immédiate, proche du signal. La substitution de l'*Äußerung* « J'ai mal » au cri de douleur ne vient pas marquer de différence de fonction : « j'ai mal » est tout aussi expressif – aussi peu descriptif – que le cri de douleur. La naturalité du lien entre l'impression et l'expression contrevient à l'opposition tranchée de l'intériorité du siège de l'esprit et de l'extériorité du corps.

La conceptualité du lien permet, quant à elle, de donner du jeu aux expressions, d'en faire des expressions proprement humaines, c'est-à-dire de s'écarter d'une naturalisation de l'esprit et du béhaviorisme. Bouveresse exprime très bien comment l'approfondissement des possibilités expressives rend

---

1. Sur cette question, on pourra lire l'article de Ch. Chauviré, « Le corps humain est la meilleure image de l'âme humaine », dans *Les Mots de l'esprit*, Paris, Vrin, 2001, p. 61-70, qui analyse la paradoxale « phénoménologie descriptive de l'âme » déployée dans les *Recherches* et montre comment l'expressivité du corps humain déjoue les doutes sceptiques.

paradoxalement élastique le lien entre l'expression et l'exprimé au point qu'il finisse par apparaître contingent [1].

En réaffirmant le lien étroit de l'impression à son expression, Wittgenstein récuse le mythe d'un royaume mental, celui des représentations, qui viendraient « se glisser » entre la douleur et son expression, entre la couleur et sa description (*RP*, § 245). Cavell a donc raison de noter que « dans la nomination de nos états de conscience, la dépendance de la référence à l'égard de l'expression constitue, je crois, la leçon spécifique des inventions de Wittgenstein autour de la thèse dite du langage privé » [2].

Outre cette réévaluation de l'expression, Wittgenstein analyse les images par lesquelles nous nous figurons l'activité représentative. En effet, la proximité des jeux de langage de la représentation et de la vision [3] induit insidieusement l'imagerie d'un œil de l'esprit qui désigne intérieurement la (les) représentation(s). Or, elle semble difficilement dissociable de la prégnance d'une autre image, celle de la chambre visuelle (*RP*, § 398), dans laquelle les représentations auraient lieu et dont le propriétaire seul aurait la clé. Une remarque rédigée durant les années trente permet d'éclairer considérablement cette comparaison de prime abord elliptique :

> Lorsque nous parlons de l'espace visuel, nous nous laissons facilement entraîner à la représentation d'une sorte de vision-neuse (*eine Art von Guckkasten*) que chacun porterait devant/avec soi. C'est-à-dire : nous employons alors le mot « espace » comme quand nous appelons une pièce un espace. Mais en réalité le mot « espace visuel » ne se rapporte qu'à une géométrie, je veux dire, à une section de la grammaire de notre langage. En ce sens,

---

1. *Le Mythe de l'intériorité*, *op. cit.*, p. 497.

2. *Les Voix de la Raison*, *op. cit.*, p. 497.

3. Sur laquelle Wittgenstein revient dans le second tome des *Remarques sur la philosophie de la psychologie*.

il n'y a pas d'«espaces visuels» qui auraient chacun un propriétaire. (…)

«Mais ne puis-je pas dans mon espace visuel voir un paysage et toi dans le tien une chambre?» – Non, – «je vois dans mon espace visuel» est un non-sens. Cela signifie nécessairement «je vois un paysage et toi etc.», et ce n'est pas contesté. Ce qui nous égare ici est précisément la comparaison de la visionneuse (*Gleichnis vom Guckkasten*) ou d'un disque blanc circulaire, que nous porterions avec nous comme un écran de projection qui serait l'espace dans lequel toute image visuelle apparaîtrait. Mais l'erreur dans cette comparaison est qu'elle représente visuellement l'occasion – la possibilité – de l'apparaître de l'image visuelle elle-même; car, après tout, l'écran blanc est lui-même une image (*Bild*)[1].

Wittgenstein récuse tout d'abord la représentation de l'espace visuel sur le modèle physicaliste d'un espace clos, où les *sense data* se projetteraient. L'image de la chambre visuelle[2] nous induit également en erreur en ce qu'elle offre en guise d'illustration de l'activité représentative un mode artificiel de production d'images qui présuppose que le sujet représentant puisse s'extraire de la représentation pour observer ce qui la conditionne. Wittgenstein fait explicitement le lien entre cette image et la question du langage privé :

Tandis que nous prétendions que tout homme nomme dans son langage privé ses sensations comme des choses qu'il voit dans une visionneuse dans laquelle lui seul peut regarder[3].

C'était comme si les sensations étaient dans une visionneuse où moi seul pourrais regarder[4].

---

1. *Big Typescript*, § 97, 462-3, p. 334, Londres, Blackwell, 2005.

2. Qui n'a ainsi pas grand chose à voir avec «l'expérience pure de la pièce» des *Essais d'empirisme radical* de James, Paris, Agone, 2005, p. 40 *sq.*

3. MS 124, p. 228.

4. MS 124, p. 237.

Wittgenstein n'en conclut pas pour autant à l'impossibilité de décrire les structures de l'expérience, ni même à une impuissance du langage ordinaire à les exprimer, mais il suggère que l'application erronée de cette image conduit à poser un propriétaire tout aussi fictif qu'est fictive la comparaison de l'espace visuel avec une chambre. La parabole du paysage imaginaire (*RP*, § 398) souligne la confusion de deux niveaux : celui de la représentation, et celui de la représentabilité.

Wittgenstein réfute donc moins le solipsiste qu'il ne cherche à situer et à décrire la nature exacte de sa demande. On comprend dès lors mieux la caractérisation *esthétique*[1] qu'il en donne : le solipsiste est présenté comme l'inventeur d'une « nouvelle façon de parler », d'une « nouvelle comparaison ». Strawson dans sa notice critique sur les *Recherches*[2] n'a pas manqué de faire preuve d'ironie à l'égard du rejet par Wittgenstein de la créativité solipsiste, y décelant un puritanisme mal placé. Or, Wittgenstein est rien moins que puritain sur cette question et le dialogue mené avec le solipsiste bien plus nuancé que Strawson ne veut bien le reconnaître. En effet, Wittgenstein concède au solipsiste non seulement une créativité imaginative, mais une part de vérité. Il lui accorde l'asymétrie entre les énoncés à la première personne et à la troisième, mais il en corrige la portée : le solipsiste à son insu ne fait pas une objection factuelle ou empirique, mais grammaticale, ou logique. L'erreur solipsiste est précisément de rabaisser son invention au rang d'une simple découverte en réduisant une revendication grammaticale à un phénomène quasi physique qu'il observerait, en confondant ainsi une « nouvelle façon de voir » avec la « vision d'un nouvel objet » (*RP*, § 401). Wittgenstein se demande si l'on peut dire que le solipsiste a fait un mouvement grammatical. La manière d'éloge de ce passage

---

1. Nous nous inspirons ici d'une suggestion de lecture de L. Raïd.

2. « Note critique sur les *Recherches philosophiques* de Wittgenstein », *Mind* 1954, trad. fr. dans *Philosophie*, n° 84.

est donc ambiguë : elle témoigne à la fois de la pertinence des remarques solipsistes et de leur insuffisance. Si le solipsiste note avec pertinence une différence entre les propositions en première personne et les propositions en troisième personne qui expriment des expériences vécues ou des sensations, il « prédique ainsi de la chose ce qui réside dans le mode de représentation » (*RP*, § 104). Wittgenstein récuse donc la transposition métaphysique et épistémologique que le solipsisme fait subir à l'asymétrie : du constat du décalage existant entre les deux types d'usage, le solipsiste tire la conclusion inacceptable qu'il possède un accès privilégié et direct à ses états, dont autrui est privé. Il nie ainsi l'asymétrie dont il est pourtant parti et traite paradoxalement comme équivalentes les propositions à la première personne et les propositions à la troisième personne. La réponse de Wittgenstein consiste non seulement à vider la revendication solipsiste de son soubassement métaphysique, mais plus profondément à l'inverser.

1) Ce que le solipsiste présente comme sa propriété par excellence, Wittgenstein nie qu'il puisse être question d'une propriété. L'erreur dans l'insistance solipsiste à affirmer qu'il a telle ou telle représentation n'est pas tant de souligner un privilège du « je » que de croire que la revendication de cette possession apporte quoi que ce soit au jeu de langage : « Le monde de la représentation (*Vorstellungswelt*) est intégralement décrit par la description de la représentation (*in der Beschreibung der Vorstellung*) » (*RP*, § 402).

2) Ce que le solipsiste tient pour le paradigme de l'indubitable, le fondement même de la certitude, Wittgenstein l'excepte de ce que l'on sait (*RP*, § 246).

Cette distinction débouche sur la caractérisation du solipsisme comme l'expression d'une insatisfaction à l'égard du langage ordinaire due à la prégnance d'une image et de la volonté de le modifier pour rendre compte d'une différence, celle de la position centrale du « je ».

CONSÉQUENCES SUR LA RÉFÉRENCE
EN PREMIÈRE PERSONNE

Les remarques sur le pronom à la première personne ne sont donc pas dissociables de l'interrogation que mène Wittgenstein sur la relation du sujet à ses représentations, mal posée en termes de possession. Le problème qu'il entend dissoudre n'est donc pas celui du statut de l'indexical « je » par rapport aux autres indexicaux – il n'est pas par exemple de décider si « je » est un indexical essentiel – pas plus qu'il n'entend défendre une thèse d'irréférentialité du pronom à la première personne[1]. Le thème de la référentialité du « je » est directement appelé par la critique du solipsisme qui convertit en privilèges réels des privilèges grammaticaux. Wittgenstein répond dans les années trente à l'usage emphatique et anaphorique du pronom personnel par le solipsiste : « Le solipsisme pourrait être réfuté par le fait que le mot "je" n'a pas dans la grammaire de place centrale, mais est un mot comme un autre »[2]. Les *Recherches* poursuivent la tâche qui consiste à établir que le mot « je » est un mot comme un autre, et qui, comme tel, est susceptible de différents usages.

En dissociant les remarques sur la première personne du problème qui les a suscitées, on prend le risque d'attribuer à Wittgenstein une thèse paradoxale selon laquelle notre aptitude à l'égologie ne manifesterait pas la présence d'un sujet ou d'une personne. Cette lecture – pour le dire vite – revient à aligner la position de Wittgenstein sur la présentation qu'en donne Strawson dans *Individuals*. Selon la théorie du non-propriétaire,

---

1. Si Wittgenstein a le plus souvent été lu comme un irréférentialiste, c'est certainement en raison de l'amalgame entre ces passages de Wittgenstein sur la première personne et les prolongements qu'en a donnés E. Anscombe dans son article sur « The First Person », repris dans *The Collected Papers, Metaphysics and the Philosophy of Mind*, Oxford, Oxford University Press, 1981.

2. *Big Typescript, op. cit.*, p. 358.

que Strawson attribue non sans quelques précautions et nuances
à Wittgenstein, les états de conscience sont des procès ou des
événements impersonnels, qui ne requièrent pas d'assignation à
un sujet. Ce ne serait que par une manière de préjugé grammatical que nous rattacherions nos états de conscience à un « je »[1].
À la substance pensante se substitue un non-sujet, une place vide,
un soi inapparent et éludé, voire purement et simplement
supprimé. Or, cette lecture transforme les remarques critiques de
Wittgenstein en thèse consistante : que Wittgenstein dénonce
une théorie du sujet propriétaire n'implique pas – contrairement
à ce que semble penser Strawson – qu'il adopte une théorie du
non-propriétaire. Certes, le refus d'un ego substantiel et incorporel dont le corps serait le siège et qui serait « l'*ego* véritable,
celui dont il a été dit, "*cogito ergo sum*" »[2] s'inscrit dans le
sillage de Nietzsche, celui des dénonciateurs des illusions et des
mirages substantialistes entraînés par une interprétation métaphysique imprudente du pronom personnel. Mais la critique d'un
ego incorporel et éthéré ne suffit pas à faire de Wittgenstein le
représentant d'une anégologie, dont il est aisé de faire apparaître
les faiblesses. Son objet est bien plutôt de préciser la singularité
des énoncés à la première personne.

En effet, les énoncés en première personne ne font pas appel
aux mêmes critères que les énoncés en troisième personne :

---

1. Comme exemple de cette lecture de Wittgenstein, voir en particulier le
livre de S. Chauvier, *Dire « je »*, Paris, Vrin, 2002, qui renvoie cartésianisme et
théorie du non-propriétaire dos à dos, pour reconnaître une fonction transcen-
dantale du « je » : selon l'auteur, c'est par le « je » que nous articulons le contenu
de notre expérience et qu'elle acquiert une valeur ; c'est par le « je » que nous
devenons des sujets et non l'inverse. Il s'appuie sur la rigidité de l'alternative qui
oppose cartésianisme, où le « je » est adossé à une substance pensante, à une
conscience conçue sur le modèle perceptif d'un sens interne, et « wittgenstei-
nisme », où la critique des illusions substantialistes a laissé une place vacante et
réduit nos pratiques égologiques courantes à de simples habitudes linguistiques.

2. *Le Cahier Bleu*, Paris, Gallimard, 1996, p. 128.

ceux-ci s'indexent sur l'observation d'un comportement et sur l'identification préalable d'une personne. Wittgenstein critique ici la tendance philosophique à aligner le point de vue de la première personne sur la troisième : en affirmant de façon paradoxale que « "je" ne réfère pas à une personne », Wittgenstein souligne que « je » ne désigne pas un individu comme un nom propre le fait. Quand je déclare par exemple que « je ressens des douleurs » (*RP*, § 404-410), je n'ai pas besoin d'en passer par un acte d'identification de moi-même, pas plus que de sélectionner ma personne parmi d'autres (« je ne choisis pas la bouche qui dit : "Je…" »). La fonction expressive plutôt que descriptive du « je » dans les *Äusserungen* permet de faire droit positivement à une spécificité des énoncés en première personne qui n'a rien à voir avec une connaissance intuitive ou immédiate. Il ne s'agit pas là d'une connaissance. Wittgenstein caractérise positivement le « j'ai » dans « j'ai une représentation » comme un signe destiné aux autres pour attirer l'attention : « Tu veux dire : le "j'ai" est comme un "Attention maintenant !" » et il y revient au paragraphe 405. En disant « je », je ne pointe pas vers moi-même, comme si je devais me référer à moi-même comme à un autre :

> Il est tout aussi impossible qu'en énonçant « j'ai mal aux dents » je confonde une autre personne avec moi-même, qu'il est impossible de gémir de douleur par erreur, en ayant confondu quelqu'un d'autre avec soi. Dire « j'ai mal » n'est pas plus un énoncé *sur* une personne déterminée que gémir ne l'est. « Mais le mot "je" dans la bouche de quelqu'un renvoie bel et bien à celui qui le dit, c'est lui-même que ce mot désigne, et très souvent, celui qui le dit se montre effectivement lui-même du doigt ». Mais il était tout à fait superflu qu'il se montre du doigt. Il aurait aussi bien pu se contenter de lever la main [1].

---

1. *Le Cahier Bleu, op. cit.*, p. 125.

Sans conteste, Wittgenstein refuse de concevoir la référence à soi sur le modèle d'une perception interne. Il entend nous détourner de la nécessité de nous référer à un soi substantiel, et dissocier ainsi l'autoréférence d'un retour à soi qui viendrait fonder et justifier l'usage linguistique du pronom personnel à la première personne. Descombes souligne à juste titre le lien qui unit l'égologie cognitive au substantialisme de la conscience de soi : il y a un soi au fondement de l'expression à la première personne et un savoir de soi qui se prévaut de l'existence de soi. Négativement, les remarques des *Recherches* sur le « je » peuvent donc se lire comme une critique de la transitivité de la relation de référence. Wittgenstein ne défend aucune *égo*logie si l'on entend par là une doctrine du « je » ou du « moi ». Mais il avance bien une égo*logie* au sens où il décrit la différence qui oppose l'attribution d'une sensation ou d'une douleur à la troisième personne de son expression à la première personne, et s'attache à examiner le spectre très large parcouru par les énoncés en première personne, de la plus pure et simple expression à la description la plus raffinée. Si Wittgenstein ne reprend pas dans les *Recherches* la distinction du *Cahier bleu* entre l'usage subjectif et l'usage objectif du « je », c'est certainement que cette distinction et les exemples sur lesquels il s'appuyait sont fragiles, mais surtout que la diversité des usages du « je » ne se laisse pas enrégimenter dans cette seule distinction.

On peut donc se demander si Wittgenstein – plutôt que de soutenir l'irréférentialité du « je » – ne marque pas les limites d'une approche purement référentielle du « je » : le pronom personnel en première personne ne réfère pas à un objet, pas plus qu'il ne décrit un état interne. Mais tout comme la diversité d'attitudes propositionnelles colorent subjectivement nos propos, différents usages de la première personne viennent nuancer l'opposition tranchée entre sujet référent et sujet expressif, entre des propositions purement expressives et des énoncés descriptifs en première personne. Wittgenstein nous donne les moyens – grammaticaux – de concevoir une approche de la première personne qui ne se confond pas avec une relation sémantique qui étiquetterait un moi par référence identifiante, et dont le caractère pragmatique consiste à étudier la diversité de ces expressions.

Élise MARROU

CHAPITRE IX

L'INTENTIONALITÉ : UN PARCOURS FLÉCHÉ
§ 428-465

Les *Recherches Philosophiques* sont tout entières une tentative pour accomplir la critique de l'*étiquetage*, c'est-à-dire de la *réification*, dont le *Tractatus* avait également fait son principe, mais sans parvenir à y demeurer fidèle jusqu'au bout. Une étiquette est un nom *apposé sur* une chose, dont la signification coïncide avec la chose sur laquelle il est apposé. C'est moyennant une seule et même procédure qu'un phénomène est constitué en chose du fait qu'il est étiqueté et qu'un mot est constitué en nom de chose du fait qu'il est apposé à titre d'étiquette.

On a cru que le centre de gravité des *Recherches* gisait dans la critique qui y est menée, sinon de la spiritualisation, en tout cas de la subjectivation du sens[1]. Mais *ce n'est jamais qu'à défaut de pouvoir trouver* un *corps ou* un *acte corporel qu'on est tenté de poser un* esprit *ou un acte* spirituel, le second n'étant pour ainsi dire que *l'absence réifiée* du premier[2]. Le second est censé avoir

---

1. Pour une critique en règle de l'idée que la cible de Wittgenstein est la subjectivation du sens, et en particulier de l'intentionalité, voir J. McDowell, « Meaning and Intentionality in Wittgenstein's Later Philosophy », dans *Mind, Value, Reality*, Cambridge (Mass.), Harvard University Press, 1998 et « Are Meaning, Understanding, etc. Definite States ? », à paraître.

2. Cf. *RP*, § 36 ; *BlB*, trad. fr., p. 82.

la *réalité* du premier sans en avoir l'*inertie*[1]. Artefact d'une abstraction philosophique qui le frappe d'inertie[2], la singularité – au sens du caractère *étrange, mystérieux* – de tel phénomène se transforme, à partir du moment où elle est étiquetée, en sa singularité au sens de sa *particularité* ou de son *unicité*.

L'exemple topique de ce glissement est la conception du vouloir-dire [*meinen*] – et, par extension, du penser [*denken*] en général – comme une *flèche dirigée sur ce* qu'on veut dire (ou *ce dont* on veut dire quelque chose) ou *sur ce* qu'on pense (ou *ce à* quoi on pense), soit le concept même d'intentionalité au sens de *visée*. Le problème de l'intentionalité est celui de savoir *en vertu de quoi* une pensée *a prise sur* la réalité ou la réalité *est à la mesure d'*une pensée, c'est-à-dire *en vertu de quoi* une pensée *a un sens*, indépendamment de la question de savoir si elle est vraie ou non, de sorte qu'elle ne puisse pas ne pas être soit en accord soit en désaccord avec la réalité. Ou, encore c'est le problème de savoir comment le sens d'une pensée se constitue en *norme d'évaluation de celle-ci*. En un mot, c'est le problème de savoir à quel titre toute pensée digne de ce nom satisfait nécessairement une *exigence d'harmonie* avec la réalité.

On a pu soutenir que les *Recherches* renouvelaient la solution du problème de l'intentionalité en renvoyant dos-à-dos les deux solutions causaliste et mentaliste du problème[3]. De la solution causaliste, d'après laquelle la cible intentionnelle est définissable comme ce qui met un terme à l'insatisfaction qui a donné lieu au cycle comportemental qu'est la flèche intentionnelle, les *Recherches* ne retiendraient rien. De la solution mentaliste, d'après laquelle la relation entre la flèche et sa cible doit être conçue comme une relation interne privée entre un sujet

---

1. Cf. *RP*, § 454-455 ; *BlB*, trad. fr., p. 79.

2. Cf. *RP*, § 430.

3. *Cf.* par exemple V. Descombes, *La denrée mentale*, Paris, Minuit, 1995, chap. 1.

et un objet, elles ne retiendraient que le seul parti pris dit « intentionaliste », c'est-à-dire la thèse selon laquelle l'intentionalité est une relation interne entre une pensée et ce qu'elle vise, au sens où il est inconcevable qu'une pensée puisse être rendue vraie par autre chose que par ce qu'elle vise. Contre la version mentaliste de ce parti pris intentionaliste, les *Recherches* feraient valoir une version contextualiste, d'après laquelle l'intentionalité est une relation interne publique (parce que médiée par des institutions, à commencer par celle du langage) entre des contenus de sens[1].

On se propose de montrer qu'au contraire les *Recherches* défont le problème de l'intentionalité jusqu'à récuser le concept d'intentionalité lui-même, loin de se contenter de dissoudre l'apparence selon laquelle l'intentionalité fait problème. Car ce qu'elles récusent avant tout, et récusent comme le ressort même du concept de visée, c'est *le réquisit de la détermination complète du sens*, c'est-à-dire celui de la *capacité essentielle de toute pensée à* anticiper, *à défaut de sa valeur de vérité, du moins les modalités de sa vérification, positive ou négative*. Si le concept d'intentionalité constitue en un sens la cible première des *Recherches*, c'est que s'y cristallise cette réification du sens dont les *Recherches* entendent achever la critique, *la fixation, et pour tout dire le morcellement, du sens en contenus* étant le ressort même de tout intentionalisme. Cette fixation du sens survit à la critique du mentalisme et se réfugie jusque dans la thèse selon laquelle l'intentionalité est une relation interne intra-grammaticale[2]. Wittgenstein montre que l'idée d'une *directio-*

---

1. *Cf.* V. Descombes, *Les institutions du sens*, Paris, Minuit, 1996, introduction.

2. Pour l'attribution de cette thèse aux *Recherches*, voir notamment P. Hacker, *Mind and Will. An Analytical Commentary on the Philosophical Investigations*, vol. 4, Oxford, Blackwell, 1996, chap. 1 ; H.-J. Glock, trad. fr. *Dictionnaire Wittgenstein*, Paris, Gallimard, 2002, « Intentionalité ».

nalité essentielle de la pensée, socle de tout intentionalisme, repose sur la *chimère d'une déterminité essentielle du sens*, c'est-à-dire sur la chimère d'après laquelle *le sens a toujours la déterminité propre à un* ceci, *comme s'il n'y avait de pensée qui n'*identifie, *par avance et parmi d'autres*, l'état déterminé *dans lequel les choses doivent être pour qu'elle soit vérifiée*. À prêter aux *Recherches* une conception contextualiste de l'intentionalité, on confond donc la critique qui y est menée avec ce que cette critique met en cause.

En fait, la conception causaliste et la conception intentionaliste se nourrissent l'une de l'autre dans l'exacte proportion où elles prennent le contre-pied l'une de l'autre. Chacune de ces deux conceptions se nourrit de la nécessité de conjurer le spectre de l'autre.

Ce n'est pas d'abord comme une thèse sur la *psychologie* mais comme une thèse sur la *logique* que Wittgenstein caractérise la thèse du caractère intentionnel du penser :

> 437. Il semble que le souhait sache déjà ce qui le satisfera ou pourrait le satisfaire, et la phrase – la pensée – ce qui la rend vraie, même si cela n'est aucunement là ! D'où vient donc cette *détermination* [*dieses* Bestimmen] de ce qui n'est pas encore là – cette exigence despotique ? (« La dureté du "doit" logique ») [« *Die Härte des logischen Muss* »]

Or, en quoi cette exigence peut-elle être taxée de « despotique » ? Qu'y a-t-il à redire dans l'idée que cela fait partie du sens même de mon souhait de trouver une pomme sur la table que le fait d'en trouver une sur la table soit propre à le satisfaire ? Et si cela n'en fait pas partie, alors n'est-on pas amené à considérer que toute chose qui met effectivement un terme à mon souhait (un abricot, par exemple) s'avère par là même être ce que je souhaitais ? Ne peut-on entendre l'idée que mon souhait détermine ce qui est susceptible de le satisfaire comme l'idée qu'il ne détermine ni plus ni moins que cela, autrement dit comme la simple idée, énoncée au paragraphe 429, que mon souhait est en harmonie avec la réalité au sens où je puis souhaiter trouver une pomme sur la table sans pour autant en trouver une ? Ou bien y a-t-il à redire *même à cela* ?

On peut alors être tenté de prêter au paragraphe 437 des sous-entendus : ce n'est pas tant la détermination du sens ou l'harmonie qui seraient en cause qu'une certaine façon de les entendre. On peut à ce titre renvoyer au paragraphe 97, qui spécifie par avance le sens de la parenthèse finale du paragraphe 437 : la dureté logique y désigne un ordre *a priori* de possibilités combinant des objets simples indestructibles. Ou encore au paragraphe 461, où l'exigence de la détermination du sens est rapportée à l'identification du sens au *thème* ou à l'*ombre* d'un fait. L'erreur dénoncée par Wittgenstein serait celle de faire du sens une *entité combinatoire intermédiaire* s'intercalant entre la pensée et la réalité et incombant à la pensée avant d'incomber à ce qui la symbolise. Cette lecture peut paraître accréditée par le paragraphe 458, où *l'idée que le sens d'un ordre prescrit ce qui est susceptible de l'exécuter* semble bien être *validée sous réserve* en étant ramenée au truisme *grammatical* d'après lequel « faire telle ou telle chose » *compte comme* ce qu'on *appelle* l'exécution de l'ordre *exprimé* par « Fais telle ou telle chose ».

Pourtant, cette lecture n'est guère plausible dans la mesure où, à la suivre, on serait acculé à admettre que les *Recherches* ne réfutent qu'un certain traitement du problème de l'intentionalité, à savoir celui du *Tractatus*, voire une caricature de celui-ci. Surtout, elle est invalidée par le fait que le paragraphe 437 n'est pas un cas isolé. Le paragraphe 99 émet pareillement un soupçon à l'encontre d'une exigence qui peut sembler rien plus qu'anodine, celle qu'une pensée *possède un certain sens déterminé* :

> 99. Le sens de la proposition – aimerait-on dire – peut certes laisser ceci ou cela ouvert, mais la proposition doit néanmoins avoir *un* sens déterminé.

De même, le paragraphe 465, qui clôt la séquence nommément consacrée au problème de l'intentionalité, met en cause l'idée d'harmonie par laquelle cette séquence s'était ouverte, à savoir l'idée selon laquelle

> 465. L'attente est ainsi faite que, quoi qu'il arrive, il faut que cela s'accorde ou ne s'accorde pas avec elle.

Enfin, à y regarder de plus près, le truisme grammatical énoncé au paragraphe 458 n'explicite nullement l'idée que l'ordre prescrit les modalités de son exécution éventuelle, mais seulement le noyau de vérité condensé dans la formule d'après laquelle « L'ordre ordonne sa propre exécution ».

Force est donc d'admettre qu'aux yeux de Wittgenstein la conception exprimée au paragraphe 437 est déjà, *en l'état*, et sans qu'il soit besoin de lui faire dire plus qu'elle ne dit, *lourde de présupposés philosophiques*. Il faut donc bien plutôt réinterpréter, à l'inverse, les paragraphes 97 et 461 à l'aune des paragraphes 99 et 437 : faire valoir l'exigence d'harmonie, soit l'exigence de la détermination du sens, c'est déjà postuler, sous une forme ou sous une autre, l'*équivalent* d'objets simples, l'*équivalent* d'un « être d'ombre » à titre de corrélat intentionnel, etc.

En résumé, Wittgenstein rapporte le concept d'intentionalité à une conception logique erronée, dont le réquisit de la détermination du sens résume à lui seul la teneur. On a avancé ci-dessus que ce réquisit était intenable dans la mesure où il engageait une réification du sens. En quoi est-ce le cas ? Et en quoi le sens n'est-il pas ainsi réifiable ? Pour répondre à la première de ces deux questions, il faut revenir sur ce réquisit tel qu'il est formulé dans le *Tractatus*.

Le réquisit tractatuséen de la détermination du sens est un réquisit à deux faces : il est requis de toute pensée digne de ce nom, premièrement, qu'elle soit articulée d'une certaine façon déterminée (*TLP*, 3.251), c'est-à-dire qu'elle possède une certaine « forme de la dépiction » ; deuxièmement, qu'elle possède un certain lieu déterminé au sein d'un espace logique

(*TLP*, 3.4), c'est-à-dire qu'elle possède une certaine « multiplicité logique », autrement dit certaines « coordonnées logiques ». Ces deux réquisits sont eux-mêmes censés rendre intelligible la double capacité d'une pensée à être *fausse* (*i.e.* à penser ce qui n'est pas au sens de ce qui *de fait n'est pas*) et à être *niée* (*i.e.* à faire l'objet d'une négation qui pense ce qui n'est pas au sens où elle pense quelque chose *comme n'étant pas*). Bref, ils sont censés résoudre un double mystère : l'aporie du faux (qu'on puisse dire *ce qui* (de fait) *n'est pas*) et l'aporie de la négation (qu'on puisse dire *comment* les choses *ne* sont *pas*).

En premier lieu, il est montré dans le *Tractatus* qu'il s'agit bien là des deux versants d'une seule et même capacité. D'une part, penser ce qui n'est pas au sens de penser ce qui de fait n'est pas ne diffère de ne rien penser (*i.e.* de ne pas penser du tout) que si penser ce qui n'est pas au sens de penser quelque chose comme n'étant pas diffère lui-même de ne rien penser (*i.e.* de ne pas penser du tout) et inversement. D'autre part, la possibilité pour une pensée d'être fausse sans être *ipso facto* dépourvue de sens (ou pourvue de sens sans être *ipso facto* vraie) ne doit ni plus ni moins impliquer l'impossibilité pour une pensée vraie de se rapporter directement à la réalité, que la possibilité pour une pensée d'être niée sans pour autant être *ipso facto* dépourvue de sens (ou d'être pourvue de sens sans être *ipso facto* affirmée), ne doit impliquer l'impossibilité pour une négation de se rapporter à la réalité sans passer par l'affirmation correspondante. Les deux apories ne sont que deux manières de décliner une seule et même aporie, qui n'est autre que l'aporie de l'intentionalité : il faut qu'une pensée puisse avoir un sens indépendamment du fait d'être vraie ou fausse et néanmoins ne pas rester en deçà de la réalité dans le cas où elle est vraie.

En second lieu, il y est montré que cette capacité a pour condition d'intelligibilité la détermination du sens, dans la mesure où ce qui est pensé, *même ou surtout s'il doit s'avérer faux ou être nié*, doit *être au moins concevable*. Une pensée ne

peut être fausse que si elle *aurait pu* être vraie et si ce qui l'aurait
ainsi rendue vraie, à défaut d'être le cas, est déterminé ; de même
une pensée ne peut nier quelque chose que si ce dont elle nie que
cela soit le cas *aurait pu* être affirmé comme étant le cas et si ce
qui aurait ainsi pu être affirmé, à défaut de l'être, est déterminé.
En un mot, on ne peut penser ce qui n'est pas, au double sens de
penser ce qui de fait n'est pas et de penser quelque chose comme
n'étant pas, que si ce qui n'est pas, en un ou l'autre de ces deux
sens, a néanmoins un sens déterminé.

La solution du *Tractatus* consiste à considérer toute pensée
comme l'image d'un état de choses, de telle sorte que ce qui est
pensé, à défaut d'être le cas (respectivement d'être affirmé), soit
néanmoins *exactement aussi déterminé* que l'état de choses qui
aurait pu être le cas (respectivement être affirmé), sans pour
autant coïncider avec lui :

> 4.031 – Dans la proposition, les éléments d'une situation sont
> pour ainsi dire assemblés à titre d'essai.
> On peut directement dire, au lieu de : cette proposition a tel ou tel
> sens, cette proposition dépeint telle ou telle situation.
> 4.04 – Dans la proposition, il doit y avoir exactement autant
> d'éléments distincts que dans la situation qu'elle figure.

La proposition montre donc ce qu'il en est si elle est vraie, et
dit qu'il en est ainsi (*TLP*, 4.022). Le problème de la négation
a ici valeur de pierre de touche : le résoudre, c'est résoudre le
problème de l'intentionalité. Comme le souligne E. Anscombe,

> il est clair qu'il faut transmettre *quelle* situation on dit ne pas
> exister, et cela ne pourra être transmis, précisément, que par
> l'image dépeignant cette situation. Aucune autre *image* ne fera
> l'affaire : on ne peut pas, par exemple, faire une *image* de ce que la
> situation *n'*existe *pas*[1].

---

1. E. Anscombe, *An Introduction to Wittgenstein's* Tractatus. *Themes in the
Philosophy of Wittgenstein* (1959), London, Hutchinson, 1971, p. 69.

Or, ce qui est faux ne doit pas moins être clair que ce qui est nié. Il revient au même pour la proposition-image d'avoir un sens, c'est-à-dire de dépeindre ce qu'elle dépeint, indépendamment du fait d'être vraie ou fausse (*TLP*, 2.22 et 2.221) et d'être essentiellement bipolaire ou réversible, c'est-à-dire de pouvoir être utilisée selon l'une ou l'autre de deux directions inverses, à savoir soit pour dire que « ceci est la manière dont les choses sont » soit pour dire que « ceci est la manière dont les choses ne sont pas », le « ceci » en question étant le même dans les deux cas (*TLP*, 4.0621).

Le ceci en quoi consiste la proposition-image est un *fait*, à savoir le fait que les éléments de l'image, correpondant aux éléments de la réalité, se tiennent dans un rapport déterminé (*TLP*, 2.14) : c'est le fait qu'ils se tiennent dans un rapport déterminé qui dépeint le fait que les choses se tiennent dans ce même rapport (*TLP*, 2.15). Le principe de cette conception est que les relations ne peuvent pas être nommées : à la différence de « *a* » et « *b* », « *R* » n'est pas un symbole dans « *aRb* » ; c'est le fait que les noms « *a* » et « *b* » se tiennent dans cette relation spatiale, qu'ils soient arrangés *ainsi*, qui symbolise le fait que les objets qu'ils nomment entretiennent la relation *R*, *i.e.* qu'ils sont *ainsi* arrangés (*TLP*, 3.1432). Ainsi, *rien* ne tient ensemble les noms. Ceux-ci, du reste, ne sont pas assignés à des objets avant d'entrer dans des arrangements (ce ne sont pas des étiquettes). Les symboles (partant, les pensées) n'étant plus conçus comme des complexes mais comme des faits, on ne dira pas que sont possibles tous les symboles qui sont permis, mais au contraire que sont permis tous les sym-boles qui en sont (*TLP*, 5.473 ; 5.4733). Le sens n'admet ni qu'on le nomme, ni qu'on légifère sur lui. Le *Tractatus* inva-lide toute réification du sens en invalidant toute réification du symbolisme.

Il la reconduit cependant par un autre biais, et il fait derechef du sens un « être d'ombre », pour autant qu'il en fait (dans les termes de *RP*, § 461) le *thème* d'un fait, à savoir un *lieu logique*

(*TLP*, 3.4). Les objets simples, désignés par les noms simples en la concaténation desquels s'analyse ultimement toute proposition, en sont les coordonnées logiques.

C'est bien l'assignation de coordonnées logiques uniques à toute pensée qui constitue la cible première des paragraphes 428-465 des *Recherches*. C'est le noyau même de l'idée d'intentionalité. Il revient au même, en effet, de requérir la détermination du sens et de requérir la possibilité des signes simples (*TLP*, 3.23). S'il n'y avait pas d'objets simples, le sens d'une proposition ne serait pas déterminé puisqu'il pourrait dépendre de la vérité d'une autre (*TLP*, 2.0211), et le possible ne serait pas arrimé à la réalité. *Il faut* donc que ce qui est *seulement* possible soit du moins aux *dimensions* de la réalité :

> Mais ne peut-on imaginer un objet complètement différent de tout objet existant ? » – Nous serions enclins à répondre : « Non ; les éléments, les individus, eux, doivent exister. Si le rouge, la rondeur, et la douceur n'existaient pas, nous ne pourrions pas les imaginer. (*BlB*, trad. fr., p. 76)

Au total, le sens est donc réifié au double sens où il est assigné à un lieu logique invariant et où la complexité de ce lieu présuppose l'existence d'objets simples constituant les dimensions de l'espace logique sur lequel le sens est reporté. Or, d'après les *Recherches*, non seulement le lieu logique d'une pensée ne peut pas être ainsi fixé, mais il ne va pas de soi qu'il y ait ne serait-ce qu'un sens à lui en assigner un.

Premièrement, les dimensions de l'espace logique sur lequel le sens est reporté, donc finalement le sens lui-même, varient avec le contexte. Non seulement le sens ne saurait incorporer la liste des états de choses qui sont susceptibles de le rendre vrai, mais il ne saurait pas même en incorporer les prototypes, comme l'avait soutenu le *Tractatus*.

La théorie des prototypes lève la menace que la généralité des propositions du langage ordinaire (comme « le livre est sur la table ») semble faire peser sur la détermination du sens de ces propositions, du fait de l'indétermination qu'elle semble induire. On peut résumer cette menace ainsi :

> Si la proposition « le livre est sur la table » a un sens clair, il faut alors, quel que soit l'événement, que je puisse dire si la proposition est vraie ou fausse. Mais il pourrait se présenter des *cas* pour lesquels je ne sache dire d'emblée si l'on peut désigner le livre comme « étant sur la table ». Qu'en conclure ? (*TB*, 20/06/1915, trad. fr., p. 131)
>
> Je dis à quelqu'un : « la montre est posée sur la table », et lui : « oui, mais si elle était placée de telle et telle manière, dirais-tu encore qu'elle « est posée sur la table » ? » – et me voilà hésitant. Cela montre que je ne savais pas ce que je voulais dire *en général* par « être posé sur ». (*TB*, 20/06/1915, trad. fr., p. 135)

La menace tient à l'impossibilité d'*anticiper* la *liste* des états de choses susceptibles de vérifier la proposition. Elle est levée par la théorie tractatuséenne des prototypes. Le principe en est le suivant : une proposition générale comme « le livre est sur la table » peut être déterminée dans son sens sans pour autant dresser la liste de ses cas particuliers dans la mesure où, contenant à titre de *variables* les prototypes de ses cas particuliers, elle peut ainsi y faire allusion sans avoir à les mentionner un à un.

Le sens d'une pensée constitue une condition *pour que* les choses soient comme elles sont dites être, *i.e.* une condition au sens d'une exigence (allemand *Bedingung*). Mais par ailleurs, une pensée est vraie quand les choses se trouvent dans une certaine condition (allemand *Umstand*). Comme l'a montré Charles Travis, assigner à une pensée un sens déterminé, *i.e.* des coordonnées logiques invariantes, revient à *quasiment* incorporer, à la norme imposée par le sens de cette pensée, les états de choses susceptibles de la satisfaire (autrement dit à incorporer à une condition au sens de *Bedingung*, sinon une *liste*, en tout cas des *variables* de conditions au sens d'*Umstände*)[1]. Cette incorporation ne saurait être littérale, sans quoi l'erreur cesserait d'être possible. Mais tout se passe comme s'il fallait qu'elle soit *aussi près que possible d'être littérale*, sa simple *quasi*-littéralité n'étant pour ainsi dire qu'une concession :

> Si ce n'était pas trop absurde, nous dirions que ce fait dont nous souhaitons qu'il ait lieu doit être présent dans notre souhait. Car, comment pouvons-nous souhaiter que *ceci précisément* ait lieu, si ceci précisément n'est pas présent dans notre souhait? (*BlB*, trad. fr., p. 84)

On voudrait pouvoir *montrer du doigt* ce que l'on souhaite. Ce qui prouve que c'est une illusion, c'est que le sens de mon souhait n'est pas nécessairement plus facile à spécifier une fois qu'il a été satisfait qu'avant[2].

En réalité, pour que le sens d'une pensée puisse contenir des prototypes des états de choses susceptibles de la vérifier, il faudrait que la seule spécification des significations des mots qui composent son énoncé, jointe au constat de ce qui est ou n'est pas le cas, suffise à décider si elle est vraie ou non, bref que l'exigence portée par l'énoncé n'admette pas de compréhensions rivales. L'idée d'intentionalité est l'idée d'une *flèche en pensée* qui, à la différence des flèches ordinaires, vouées à l'indétermination par leur inertie, ne pourrait être comprise que d'une seule manière, et rendrait ainsi possible la compréhension des flèches au sens ordinaire, à commencer par celle des panneaux indicateurs (*RP*, § 430-432).

Or, l'un des objets de la seconde discussion sur les règles (*RP*, § 138-201) est précisément de montrer que l'incorporation de conditions au sens d'états de choses dans une condition au

---

1. *Cf.* C. Travis, *Les liaisons ordinaires, Wittgenstein sur la pensée et le monde*, *op. cit.*
2. Cf. *BlB*, trad. fr., p. 85.

sens d'exigence est impossible, le contexte contribuant à chaque fois à déterminer quels états de choses répondent à l'exigence du sens et même la teneur même de cette exigence.

L'étiquetage de la normativité du sens par une flèche en pensée et la relégation des flèches ordinaires, taxées d'inertie, en dehors de la sphère de la normativité, sont l'envers et l'endroit d'une seule et même erreur : il revient au même de s'imaginer que la pensée est dirigée comme une flèche sur ce qui la rend vraie et de s'imaginer que les flèches au sens ordinaire, considérées en elles-mêmes, ne sont dirigées sur rien [1].

Le non-sens latent selon lequel toute pensée serait dirigée sur les états de choses susceptibles de la vérifier sera démasqué grâce à cela même par quoi il s'est insinué, à savoir la possibilité du faux, en rétablissant la symétrie entre l'être et le non-être. Car il n'y a ni plus ni moins de sens à dire qu'un ordre ordonne ce qui l'exécutera qu'à dire qu'il ordonne ce qui ne l'exécutera pas (*RP*, § 461) ; ni plus ni moins de sens à dire qu'on ne peut constater l'absence de rouge si on ne s'attendait pas à la présence de rouge qu'à dire qu'on ne peut constater la présence de rouge si on ne s'attendait pas à l'absence de rouge (*RP*, § 448) ; ni plus ni moins de sens à dire qu'on cherche là où on trouvera qu'à dire qu'on cherche là où on ne trouvera pas (*RP*, § 462).

De ce point de vue, une proposition est comparable à une peinture de genre plutôt qu'à un portrait (*RP*, § 522)[2]. Son sens est lisible, dans un contexte donné, à même sa surface (*RP*, § 523), sans qu'il soit ni nécessaire ni possible de la traverser en direction d'une classe d'états de choses aux dimensions desquels elle aurait à coller. De même, ce qui est attendu est lisible dans l'expression de l'attente sans qu'il y ait lieu d'en sortir (*RP*, § 452).

---

1. *Cf.* J. McDowell, « Intentionality and Interiority in Wittgenstein », dans *Mind, Value, Reality*, *op. cit.*, p. 308.

2. *Cf.* sur ce point le commentaire de C. Travis, *op. cit.*, p. 156.

L'existence du rouge qui est requise si l'on doit pouvoir envisager que quelque chose soit rouge n'est pas à entendre comme celle d'un objet simple indestructible constituant l'une des dimensions d'un espace logique invariant, mais comme celle d'un paradigme de ce qu'il y a du sens à dire, paradigme qui varie avec le contexte (*RP*, § 50). Les dimensions du sens ne sauraient être étiquetées comme elles le sont encore dans le *Tractatus*.

De ce qui précède, il suit que les sens des mots qui composent (par exemple) l'énoncé d'une promesse ne sauraient fixer à eux seuls, c'est-à-dire indépendamment du contexte dans lequel elle a été faite et de notre appréciation de celui-ci, ce qui compte comme le fait de tenir *cette* promesse-ci, faite dans *ce* contexte-ci. À s'en tenir là, il n'en demeurerait pas moins que les sens des mots qui composent l'énoncé d'une promesse, joints au contexte dans laquelle elle est faite et à notre appréciation de celui-ci, fixeraient d'avance ce qui compte comme le fait de tenir *cette* promesse, faite dans *ce* contexte-ci. Or, rien n'est moins sûr : il se pourrait que ce qui compte comme le fait de tenir une promesse ne soit rien d'autre que ce qui est *reconnu* par nous, *y compris après coup*, *comme* le fait de la tenir, autrement dit que ce qui tient *de facto* la promesse ne soit pas moins rétrospectivement paradigmatique de l'exigence qu'elle portait sur le futur que cette exigence elle-même[1].

Ce qui empêche de l'admettre, c'est le spectre de la conception causaliste de l'intentionalité. Considérée en elle-même, cette conception se laisse facilement réfuter : ce qui met un terme à mon souhait de manger une pomme (un coup sur

---

1. Ainsi, dans *Cookies' Fortune*, le film de Robert Altman, la promesse de ne pas révéler le déguisement d'un suicide en meurtre (pour éviter l'opprobre du premier) est tenue au prix de l'inculpation pour meurtre de celle à qui cette promesse a été faite. La promesse est honorée en trahissant celle à qui elle a été faite. Elle ressemble à ces prédictions qu'on trouve dans les « fortune cookies » et qui ne sont intelligibles qu'une fois réalisées.

l'estomac par exemple), et en ce sens *me* satisfait, ne réalise pas pour autant mon souhait, *i.e.* ne *le* satisfait pas pour autant[1] ; tandis qu'inversement mon souhait peut être satisfait sans que je le sois[2]. Mais ce qui retient Wittgenstein, c'est bien moins cette conception elle-même que la manière dont la conception intentionaliste en dérive dans la mesure même où elle en prend l'exact contre-pied. On pourrait dire que la conception intentionaliste emprunte à la fois trop et trop peu à la conception causaliste. Trop : elle en sublime – et donc en reconduit – l'idiome, à savoir celui de la « non-satisfaction » et de la « satisfaction » (*RP*, § 438). Trop peu : elle en méconnaît la profondeur propre, qui consiste à retourner contre l'intentionalisme la devise même de l'intentionalisme, à savoir « Dis-moi *comment* tu cherches et je te dirai *ce que* tu cherches » (*PB*, § 27).

D'un côté, en effet, le contraste entre saliver et attendre (ou souhaiter) est ramené *à une distinction entre deux acceptions de la satisfaction ou du remplissement*, à savoir une acception causale et une acception normative (comme dans *PB*, § 29, § 34), à peu près comme si le contraste entre être debout et être couché était ramené à une distinction entre deux manières d'être debout, bref comme si ce contraste n'attestait pas bien plutôt que les mots « satisfaction » ou « remplissement » sont, *à la lettre, impropres* appliqués à l'attente (ou au souhait)[3], sauf précisément à voir leur grammaire étendue dans une nouvelle direction (à peu près comme quand la grammaire du mot « solution » est étendue de telle manière qu'une équation qui n'a pas de solution puisse être dite en avoir, mais « imaginaires »[4].

D'un autre côté, le spectre que fait peser sur l'analyse de l'intentionalité la répudiation causaliste de la distinction entre

1. Cf. *PB*, § 22.
2. Cf. *RP*, § 440 ; *BlB*, trad. fr., p. 63.
3. Cf. *RP*, § 440-441.
4. Cf. *BlB*, trad. fr., p. 73 *sq*.

critères et symptômes de remplissement, à savoir le spectre du
non-sens (il serait possible d'attendre un non-sens, comme si on
mesurait une taille avec une balance)[1] ou encore du malentendu
(il serait possible de voir son attente comblée sur un malentendu,
comme si le constat d'un certain poids comblait l'attente d'une
certaine taille parce que l'objet ayant ce poids se trouve avoir la
taille en question), accule à la réification de ces critères en autant
de dimensions d'un espace logique. Tout se passe en effet
comme si le spectre de telles aberrations logiques ne pouvait être
conjuré qu'à condition d'admettre que « la quête présuppose
que je sais après quoi je cherche » (*PB*, § 28), au sens où elle
présuppose, sinon « l'existence des éléments du complexe »
recherché, du moins « l'application grammaticalement correcte
de certains mots ». Que les dimensions soient données par
des objets simples (comme dans le *Tractatus*) ou par des paradigmes tributaires du contexte (comme dans les *Remarques
Philosophiques*), dans les deux cas elles sont fixées d'avance (au
mieux, une fois le contexte lui-même fixé) de façon à assurer la
délinéation sans faille du sens.

Le sens est alors par définition *ce qui est tel qu'on s'y est
toujours déjà préparé* : penser, c'est viser ou se focaliser sur, car
c'est s'attendre à[2]. On raisonne *a contrario*, c'est-à-dire *a priori* :
si, quand je constate que je ne vois que du noir, le sens qu'il y a à
dire que « ce que je vois n'est pas rouge » *n'était pas* déjà *inclus*,
celui qu'il y à dire que « ce que je vois n'est pas mou » *n'était pas*
déjà *exclu*, saurais-je *en rien ce que cela veut dire* que de dire « je
ne vois que du noir », y aurait-il la moindre différence entre ne
voir que du noir et ne pas voir du tout[3] ? De ce qu'il y a une
différence de nature entre sens et non-sens, *i.e.* de ce qu'il n'y a

---

1. Cf. *PB*, § 33.
2. Cf. *PB*, § 33, § 35.
3. Cf. *PB*, § 39.

pas de degrés dans le non-sens, on conclut qu'il ne saurait y en avoir dans la *délinéation* du sens[1].

Or, c'est méconnaître que la manière de chercher n'est pas seulement paradigmatique de ce qui est cherché au sens où rien ne pourrait être trouvé qui ne se conforme à l'exigence qu'elle définit, mais encore au sens où la manière de chercher est toujours aussi elle-même trouvée (comme en mathématiques, où l'on peut avoir le sentiment que *rien* n'est trouvé, y compris la solution, ou alternativement que *tout* est trouvé, y compris la méthode pour chercher). Il ne s'agit pas simplement de rappeler qu'on ne peut pas trouver ce qu'on cherchait sans trouver en même temps plus ou autre chose que ce qu'on cherchait[2], mais de suggérer que trouver ce qu'on cherchait c'est toujours aussi trouver la manière de le trouver, donc aussi la manière de le chercher[3], de sorte qu'il n'est tout simplement pas vrai qu'on ne puisse chercher sans savoir *où* chercher, ou du moins que *là où* on cherche puisse être réifié en un lieu logique :

> 463. Est-ce *lui* que tu cherchais ? Tu ne pouvais pourtant pas savoir s'il était là ! » – Ce problème se pose *vraiment* quand on cherche quelque chose en mathématiques. On peut, par exemple, poser la question suivante : comment était-il seulement possible de *chercher* la trisection de l'angle ?

Wittgenstein remarque ailleurs que le fait qu'en mathématiques on ne sache ce que l'on cherchait qu'après l'avoir trouvé, le sens de ce qui est prouvé résidant dans la preuve,

---

1. Cf. *RP*, § 99.

2. Comme l'établit par exemple V. Descombes dans *Les institutions du sens, op. cit.*

3. Cette dernière thèse fait toute l'originalité de l'ouvrage de J. Benoist, *Les limites de l'intentionalité, Recherches phénoménologiques et analytiques*, Paris, Vrin, 2005. Voir également, du même auteur, « Seeking and Finding. Intentionality as an Internal and an External Relation », *Synthesis Philosophica*, 40, 2, 2005.

rétablit dans ses droits l'idée, associée à la conception causaliste de l'intentionalité, qu'un souhait apprend son sens de ce qui le satisfait[1]. L'erreur du causaliste est d'emprunter à l'intentionalisme le modèle de la visée, ce qui l'accule à penser toute rétrospection comme une rétroaction. Ce qui prouve que le sens n'est pas déterminé au sens requis par le modèle de la visée, c'est que s'il l'était, ce qui se donne comme une spécification rétrospective de ce que l'on voulait dire à l'aune d'une question qui, jusqu'ici, *ne se posait pas du tout*, ne pourrait se donner que comme une modification rétroactive de ce qu'on voulait dire.

Finalement, en dépit ou grâce à son minimalisme, le truisme grammatical du paragraphe 458 dit donc tout ce qui peut l'être. L'idée d'harmonie est soit vide soit dénuée de sens.

Jean-Philippe NARBOUX

---

1. *Cf.* le manuscrit *MS* 163 p. 108, cité dans Hacker, *op. cit.*, p. 141.

CHAPITRE X

LA VOLONTÉ N'EST-ELLE
QU'UNE EXPÉRIENCE ?
§ 611-628

La conception «naturelle» de la volonté considère cette faculté comme quelque chose de libre, d'actif : comme un principe de détermination de l'action qui est en notre pouvoir d'une part, qui est efficace et peut influer sur le cours des choses d'autre part. Une telle approche repose sur une conception dualiste de l'être humain comme composé d'un corps mais aussi d'un esprit qui commande à ce corps : pour que l'action soit réussie, il faut simplement que la volonté parvienne à surmonter la résistance que lui impose la matière. Pourtant, cette tentation philosophique relative à la nature de la volonté n'est pas la seule possible. Il existe en effet une tentation strictement inverse, une conception empiriste de la volonté que l'on peut résumer de la façon suivante : «[o]n aimerait dire : "le vouloir aussi n'est qu'une expérience"» (*RP*, § 611). Comme le faisait déjà remarquer Wittgenstein dans un manuscrit de 1936, la philosophie se trouve donc face à un dilemme entre deux conceptions contraires et cependant également tentantes de la volonté :

> On trouve ici un curieux conflit entre deux idées : on aimerait dire « la volonté n'est pas une expérience » et – « mais la volonté n'est

qu'une expérience ». Que signifient en général ces deux énoncés,
et pourquoi a-t-on envie de les proférer tous les deux [1] ?

C'est le conflit entre ces deux tentations que vont tenter
de résoudre les paragraphes 611 et suivants des *Recherches
philosophiques*. Qu'est-ce qui est impliqué par la thèse selon
laquelle le vouloir n'est qu'une expérience, et qui pourrait bien
être le locuteur implicitement désigné par Wittgenstein avec ces
guillemets ? S'agit-il de William James ? Cette assertion renvoie-
t-elle aux conceptions défendues par Wittgenstein lui-même
dans le *Tractatus logico-philosophicus* ? Pour le savoir, nous
essaierons de démêler ces deux thèses et la façon dont elles
s'entrecroisent. Nous verrons que toutes deux reposent, selon
Wittgenstein, sur des présupposés qui ne sont pas infondés en
eux-mêmes mais qui peuvent devenir égarants quand leur signification réelle est mal comprise. Nous nous demanderons alors
comment renvoyer dos-à-dos ces deux approches en ramenant
les questions relatives à la volonté du terrain métaphysique vers
le terrain grammatical.

La volonté est-elle une expérience ?

Wittgenstein cherche ici à identifier les implications réelles
de l'approche empiriste de la volonté. Or une expérience est
quelque chose de passif qui relève de la sensibilité. Affirmer,
comme le fait l'empiriste, que la volonté n'est qu'une expérience, c'est donc avant tout souligner le caractère essentiellement passif de cette faculté : c'est dire que la volonté ne se

---

1. Wittgenstein, *Eine philosophische Betrachtung*, dans *Schriften*, Frankfurt,
R. Rhees (ed.), vol. 5, 1970; cité par S. Candlish dans «*Das wollen ist auch
nur eine Erfahrung*», dans R. L. Arrington et H.-J. Glock (dir.), *Wittgenstein's
Philosophical Investigations*, London, Routledge, 1991.

distingue pas des autres vécus, des autres représentations. L'une des principales conséquences d'une telle approche est la remise en cause de la conception traditionnelle de la volonté comme cause des actions volontaires. En effet, si l'empiriste a raison, alors il n'y a pas même de sens à demander si la volonté est ou non cause de l'action. La volonté comprise comme simple vécu devra plutôt être appréhendée comme une sorte de corrélat subjectif de l'acte, corrélat qui est ici désigné par l'expression de « sensation kinesthésique » :

> Que reste-t-il quand je soustrais le fait que mon bras se lève du fait que je lève le bras ?
> (Les sensations kinesthésiques sont-elles donc mon vouloir ?).
> (*RP*, § 621)

Les sensations kinesthésiques sont toutes ces sensations qui relèvent de la proprioception, c'est-à-dire de la perception que l'on peut avoir de soi-même et de son propre corps. Or cette idée selon laquelle la volonté pourrait n'être rien d'autre que l'ensemble des sensations kinesthésiques corrélatives de l'action correspond très exactement à l'approche défendue par William James dans ses *Principles of Psychology*. James affirme en effet qu'il est impossible de vouloir en l'absence de sensations et de perceptions, et il s'oppose en ce sens à la conception causaliste de la volonté à laquelle il substitue une conception que l'on qualifie en général d'idéo-motrice :

> Ma thèse première est par conséquent (…) que dans les actes volontaires parfaitement simples il ne se trouve rien d'autre, dans l'esprit, que l'idée kinesthésique, ainsi définie, de ce que l'acte doit être [1].

---

1. W. James, *The Principles of Psychology*, London, MacMillan, 1901, vol. 2, chap. XXVI.

L'«idée kinesthésique» dont il s'agit ici est une trace mnésique de certaines expériences de mouvement, et elle constitue l'intégralité de la volition. Désormais, la seule expérience que nous avons des phénomènes volontaires est celle de cette sensation kinesthésique immédiatement suivie d'action. Comment une telle sensation peut-elle provoquer l'action, c'est là en revanche quelque chose que l'introspection ne saurait nous apprendre.

L'expérience que convoque Wittgenstein pour illustrer ce point est à son tour une expérience jamesienne[1] : il s'agit du cas où l'on croise les doigts de telle sorte que l'on se trouve dans l'impossibilité de vouloir les bouger avant qu'on ne nous les touche. Dans une telle situation, en effet, ce qui m'est impossible n'est pas seulement de *bouger* les doigts mais de *vouloir* les bouger :

> On pourrait décrire cette expérience ainsi : Nous ne sommes pas en état de *vouloir* bouger les doigts. (*RP*, § 617)

L'empiriste en conclut que je ne peux donc pas vouloir avant l'action, que je ne peux pas vouloir *a priori* :

> L'expérience montre qu'en ce cas, le doigt est pour ainsi dire paralysé avant que nous ne sentions qu'on le touche. Mais cela, on ne peut pas s'en rendre compte *a priori*. (*ibid.*)

En d'autres termes, la volonté n'est pas une cause de l'action comme le voudrait la conception réaliste ou volontariste, elle lui est contemporaine. Cette expérience peut d'ailleurs être comparée à d'autres expériences de type jamesien auxquelles se réfère

---

1. *Cf.* W. James, *op.cit.*, « En réalité, il y a certains cas où le mouvement ne saurait pas même être excité correctement en l'absence de l'impression kinesthésique. Ainsi, le Dr. Strümpell rapporte la façon dont le fait de tourner la main du petit garçon le conduisait à plier le petit doigt au lieu de plier l'index comme on le lui ordonnait ».

parfois Wittgenstein et qui sont également destinées à montrer que la volonté émerge en même temps que l'action. On mentionnera notamment ce passage ultérieur des *Recherches* dans lequel Wittgenstein se réfère explicitement à James en examinant ce qui se produit quand j'ai un mot sur le bout de la langue (*RP*, p. 308) : dans ce cas de vouloir-dire comme dans le cas du vouloir en général, on découvre ce que l'on voulait dire au moment où on le dit en effet. Là encore, le vouloir ne cause pas l'action mais l'accompagne [1].

VOLONTÉ ET ACTION

Selon l'empirisme, donc, la volonté n'est pas la cause des actions volontaires. Mais cette conception de la volonté comme expérience est plus radicale encore : peu importe que la volonté soit ou ne soit pas le principe des actions volontaires, puisqu'elle n'est de toute façon pas elle-même quelque chose de volontaire. Soit la dichotomie traditionnellement établie entre les actions d'une part, les passions au sens large de l'autre – c'est-à-dire l'ensemble des vécus et des impressions : alors dire que le vouloir lui aussi n'est qu'une expérience, c'est dire qu'il est du côté des passions et non des actions. Une action est en effet quelque chose dont on est soi-même l'auteur, dont on peut être tenu pour responsable :

> [C]'est ici le domaine dans lequel nous disons (…) qu'il ne nous arrive pas simplement quelque chose, mais que nous *faisons* quelque chose. (*RP*, § 612)

---

1. On pourra également rappeler ce célèbre exemple de James que Wittgenstein commente dans *Le cahier brun*, exemple qui nous décrit un homme ayant du mal à se lever un matin d'hiver, et dont la volonté de se lever n'est réelle qu'une fois l'homme effectivement sorti du lit (*BrB*, trad. fr., p. 237).

Mais si le vouloir n'est qu'une expérience, alors il est au contraire quelque chose qui « nous arrive », quelque chose qui s'impose à nous de l'extérieur : « Il vient quand il vient, et je ne peux pas le provoquer » (*RP*, § 611, p. 226). Par conséquent, il ne saurait être présenté comme une action : à l'instar des battements du cœur liés à une émotion, il relève plutôt de la catégorie des mouvements réflexes ou involontaires.

Il est d'ailleurs ici significatif que Wittgenstein traduise cette thèse dans un vocabulaire schopenhauerien (*RP*, § 611, p. 226 : « la "volonté" aussi n'est que "représentation" »). Le rapport entre l'idée de la volonté comme expérience et les thèses de Schopenhauer relatives à la volonté est en effet ambigu. À première vue, la position empiriste est en opposition directe avec la conception schopenhauerienne de la volonté comme chose en soi, volonté dont Schopenhauer affirme qu'elle n'est, à la différence des représentations, pas un phénomène[1]. Pourtant, parce qu'il faut bien que cette volonté ait un objet, la position schopenhauerienne elle-même implique la nécessité de poser un vouloir-vivre qui soit comme un miroir phénoménal de cette volonté en soi. C'est à l'égard de ce vouloir-vivre phénoménal que la position empiriste décrite ici finit par coïncider avec la position de Schopenhauer. En effet, il ne saurait y avoir d'autonomie pour cette volonté phénoménale : alors que la volonté comme chose en soi est un moteur immobile du type de celui qui est décrit au paragraphe 618 des *Recherches*, le vouloir-vivre est quant à lui toujours déterminé de l'extérieur par des motifs qui ne dépendent pas de lui. Ce sont ces considérations qui sont développées par Schopenhauer dans son *Essai sur le libre arbitre* : même à supposer que je puisse faire ce que je veux, le vrai problème reste

---

1. On peut considérer que c'est à ce refus schopenhauerien de présenter la volonté comme un phénomène qu'adhérait Wittgenstein dans ses *Carnets 1914-1916* lorsqu'il écrivait : « L'acte volontaire n'est pas une expérience » (*TB*, 9-11-16).

que je ne suis pas libre de vouloir ce que je veux[1]. En d'autres termes, le pouvoir de commander ne se commande pas. C'est à une conclusion analogue que nous conduit la conception empiriste : affirmer du vouloir qu'il « vient quand il vient », c'est appliquer à la volonté ce que Lichtenberg affirmait au sujet de la pensée : au lieu de dire « je veux » on devrait dire « ça veut », comme on dit au sujet de l'éclair que « ça luit » (« *es blitzet* »)[2].

IMPUISSANCE ET ALIÉNATION DE LA VOLONTÉ

Dans ces conditions, la seule expression d'« action volontaire » a-t-elle encore un sens ? La conception dont il est ici question soutient que la volonté est passive et diffère en cela des actions proprement dites : mais dire que la volonté est passive, c'est dire que la seule notion d'action est une notion vide. Le paradoxe de la conception empiriste est par conséquent qu'alors même que son insistance sur le caractère passif de la volonté repose sur une opposition entre actions et passions, elle nous conduit à vider de son sens cette seule opposition. De telles

1. *Cf.* A. Schopenhauer, *Essai sur le libre arbitre*, trad. fr. S. Reinach et D. Raymond, Paris, Rivages, 1992, p. 24 : « Le concept empirique de la liberté nous autorise à dire : "je suis libre, si je peux faire ce que je veux" ; mais ces mots "ce que je veux" présupposent déjà l'existence de la liberté morale. Or c'est précisément la *liberté du vouloir* qui est maintenant en question, et il faudrait en conséquence que le problème se posât comme suit : "Peux-tu aussi vouloir ce que tu veux ?" ».

2. Dans son « Essai sur le libre jeu de la volonté », dans Wittgenstein, *Leçons sur la liberté de la volonté*, Paris, PUF, 1998, p. 81 *sq.*, A. Soulez attire notre attention sur la proximité qui existe entre ces thèmes et les réflexions développées, au sein du Cercle de Vienne, par F. Waismann. Dans *Volonté et Motif*, trad. fr. Ch. Bonnet, Paris, PUF, 2000, Waismann conteste en effet la conception réaliste d'une volonté comme cause préexistante aux actions et il commente notamment un passage de *L'homme sans qualités* de Robert Musil dont il tire la conclusion suivante : « "Il veut en nous", pourrait-on dire », p. 253.

réflexions peuvent être mises en perspective avec les considérations du *Tractatus logico-philosophicus* qui insistaient sur un certain type d'impuissance de la volonté. Le premier Wittgenstein s'intéressait en effet à une volonté qualifiée de phénomène[1] qui n'est peut-être pas différente de celle dont on affirme ici qu'elle ne serait «qu'une expérience». Or cette volonté phénoménale s'avérait dépourvue de toute efficacité causale sur la réalité objective : le monde étant «indépendant de ma volonté» (*TLP*, 6.373), la croyance en la liberté et en l'efficacité de la volonté ne pouvait être qu'une simple superstition au même titre que la croyance dans le principe de causalité en général. En ce sens, il ne serait pas absurde de considérer que la conception empiriste de la volonté que Wittgenstein examine ici est aussi, sous un certain rapport, la conception qu'il défendait lui-même dans sa première philosophie.

Or ces considérations empiristes sur l'impuissance de la volonté semblent fatales aux principes de l'éthique : en affirmant que la volonté ne dépend pas de nous, on met l'accent sur une forme d'aliénation de la volonté qui n'est autre que cette expérience augustinienne de la velléité exprimée par la proposition «Ma volonté ne m'obéit pas» (*RP*, § 618); et si la volonté est aliénée, alors on ne saurait donner aucun sens à l'idée d'une liberté ou d'une responsabilité humaine. Pour échapper à ces conséquences sceptiques, ne pourrait-on pas être tenté de se rallier à la conception réaliste ou volontariste qui fait de la volonté une cause autonome de l'action ?

Pourtant, ce que montrent ici les analyses wittgensteiniennes, c'est qu'approche volontariste et approche empiriste nous reconduisent en dernière instance toutes deux à la même conclusion d'une aliénation de la volonté. En effet, quelle objection le volontarisme pourrait-il adresser à la conception

---

1. *TLP*, 6.423.

empiriste ? La réponse est suggérée au paragraphe 618 : il lui opposerait un schéma selon lequel la volonté commande au corps sans être elle-même commandée par quoi que ce soit :

> Ici, on se représente le sujet du vouloir comme une chose dépourvue de masse (d'inertie), comme un moteur qui n'a pas en lui-même d'inertie à surmonter. (*RP*, § 618)

Mais une telle image nous conduit pourtant à son tour à penser une nouvelle forme d'aliénation de la volonté, car le fait que la volonté n'ait pas à surmonter sa propre inertie n'ôte rien au fait qu'elle puisse être impuissante à surmonter l'inertie du corps :

> [O]n peut dire : « Je veux mais mon corps ne m'obéit pas » – mais non : « Ma volonté ne m'obéit pas ». (*ibid.*)

En cela, la conception volontariste ne fait que substituer à l'expérience augustinienne de la velléité cette expérience paulinienne du « Ce que je veux, je ne le pratique pas, mais ce que je hais, je le fais »[1]. Selon la conception empiriste, le sujet n'est pas libre de vouloir, selon la conception volontariste le sujet est libre de vouloir mais pas de réaliser l'objet de sa volonté. L'opposition entre conception empiriste et conception volontariste n'est pas une opposition entre aliénation et liberté de la volonté, mais une simple opposition entre deux types d'aliénation de la volonté.

« LE VOULOIR DOIT ÊTRE L'ACTION MÊME »

Dans ce passage, Wittgenstein montre donc comment conception empiriste et conception volontariste, tout en prétendant s'opposer l'une à l'autre, reposent finalement sur les mêmes présupposés et aboutissent aux mêmes conclusions. Dans les deux cas, on considère la volonté comme quelque chose de

---

1. *Épître aux Romains*, 7, 15.

différent de l'action : soit on la considère comme un souhait qui préexiste à l'action (volontarisme), soit on la considère comme un vécu qui accompagne l'action (empirisme). Et dans les deux cas, on aboutit à l'idée d'une impuissance de la volonté : soit parce que la volonté peut échouer à provoquer l'action (volontarisme), soit parce que la volonté échoue à se provoquer elle-même (empirisme). Ce problème disparaît quand on montre qu'au contraire volonté et action ne sont qu'un. C'est là ce que fait Wittgenstein en écrivant que :

> Le vouloir, s'il n'est pas réductible à une sorte de souhait, doit être l'action même. (*RP*, § 615)

Le souhait dont il s'agit ici désigne en effet une intention préexistant à l'action[1]. Insister sur la différence entre volonté et simple souhait, c'est donc s'accorder avec la conception empiriste de la volonté sur la nécessité de rejeter le schéma causaliste du rapport entre volonté et action. Pourtant, au lieu d'en conclure que la volonté n'est qu'un corrélat de l'action et d'être ainsi reconduit au même problème, il faudra en conclure que volonté et action sont une seule et même chose. Cette solution est en tout point comparable à celle qui était déjà développée au paragraphe 97 de la *Grammaire philosophique*. Comme il le fait dans le cas présent, Wittgenstein y examinait la thèse selon laquelle la volonté n'est qu'un phénomène ; et comme il le fait également ici, il se penchait en particulier sur la façon dont on pourrait reprocher à cette conception de ne pas rendre compte du caractère volontaire de l'action : l'agent ne saurait être un simple spectateur de son action[2]. Pourtant, la nécessité de répondre à cette

---

1. Et non pas comme c'est parfois le cas une intention non suivie d'action. Pour une caractérisation de la conception wittgensteinienne du souhait, cf. *RP*, § 437.

2. *PG*, § 97, p. 152 : « La volonté ne peut être un phénomène. Encore une fois, un phénomène est *seulement quelque chose qui se produit*, une chose que nous

objection n'exigeait pas, selon lui, que l'on se rallie à la conception volontariste. Wittgenstein soulignait bien plutôt le fait que conception volontariste et phénoméniste de la volonté, tout en s'opposant, reposent sur un postulat commun : celui selon lequel la volonté n'est pas l'action. Selon lui, au contraire, la volonté est tout entière contenue dans l'action, et ce au point de se confondre avec elle :

> Regarde ton bras et bouge-le ; tu ressentiras cela très profondément : « tu n'es pas en train d'observer comment il se meut, tu ne fais pas une expérience – ou rien qu'une expérience – tu *fais* quelque chose »[1].

C'est donc en montrant que la volonté *est* l'action que l'on renverra dos-à-dos empirisme et volontarisme. C'est une solution exactement analogue qui est développée dans ce passage des *Recherches*, et on peut alors comprendre cc que veut dire Wittgenstein lorsqu'il écrit que :

> Le *faire*, semble-t-il, ne possède pas lui-même le volume de l'expérience, il est comme un point sans extension, comme la pointe d'une épingle. Cette pointe est, semble-t-il, le véritable agent, et ce qui advient au niveau phénoménal n'est que la conséquence de ce faire. (*RP*, § 620)

Un tel passage ne peut qu'évoquer immédiatement la proposition 5.64 du *Tractatus logico-philosophicus* dans laquelle Wittgenstein écrivait que :

> Le je du solipsisme se réduit à un point sans extension, et il reste la réalité qui lui est coordonnée.

---

subissons, non pas une chose que nous faisons. La volonté n'est pas une chose que je vois se produire ; pour ainsi dire, elle consiste en ce que nous sommes dans l'action, en ce que nous sommes l'action ».

1. *PG*, § 97, p. 152.

Ainsi, nous avions suggéré qu'il n'était pas impossible de considérer cette critique menée par Wittgenstein de l'approche empiriste de la volonté comme une critique implicite des considérations du *Tractatus* relatives à la volonté phénoménale. Pourtant, il n'en reste pas moins que les conclusions que tire le philosophe de ses analyses se situent dans le parfait prolongement de celles du *Tractatus* relatives à la subjectivité en général[1]. Dans cet ouvrage, le sujet, centre et limite du monde, finissait en effet par disparaître entièrement de cet objet de sa représentation pour nous reconduire ainsi au réalisme pur, à un monde indépendant de tout sujet. De la même manière, ici, le vouloir est si bien immanent à l'action que le sujet de la volonté rétrécit jusqu'à devenir un point sans extension qui ne saurait pas même avoir l'expérience de sa propre volonté ou de sa propre action. La volonté n'est donc pas *expérience* de l'action : elle nous reconduit au contraire elle aussi au réalisme pur d'un agir indépendant de toute dimension phénoménale.

LES QUESTIONS RELATIVES À LA VOLONTÉ : UN ENSEMBLE DE FAUX PROBLÈMES

Cette mise en évidence du fait que la volonté n'est pas cause de l'action mais lui est identique suffit à dissoudre la question de l'aliénation de la volonté : car si la volonté est l'action « au sens habituel du mot » (*RP*, § 615), alors la volonté est en mon pouvoir au sens où le sont toutes les actions ordinaires. La question de savoir si la volonté peut échouer à se provoquer elle-même était donc un faux problème. Or cette solution peut être élargie et

---

1. Cette idée selon laquelle la volonté n'existe pas en dehors de l'acte était d'ailleurs déjà explicitement formulée par Wittgenstein dans ses *TB* (4-11-16) où il écrivait que « [n]ous ne pouvons par exemple nous représenter que nous aurions accompli un acte volontaire sans avoir décelé la trace de son accomplissement ».

appliquée à l'ensemble des problèmes philosophiques traditionnels relatifs à la volonté. Ainsi, la plupart des propositions de ce passage consistent en un examen de certaines expressions courantes relatives à la nature de la volonté dont on montre que, si elles ne sont pas nécessairement fautives en elles-mêmes, elles peuvent cependant nous induire en erreur sous l'effet de certaines images trompeuses. En particulier, cela s'applique à la question du déterminisme dont on montre qu'il repose sur notre tendance fallacieuse à penser le rapport entre volonté et action selon un schéma mécaniste :

> Mais cette idée repose sur une analogie trompeuse ; le lien causal semble établi par un mécanisme qui connecte deux parties d'une machine. Et cette connexion peut se défaire si le mécanisme se détraque. (*RP*, § 613)

Une telle image est tout à fait propre à nous plonger dans les perplexités du déterminisme en nous conduisant à nous interroger perpétuellement sur ce qui meut le moteur lui-même. Au contraire, une fois que l'on aura renoncé à cette image qui nous fascine, on pourra aussi renoncer à la question du déterminisme en montrant que le problème en question ne se pose même pas.

De la même manière, Wittgenstein montre que ce thème de l'impossibilité du « vouloir vouloir » qui obsède l'approche déterministe de la volonté est à son tour un faux problème. En effet, on a certainement raison d'affirmer que l'on ne peut pas vouloir la volonté elle-même, mais cette impossibilité ne repose ni sur des considérations psychologiques ni sur des considérations empiriques : la thèse selon laquelle on ne peut pas « vouloir vouloir » est une simple thèse grammaticale qui montre l'asymétrie qui existe entre l'usage du verbe « vouloir » et celui des verbes d'action. C'est pourquoi la seule idée d'un « vouloir vouloir » est un non-sens :

> Ce que je voulais dire était sans doute que je ne pouvais pas vouloir le vouloir, en d'autres termes que parler de vouloir vouloir n'a pas de sens. (*RP*, § 613)

Mais puisqu'il n'y a pas de sens à parler de « vouloir vouloir »,
alors il n'y a pas de sens à dire que l'on pourrait *essayer* de
vouloir, et donc pas non plus de sens à dire que l'on pourrait
échouer à vouloir. Dans ces conditions, on n'a plus aucune raison
de vivre cette impossibilité du « vouloir vouloir » comme la
marque d'une aliénation de type augustinien. Si l'idée du
« vouloir vouloir » est un non-sens, alors il n'y a que du vouloir et
celui-ci est toujours à disposition :

> [O]n pourrait dire : « Je peux vouloir à tout moment seulement
> dans la mesure où je ne peux jamais essayer de vouloir ». (*RP*,
> § 618)

Il suffit, pour résoudre les problèmes relatifs à la volonté, de
montrer que ce ne sont pas des problèmes du tout.

La volonté comme jeu de langage

Pourtant, il nous reste un dernier point à examiner : affirmer
comme le fait Wittgenstein qu'il n'y a pas de volonté en dehors
de l'action, et soutenir que toutes les autres questions relatives
à la volonté ne sont que de pseudo-questions, n'est-ce pas en
définitive nier la réalité de la volonté ? Nous allons voir pour
conclure comment au contraire Wittgenstein reconnaît bien une
réalité à la volonté, mais une réalité qui est d'ordre essentiellement grammatical. Montrer que les questions métaphysiques
relatives à la volonté naissent du seul langage, ce n'est en effet
pas nier qu'il y ait une volonté, mais c'est dire que cette volonté
est principalement jeu de langage. Ce que Wittgenstein reproche
vraiment à toutes les thèses courantes relatives à la volonté n'est
donc pas tellement leur fausseté intrinsèque : c'est plutôt le fait
qu'elles abordent cette question sous un angle biaisé, qu'elles en
font une question métaphysique et/ou psychologique alors qu'il
ne s'agit que d'une question grammaticale.

Dès lors, en quoi consiste ce jeu de langage propre à la volonté ? Pour le savoir, on peut ré-examiner par exemple la question de la différence que l'on est tenté d'établir entre actions volontaires et involontaires. Wittgenstein ne conteste pas la légitimité de cette distinction. Pourtant, la différence entre volontaire et involontaire n'est selon lui ni une différence psychologique, ni une différence morale ; elle ne tient pas non plus à la présence d'un processus interne de volition, d'un acte de la volonté qui causerait les actions. Cette différence tient bien plutôt aux règles respectives des différents jeux de langage possibles pour la description des actions, et c'est cela qui est visé au paragraphe 628 des *Recherches* où l'on peut lire que « [l]'absence d'étonnement caractérise le mouvement volontaire ». Il y a donc un jeu de langage de l'action involontaire : celui de la surprise, de l'imprévu, celui où l'agent n'est pas capable de décrire son action à l'avance, pas plus qu'il n'est capable d'en exposer les raisons. Ce jeu de langage s'oppose à un autre jeu : celui de l'action volontaire, qui est celui où l'agent peut prédire son action avant son événement, peut la justifier *a posteriori* et accepte d'en assumer la responsabilité. En ce sens, l'opposition entre volontaire et involontaire est bien une opposition entre deux jeux de langage. Or un jeu de langage, à son tour, n'a de sens qu'au sein d'une forme de vie. Le fait de caractériser la volonté de façon grammaticale permet donc de réinscrire ce questionnement dans une problématique d'ordre social : il se pourrait que la vraie différence entre comportements volontaires et involontaires tienne aux circonstances dans lesquelles une communauté d'individus est disposée à reconnaître les agents comme responsables de leurs actions. La question de la volonté quitte ici véritablement le domaine éthéré de la métaphysique pour revenir sur le sol raboteux du monde ordinaire.

Sabine PLAUD

CHAPITRE XI

EXPRIMER OU DÉCRIRE ?
II, IX

> *On ne peut pas décrire ce qu'on ressent ? Mais si on*
> *le peut. On le fait tous les jours. Mais comment ?*
> *Eh bien, il faut réfléchir sur les cas particuliers*[1].

Wittgenstein a toujours considéré « comme fondamentalement public et transmissible le contenu de l'expérience
sensible ». Il n'a jamais partagé « l'hostilité de principe à l'égard
de tout ce qui est "intérieur" ou "intime" au sens usuel de ces
deux termes » ni « les préjugés physicalistes et béhavioristes qui
lui ont été fréquemment reprochés »[2]. Au contraire, il a toujours
admis que nos expériences peuvent être décrites, et il a critiqué
dans toutes ses variantes la thèse de l'indescriptibilité ou de
l'incommunicabilité du vécu[3]. Mais le fait que nous décrivons
ordinairement nos expériences est en même temps pour lui la
source d'une illusion philosophique majeure : celle qui consiste
à croire que le langage s'appliquerait à nos états mentaux de

---

1. *Écrits préparatoires*, § 397.

2. J. Bouveresse, *Le mythe de l'intériorité*, p. 476.

3. *Cf.* par exemple *RP*, § 272-279. Pour un commentaire de ce passage, voir
chap. 6 de J. Bouveresse, D. Chapuis-Schmitz et J.-J. Rosat, *L'empirisme logique à
la limite. Schlick, le langage et l'expérience*, Paris, Éditions du CNRS, 2006.

la même manière qu'aux états de choses du monde qui nous entoure.

Quand je dis « le livre est sur la table », 1) les deux noms (livre, table) réfèrent à deux objets (je peux m'assurer de ce que chacun de ces noms désigne en montrant l'objet correspondant du doigt : « le livre, c'est "ceci"; la table, c'est "cela" ») et 2) quelqu'un (moi éventuellement) peut observer l'état de choses pour vérifier s'il correspond ou non à mon énoncé. Mais quand je dis « j'ai mal » ou « j'ai peur », rien de tel n'est possible : 1') je ne peux fixer la référence du mot « peur » ou du mot « douleur » ni en montrant ma sensation de douleur ou mon sentiment de peur aux autres (ils ne peuvent sentir *ma* douleur ou *ma* peur) ni en la montrant à moi-même (la prétendue définition ostensive privée d'une sensation n'est qu'un vain cérémonial[1]); et 2') il n'y a pas de sens à me demander de justifier ma déclaration par l'observation (« J'ai mal. – Comment le sais-tu? as-tu vérifié? – Oui, j'ai bien observé en moi » serait un dialogue parfaitement absurde). Ignorer cette double différence entre la description d'un état de choses et des déclarations comme « j'ai mal » ou « j'ai peur », c'est s'exposer à faire de la sensation de douleur ou du sentiment de peur des « objets mentaux » : des objets désignables et observables comme les tables et les livres, à cette différence qu'ils ne le seraient pas physiquement mais mentalement. La méconnaissance de la grammaire des déclarations d'expérience et leur assimilation trompeuse à des descriptions d'états de choses est une des racines du « mythe de l'intériorité ».

Pour combattre cette confusion, Wittgenstein s'est employé dans la première partie des *Recherches* à faire ressortir la ressemblance très forte qui existe entre des déclarations d'expérience en première personne comme « j'ai mal » et « j'ai peur » et les comportements expressifs de la peur ou de la douleur : les

---

1. Cf. *RP*, § 258. Pour un commentaire de cette remarque, voir « La cérémonie inutile », dans S. Laugier, *Métaphysique et jeux de langage, op. cit.*

tressaillements, les mimiques, les gémissements ou les cris. Si je me coince le doigt dans une porte ou si je vois un enfant traverser la rue alors qu'une voiture arrive à grande vitesse, je n'observe pas en moi un état interne qui serait ma douleur ou ma peur pour ensuite pousser un cri qui en serait la traduction externe ; le cri est l'expression directe de ma douleur ou de ma peur, et il n'en est pas séparable. Il en va de même si, au lieu de crier, je réagis en disant « j'ai mal » ou « j'ai peur » : ma déclaration ne repose sur aucune observation interne, et elle fait partie de ma douleur ou de mon émotion. Elle ne la décrit pas ; elle l'exprime.

C'est ce qu'établissent deux remarques célèbres :

> […] Comment un homme apprend-il la signification des noms de sensations ? Du mot « douleur », par exemple. Une possibilité est que les mots soient reliés à l'expression originelle, naturelle, de la sensation, et qu'ils la remplacent. Un enfant s'est blessé, il crie ; et alors les adultes lui parlent, ils lui apprennent des exclamations, et plus tard des phrases. Ils enseignent à l'enfant un nouveau comportement de douleur.
>
> « Tu dis donc que le mot "douleur" signifie en réalité crier ? » – Je dis au contraire que l'expression verbale de la douleur remplace le cri et qu'elle ne le décrit pas.
>
> Comment puis-je aller jusqu'à vouloir me glisser, au moyen du langage, entre l'expression de la douleur (*Schmerzäusserung*) et la douleur même ? (*RP*, § 244-245)

Dire que les mots ne sauraient se glisser entre la douleur et son expression, c'est dire qu'il n'y a pas d'un côté la douleur ressentie et de l'autre la déclaration « j'ai mal » qui référerait à cette douleur ressentie, comme il y a d'un côté le livre et de l'autre le mot « livre ». La déclaration « j'ai mal » fait partie de tout un ensemble d'éléments (comportement expressif, cause de la douleur, dommage corporel, soins apportés par les autres à celui qui souffre, etc.) qui sont constitutifs de ce que nous appelons « douleur » ; il y a un lien logique entre elle et la douleur ressentie. Les énoncés « J'ai mal » et « j'ai peur » sont donc mieux compris s'ils sont traités comme des *Äusserungen* : comme des *extériorisations verbales* ou des *déclarations expressives*.

La caractérisation que Wittgenstein donne des *Äusserungen* est strictement grammaticale : alors que la description d'un état de choses est logiquement indépendante de l'état de choses qu'elle décrit (il n'y a pas de lien logique entre *le fait* que le livre est sur la table et le *fait* que je dis « le livre est sur la table), une *Äusserung* est logiquement dépendante de ce sur quoi elle porte (il y a un lien logique entre le *fait* que j'ai peur et le *fait* que je dis « j'ai peur »). Pour le dire autrement, une assertion est une *Äusserung* si elle est une expression de cela même qu'elle asserte : ma déclaration « j'ai peur » asserte que j'éprouve une émotion dont elle est elle-même l'extériorisation ou l'expression.

Dans sa philosophie de la psychologie des années 1946-1949, Wittgenstein étend l'application de ce critère grammatical à l'ensemble des énoncés psychologiques en première personne. Ce ne sont pas seulement nos déclarations portant sur nos sensations corporelles (« j'ai mal ») ou nos émotions (« j'ai peur ») qui sont logiquement dépendantes de cela même qu'elles assertent, mais toutes les déclarations portant sur des expériences vécues (« je vois du rouge », « j'imagine une maison ») et, plus largement, toutes les déclarations de pensée, de croyance, d'intention, etc. (« je pense à », « je crois que », « j'ai l'intention de »). Wittgenstein peut ainsi définir de manière strictement grammaticale (non ontologique) le domaine du psychique (du mental). Les phénomènes psychologiques se distinguent des phénomènes physiques non en ce qu'ils concerneraient des « objets » d'une nature différente, mais en ce que nous leur appliquons des concepts psychologiques caractérisés par leur asymétrie : à la première personne du présent de l'indicatif, ces concepts (« penser », « imaginer », « avoir peur », « avoir mal ») sont utilisés dans des *Äusserungen*, des assertions qui sont des expressions de ce qu'elles assertent.

Les verbes psychologiques sont caractérisés par le fait que la troisième personne du présent doit être identifiée par observation, la première non.

> Phrase à la troisième personne du présent : information (*Mitteilung*) ; à la première personne du présent : expression (*Aüsserung*). (Cela ne colle pas tout à fait) [1].

Cette asymétrie – on ne le soulignera jamais assez – n'est ni métaphysique (les états mentaux sont par nature subjectifs), ni épistémique (moi seul je connais mes sensations), mais grammaticale. Les énoncés psychologiques en première personne ne sont pas caractérisés par une quelconque infaillibilité cognitive (sur l'identité du phénomène psychologique en question ou sur l'identité de celui qui l'a [2]), mais par le fait que le locuteur entretient avec eux un rapport spécifique : si je dis « j'ai le bras cassé » ou « il a peur », cela peut être observé et vérifié par un autre aussi bien que par moi ; mais si je dis « j'ai peur » ou « je pense à Hortense », il n'y a place pour aucune observation de ma part, ni aucune vérification ou justification.

Doit-on en conclure qu'il y a incompatibilité entre être une *expression* et être une *description*, et que les déclarations psychologiques en première personne ne sauraient être des descriptions [3] ? Pour les déclarations qui ne portent pas sur des expériences vécues mais, par exemple, sur des croyances, des pensées ou intentions, cela paraît clair : si je déclare « j'ai l'inten-

---

1. *BPP II*, § 63.
2. Toutes les interprétations de l'asymétrie qui, comme celle de Sydney Shoemaker ou de Gareth Evans l'interprètent en termes d'infaillibilité à l'erreur d'identification passent à côté de que Wittgenstein a voulu montrer.
3. C'est la tendance de nombreux interprètes comme P. Hacker et H.-J. Glock, cf. *Dictionnaire Wittgenstein*, Paris, Gallimard, 2003, article « Expression ». Pour les raisons exposées dans la suite de ce chapitre, et pour d'autres qui ne peuvent être développées ici, il me semble impossible de les suivre.

tion d'aller au cinéma », il y a un sens à me demander d'*expliciter* mon intention (quand ? avec qui ? voir quel film ? dans quelle salle) ou de préciser si elle est absolue ou conditionnelle (« iras-tu quoi qu'il arrive, ou seulement s'il se joue tel type de film ? »); mais il n'y en a aucun à me demander de la *décrire* : « comment est ton intention ? à quoi ressemble-t-elle ? » est une question qui n'a pas de sens.

En revanche, il y a manifestement un sens à ce qu'on me demande à quoi ressemblent mon impression visuelle, ma sensa-tion de douleur ou mon sentiment de peur : comment est-ce ? *what is it like ?* Et il y a un sens pour moi à donner des descrip-tions de ces expériences : « dans cette lumière d'automne, la montagne m'apparaît plus proche qu'en été », « j'éprouve une douleur sourde et lancinante » ou « j'ai très peur, mais moins qu'hier ». Toutefois, puisque ces énoncés sont logiquement dépendants des états mentaux sur lesquels ils portent, ils ne peuvent être comparés avec eux comme on compare un état de choses avec sa description. Peuvent-ils être encore appelés des descriptions ? Et si oui, à quel titre ? Comme l'a bien vu Bouveresse, la difficulté est que « si "j'ai mal" est une descrip-tion, c'est une description *très spéciale*, puisqu'elle est en même temps un des critères de l'existence qu'elle décrit »[1]. Dans la première partie des *Recherches*, Wittgenstein ne nous aide pas beaucoup. Certes, il ne semble avoir aucune hésitation à parler de la description d'une expérience vécue ou d'une sensation, mais il s'emploie davantage à souligner combien celle-ci diffère de la description ordinaire qu'à nous expliquer en quoi la description d'un état mental est encore suffisamment parente de celle d'un état de chose pour qu'on l'appelle encore une description.

---

1. J. Bouveresse, *op. cit.*, p. 511 (je souligne).

[…] Peut-être le mot « décrire » nous abuse-t-il. Je dis : « Je décris mon état d'âme, et je décris ma chambre. » Il faut garder en mémoire les différences entre les jeux de langage. (*RP*, § 290)

Il faut attendre les années 1948-49 et la section IX de la deuxième partie des *Recherches philosophiques* pour qu'il affronte directement la difficulté [1] :

Les mots « j'ai peur » sont-ils la description d'un état d'âme ? (*RP*, p. 266)

Sa réponse est qu'ils ne le sont ni nécessairement ni généralement, mais qu'ils *peuvent* l'être, dans des contextes déterminés et dans certaines limites.

Le principe de cette réponse repose sur l'analyse de *la grammaire du concept de description*. Celle-ci se caractérise principalement par trois traits.

1. Décrire, ce n'est pas simplement nommer ou étiqueter ; c'est *produire une image* qui soit la représentation d'un système de relations.

Une description est la reproduction [*Abbildung*] d'une répartition [*Verteilung*]] dans un espace (celui du temps par exemple). (*RP*, p. 266)

Un plan d'architecte reproduit sur la feuille la disposition des murs et des espaces du bâtiment ; un tableau impressionniste reproduit sur la toile la répartition des couleurs dans l'espace visuel du peintre ; une courbe des températures reproduit la montée ou la baisse de celles-ci selon l'axe du temps. Toute description implique un espace de reproduction et des règles de projection (cotes, échelle, perspective, etc.). Dans la version initiale de cette remarque, Wittgenstein explique que, pour

---

1. Cette section regroupe des remarques assez tardives : *Écrits préparatoires*, § 14 à 51 (24-27 oct. 48) et 407-412 (6-8 déc. 48)

décrire des objets d'après leur couleur, il faut pouvoir « produire suivant une règle de projection quelconque [*Projektionregel*] des images de la répartition des couleurs dans l'espace » [1].

2. Aucune chose n'est, en tant que telle, l'image d'une autre. Ce n'est pas la relation de ressemblance qui fait d'une chose une image, mais *l'application* que nous en faisons, l'usage que nous en avons.

> La projection de Mercator de la carte du globe est une image, mais elle ne ressemble pas à ce dont elle est l'image. Nous pouvons former une image d'événements qui se déroulent dans le temps (le diagramme de la pression sanguine). En tant que telle, la courbe n'est pas une image de la pression sanguine. [...] C'est *l'emploi* qui en fait une image. [...] La question est – qu'est-ce que vous faites avec une description ? On nous dira peut-être que nous sommes des pragmatistes. Mais il y a beaucoup vrai dedans (dans le pragmatisme) [2].

3. Une description en ce sens n'est pas un reflet passif de la réalité : décrire est *une technique* (ou un ensemble de techniques) et les descriptions sont des *instruments* avec lesquels nous faisons quelque chose.

> Ce que nous appelons des « descriptions », ce sont des instruments pour des emplois particuliers. Pense ici au schéma d'une machine, à une coupe, à un plan en élévation avec les mesures que l'ingénieur a devant les yeux. Si on pense à une description comme à une image verbale des faits, cela a quelque chose d'égarant : on pense en somme seulement à des images comme celles qui pendent à nos murs ; elles semblent reproduire tout simplement une chose telle qu'elle a l'air d'être, telle qu'elle est faite. (Ces images sont pour ainsi dire oisives.) (*RP*, § 291)

Il n'existe donc pas de description idéale ou complète de quoi que ce soit. C'est l'usage auquel on la destine qui définit le type

---

1. *Écrits préparatoires*, § 410.
2. *Les cours de Cambridge 1946-1947*, p. 144-145.

de description qu'on emploie (sa forme de représentation et ses règles de projection). Il en va de même pour les descriptions verbales. Ce qui fait d'un énoncé une description, ce n'est pas sa structure logique interne (le fait qu'il soit un jugement d'attribution de la forme « S est P » [« le livre est rouge »] ou un jugement de relation de la forme « aRb » [« le livre est sur la table »]), mais la manière dont nous nous en servons et ce que nous faisons grâce à lui. « Décrire est un jeu de langage très spécial »[1].

Comment ces considérations s'appliquent-elles à la description des expériences vécues ?

1. À la différence des pensées, des croyances ou des intentions, les expériences sont dotées d'un contenu phénoménal. Or, ce qui caractérise le contenu d'un vécu, c'est qu'on peut le décrire au moyen d'une image.

> Un contenu de vécu, c'est ce qu'une image peut rendre ; une image dans sa signification subjective[2].

Ainsi, pour rendre l'impression visuelle que produit sur moi la vue d'un bateau blanc à l'horizon, je peux dire : « je vois une tache blanche ». La douleur aussi a ses images (il y a des douleurs qui vous vrillent, d'autres qui rayonnent, etc.) ; et les émotions ont les leurs, qui peuvent être verbales mais aussi corporelles.

> Le *contenu* d'une émotion – sous ce terme on se représente quelque chose comme une *image*, ou quelque chose dont on pourrait faire une image. (Les ténèbres de la dépression qui descendent sur quelqu'un ; les flammes de la colère). Le visage humain également, on pourrait l'appeler une *image* en ce sens, et représenter le cours d'une passion à travers ses transformations[3].

---

1. *BPP I*, § 960.
2. *BPP I*, § 694.
3. *BPP II*, § 148.

Ainsi, « si je voulais donner *une* explication ostensive de la peur –, je *mimerais* la peur » (*RP*, p. 267). En outre, puisque toutes les expériences vécues ont une durée et un *cours* (elles ont un début, un milieu et une fin), il est toujours possible de décrire leur évolution et leurs variations de qualité selon l'axe du temps (la douleur croît, la couleur s'estompe, etc.)

2. Décrire ses propres états d'âme est un jeu de langage, c'est-à-dire qu'il dépend du contexte et de l'intention du locuteur, voire même de l'identité du destinataire, qu'un énoncé fonctionne ou non comme un instrument de description.

> L'expression « description de l'état d'âme » caractérise » un certain *jeu*. Et si je ne fais qu'entendre les mots « j'ai peur », je puis certes *deviner* quel jeu on joue ici (par exemple à partir du ton), mais je ne le saurai que quand je connaîtrai le *contexte* [1].

Le même énoncé « j'ai peur » peut, selon le jeu de langage dans lequel il entre, fonctionner de trois manières au moins : comme *expression directe* de ma peur (« j'ai peur » est alors comme un gémissement, ou un soupir d'accablement : « je donne libre cours à mon sentiment ») ; ou bien comme *information* (je fais part à quelqu'un du fait que j'ai peur, pour expliquer mon comportement : « Pourquoi ne fais-tu pas ta promenade habituelle ? Parce que l'orage gronde, et j'ai peur ») ; ou bien encore comme une *description* de mon état d'âme (je veux que l'autre sache comment je me sens : « j'ai moins peur aujourd'hui que la première fois »). De même, la déclaration « nous sommes plongés dans l'affliction par la mort de X » n'est pas une description si elle est prononcée au cours d'une oraison funèbre : elle ne fait alors qu'exprimer ce que ressentent (ou doivent ressentir) les participants, auxquels elle n'apprend rien. Mais, si elle est inscrite sur une tombe, elle devient, pour un passant par exemple,

---

1. *Écrits préparatoires*, § 50.

une information (*Mitteilung*) sur l'état d'âme de celui qui l'a fait graver[1].

3. Que je prononce « j'ai peur » comme une expression directe, comme une information, ou une description, cet énoncé reste une *Äusserung* : un énoncé qui dépend logiquement de cela même qu'il asserte et qui n'appelle par conséquent ni vérification ni justification de la part du locuteur.

> « Il faut que tu le saches : j'ai peur. » […] Oui, on peut bien dire cela sur un ton *souriant*. […] Mais, même s'il s'agit d'une information (*Mitteilung*), il ne lit pas cela dans son intérieur. Même dans ce cas, il ne pourrait pas donner ses *sensations* comme preuves de ce qu'il énonce. *Elles* ne lui apprennent rien[2].

On peut parfaitement avouer sa peur en souriant. Un tel aveu n'est pas une expression directe de la peur ; il n'est pas « arraché par la peur » et n'est pas l'équivalent d'une manifestation comportementale de peur. Le jeu de langage pratiqué est alors celui de l'information, du faire savoir. Mais cette assertion n'en est pas moins, du point de vue logique, une *Äusserung* : pour avouer que j'ai peur, je n'ai pas besoin de lire ou d'observer quelque chose qui serait à l'intérieur de moi ; et pour le faire savoir à autrui, je n'ai pas besoin de le savoir moi-même car je n'ai pas eu à l'apprendre, ni de mes sensations, ni de quoi que ce soit.

Deux remarques ici doivent être faites sans lesquelles la grammaire des descriptions d'expérience reste difficilement compréhensible.

Premièrement, Wittgenstein a deux usages qu'il faut garder bien distincts du concept d'expression. 1) Du point de vue logique, toutes les déclarations psychologiques en 1re personne

---

1. *RP*, p. 267. La traduction de « *Wir trauern* » par « nous portons le deuil » rend ce passage incompréhensible : « porter le deuil », à la différence de « être plongé dans l'affliction » n'est pas un verbe psychologique.

2. *Écrits préparatoires*, § 39.

sont des *expressions* : elles sont, comme on l'a vu, logiquement dépendantes de ce qu'elles assertent. Mais 2) seules certaines d'entre elles sont elles-mêmes *expressives* et sont des substituts de comportements expressifs : « j'ai mal » peut être prononcé sur un ton douloureux, comme une plainte, et « je suis joyeux » peut être une exclamation joyeuse. Mais « j'ai l'intention d'aller au cinéma » ou « je vois une tache blanche à l'horizon » ne sont pas expressifs en ce sens-là. En outre, même « j'ai peur » ou « j'ai mal » qui sont, à l'origine, greffés sur le cri de peur ou de douleur, peuvent s'en détacher et être prononcés de manière totalement inexpressive ; ces déclarations entrent alors dans un jeu de langage qui n'est plus celui de l'expression, mais celui de l'information ou de la description.

> Nous ne disons pas forcément de quelqu'un qu'il se plaint parce qu'il dit qu'il a mal. Les mots « J'ai mal » peuvent donc être une plainte, et aussi être autre chose. (*RP*, p. 268)

Deuxièmement, la différence entre *expression*, *information* et *description* est une différence entre jeux de langage : qu'un énoncé soit l'une ou l'autre dépend entièrement du contexte et de l'intention. En revanche, la différence entre les *Äusserungen* (les déclarations psychologiques en première personne) et les autres sortes d'énoncés (énoncés psychologiques en troisième personne, énoncés non psychologiques) est indépendante du jeu de langage : elle est transversale à tous les jeux de langage. Si j'entends quelqu'un dire « j'ai peur » sans connaître le contexte ni son intention, je ne saurai pas si ce qu'il dit est une expression ou une description de son état d'âme, ou encore une information. Mais il n'y aura aucun sens pour moi à lui demander « comment le sais-tu ? » ou « donnes-en une preuve ». Dans tous les cas, son assertion est et reste une *Äusserung*.

Jean-Jacques ROSAT

CHAPITRE XII

VOIR COMME QUOI ?
II, XI

L'énigme qu'essaie de résoudre le chapitre XI de la deuxième partie des *Recherches philosophiques* est celle de l'existence, dans notre langage, d'un emploi du mot « voir » qui semble déborder la sphère du strict perceptuel. Il nous arrive en effet de compléter le verbe « voir » par un complément qui comporte des propriétés dont il ne semble pas qu'elles puissent être perçues, mais qui, comme telles, paraissent mettre en jeu une forme d'*interprétation*. Ce phénomène est même très courant et fait essentiellement partie de la syntaxe du mot « voir ».

Vis-à-vis d'un tel phénomène, plusieurs attitudes philosophiques sont possibles. D'abord une attitude révisionnelle, qui consisterait à corriger le langage ordinaire, et à distinguer ce qui serait « réellement » un voir et ce qui ne le serait pas – à disqualifier comme « voir » le voir herméneutique, qui semble mettre en jeu une interprétation, en distinguant bien là l'apport supposé du « voir » et celui de « l'interprétation ». Puis, inversement, une attitude qui consisterait à prendre au pied de la lettre la distinction du langage ordinaire et à en tirer une théorie : à faire la théorie, et fournir l'explication, de cet *autre voir* qui viendrait s'ajouter au voir ordinaire, perceptuel ; à construire quelque chose comme le concept d'une autre perception, qui viendrait doubler et prolonger la première, la poursuivant sur le terrain où elle n'est plus possible. Une telle solution théorique n'est pas sans rappeler la doctrine de l'intuition catégoriale phénoménologique.

Wittgenstein se tient loin de l'une comme de l'autre attitude. Son propos n'est certainement de ne fournir aucune théorie du voir, ni réductive, ni élargie, mais bien plutôt de prendre en compte la diversité de fait d'usages du concept de « voir », en attirant notre attention sur ce qui, à ses yeux, dénoue l'aporie créée par une demande apparemment indue formulée sur un certain concept de « voir » (le concept élémentaire, perceptuel) : si on dit, parfaitement légitimement, que l'on peut voir des choses qui ne relèvent pas exactement du visible au sens de la simple perception, c'est juste que cela ne sera pas en ce même sens du « voir » qui est impliqué dans la perception, ni en aucun sens qui serait une simple extension de celui-ci. Il faut faire droit à une réelle hétérogénéité dans notre concept de « voir », et cette hétérogénéité résout l'aporie, explique qu'on puisse être *à la fois* tenté de dire « Ce n'est pourtant pas un voir ! » et « C'en est pourtant un ! » (*RP*, p. 287). Cette apparente contradiction n'en est pas une pour la simple raison que dans les deux cas nous *n'entendons pas* la même chose par « voir ». En même temps, son apparence n'est possible que parce que les deux concepts ne sont pas absolument sans rapport, il y a un air de famille entre eux, mais un air de famille qui ne suffit pas à les identifier. La thérapie conceptuelle proposée par Wittgenstein, qui consiste à *faire voir* (au sens 2 du terme) cette différence *et* cette parenté, doit donc tout à la fois nous permettre de surmonter la difficulté *et* d'en comprendre la raison, tout en renonçant à toute tentation philosophique d'instituer une nouvelle réalité (un « autre voir », que le sens commun ne connaissait pas, et dont la philosophie aurait à faire la théorie), là où ce qu'il faut comprendre c'est bien plutôt la réalité, *donnée*, de deux usages conceptuels.

Il est certain que nous appliquons la notion de « voir » à toute sorte d'objets, y compris des objets qui ne sont pas des « choses » à proprement parler, et, dans certain cas, à des traits de choses qui semblent constitutivement dépendre de l'interprétation que nous en avons. C'est un emploi du mot « voir » qui, du point de vue du langage ordinaire, n'a rien de problématique.

Dans le dernier cas (celui d'un voir qui semble ne pas tant s'appliquer à l'objet en lui-même qu'à l'*objet interprété*, un voir qui semble voir « en fonction d'une interprétation »), on parlera, *en troisième personne*, de « voir comme ». On dira de l'observateur qu'il voit la figure « comme un canard », ou « comme un lapin ».

Une telle formule semble établir une certaine distance entre deux « voir » : par exemple celui d'une figure et celui de son interprétation, de la figure interprétée, en tant qu'elle montre quelque chose.

Une première tentation serait alors de croire qu'il y aurait là deux « voir » *au même sens du terme*, que je pourrais voir le canard dans la figure qui le représente au même sens où je vois simplement la figure comme objet physique. Une telle lecture, cependant, annule la pertinence qu'il y a à employer cette notion de « voir comme », puisque, alors, ce qui est interprété par nous comme un « voir comme », comme c'est un autre voir, de même type, à côté du précédent, devrait pouvoir exister aussi à l'état libre, indépendamment de cette notion de « voir comme », comme un simple voir. En d'autres termes, dans une telle hypothèse, voir la figure bidimensionnelle sur la page comme une caisse à trois dimensions serait parfaitement identique à voir une caisse. Or, ce n'est pas la même chose de voir une caisse ou de voir une figure « comme » une caisse.

L'autre possibilité apparemment serait de disqualifier comme « voir » ce qui précisément va au-delà de la simple perception de la figure comme objet physique. Je vois une figure, puis je l'interprète comme une caisse – comme si à ce « voir » venait s'ajouter quelque chose comme un constituant mental qui est l'idée de la caisse, ou la « représentation » de la caisse.

Wittgenstein conteste tout autant la pertinence de cette interprétation, qui consiste encore une fois à ne pas prendre au sérieux la notion de « voir comme », cette fois non plus dans sa dimension de « comme » (son caractère *herméneutique*), mais dans sa dimension de « voir ». Le « voir comme » n'est pas un voir simple + un interpréter, et il n'est pas possible de dissoudre ainsi la complexité de la grammaire du voir, en reconduisant tout voir, en dernier ressort à un seul et même sens : celui du « voir simple ». Le « voir comme » fait bien partie de cette grammaire, et cela dans son irréductibilité même, dans son absence d'identité au voir simple.

Wittgenstein tourne beaucoup autour de cette difficulté, tant il est tentant de souligner l'affinité entre le « voir comme » et « l'interprétation » (*deuten*) et de thématiser ce voir précisément comme un voir *sous* une certaine interprétation, c'est-à-dire *selon* elle. Cela voudrait dire simplement que le « voir comme », comme tel, généralement (il ne faut pas se hâter d'universaliser ce qui prend toujours d'abord un sens situationnel, circons-tanciel) *présuppose* une interprétation, ou *quelque chose comme de l'interprétation*, comme son arrière-plan. C'est en effet bien ce que dit Wittgenstein, même s'il introduit ici une nuance essen-tielle. Si on entend que le voir comme présuppose toujours un acte d'interprétation à proprement parler, isolable et explicite, on a là de bonnes chances de se tromper. Il y a beaucoup de situa-tions dans lesquelles on parlera de « voir comme » sans qu'aucun acte d'interprétation explicite n'ait été effectué, et, inversement, *il ne suffit nullement qu'il y ait eu interprétation pour qu'il en résulte un « voir comme »*. Wittgenstein y insiste : il ne suffit pas de « comprendre », de « savoir » pour « voir » comme on comprend ou on sait. Il y a des situations où je serai conduit à dire, par exemple : « je sais que cette ligne réapparaît ici, mais je ne peux pas la *voir* ainsi » (*RP*, p. 287). Ce qui prouve la consis-tance de cette différence, c'est qu'elle s'assigne sur le terrain même qui est celui où la signification se donne à voir, celui, pragmatique, de l'usage : « de la part de celui qui voit le dessin comme tel animal je m'attendrai à tout autre chose que de la part de celui qui sait simplement ce qu'il est censé représenter » (*RP*, p. 289). Indubitablement, on *veut dire* quelque chose de spécifique lorsqu'on dit qu'on « voit comme » – quelque chose qui ne revient pas à « interpréter comme » ni à « savoir que c'est », même si cela entretient certainement un rapport avec ces notions. Il y a un enjeu spécifique à adopter le vocabulaire du « voir ».

Cela ne diminue en rien la portée de l'observation selon laquelle le « voir comme » semble ne jamais venir seul mais toujours sur fond de présupposés. Seulement ces présupposés ne sont pas primairement, et peut-être jamais seulement, ceux d'une « interprétation » – celle-ci n'est pas nécessaire, et à elle seule ne semble jamais suffire non plus. Lorsque Wittgenstein les formule, c'est en termes de *training*, d'apprentissage et de pratiques. On ne « voit comme » que sur fond de certains usages, d'un certain usage du monde ou au moins d'un certain type de réalités. Dans certains cas, cela peut s'énoncer en termes de « techniques ». Ainsi, par exemple, en mathématiques (et pour tout ce qui peut être assimilé à un « calcul », au sens large du terme) : là où je suis capable de voir tel angle du triangle « comme sommet » et tel côté « comme base », « le substrat de cette expérience vécue est la maîtrise d'une technique » (*RP*, p. 294). Dans d'autres cas, plus énigmatiques, mais essentiels au jeu de langage du « voir comme » (et à ce que celui-ci ait son plein impact, si on peut dire, loin d'être un simple phénomène périphérique), comme la capacité de voir l'« expression » faciale d'un sentiment, la possibilité du « voir comme » présuppose certainement encore un apprentissage, et là encore, en un certain sens, des « règles », « mais elles ne forment pas un système, et seul l'homme d'expérience (*der Erfahrene*) peut les appliquer à bon escient » (*RP*, p. 318). À la différence de ce qui se passe pour les règles de calcul, la maîtrise de telles règles suppose non pas le contrôle d'une technique, mais la simple expérience passée de « jugements pertinents ». Le principe du « voir comme », c'est alors ce que Wittgenstein nomme « l'expérience », *Erfahrung*. Pour pouvoir avoir une certaine *Erlebnis*, puisque le « voir comme », en tant que « voir », en est une, il faut que j'aie déjà eu un certain nombre d'expériences, *Erfahrungen*, dont la sédimentation me rend *capable de voir* tel ou tel aspect. On est loin ici de toute « interprétation ». La possibilité du « voir comme » s'enracine plutôt dans la régularité de la vie humaine, comme faite d'habitudes, de jugements, et d'un certain stock de réactions (*Reaktionen* : ce terme revient systématiquement sous la plume du philosophe) possibles à des situations. Ces « réactions » constituent ici l'arrière-plan de l'*Erlebnis*, qui la permet comme telle, avec sa richesse propre, c'est-à-dire permet de lui *donner ce sens*.

Le « voir comme », s'il n'est pas un autre « voir » au sens ordinaire, qui serait simplement appliqué à des objets qui excèdent le champ usuel du visible, n'est donc pas non plus une interprétation qui serait appliquée extérieurement au même voir. C'est un phénomène *sui generis*, ou tout au moins une étiquette *sui generis*, dont l'usage est différent et de celui de la simple notion de « voir » en tant qu'appliquée aux objets perceptuels et de celui des notions d'« interprétation » ou de « pensée ».

L'irréductibilité du « voir comme » au voir simple est soulignée à plusieurs reprises avec force par Wittgenstein. Pour comprendre sa portée, il faut évidemment s'interroger sur ce qu'il faut entendre par « voir simple ».

Wittgenstein insiste sur le fait que, dans ce que nous appelons l'usage « simple » de la notion de voir, il n'y a pas d'écart dans ce qui est vu (et certainement pas l'écart d'un « comme ») : est vu ce qui est vu, tout simplement. Ce qui est vu en ce sens-là pourrait être reproduit sur le mode de la simple copie (*Kopie*) apparemment : on n'y trouve pas la distance d'une image (*Bild*) ni d'une modélisation d'aucun ordre. Ce voir, fondamentalement, est un voir d'*objets* (ou de propriétés d'objets) – là où Wittgenstein dira

que le « voir comme » est voir d'une « relation interne » entre
l'objet et d'autres objets (*RP*, p. 298). Ou, plus exactement, là où
c'est l'objet tel qu'il est (l'objet *tout simplement*) qui est vu, on
ne parlera pas de « voir comme », mais juste de « voir » – c'est là
l'emploi *primaire* du mot « voir », pourra-t-on dire, empruntant
la terminologie de la fin du chapitre. Cela n'a pas de sens de dire
qu'on voit son couteau comme un couteau ou sa fourchette
comme une fourchette – mais qu'on voit son couteau (de table)
comme un coutelas ou sa fourchette *comme* un trident, oui. Un
voir qui se lit exclusivement à partir de l'objet – là où on part du
présupposé de l'objet comme *donné indépendamment du voir* –
n'est pas un « voir comme ».

C'est très exactement ce que veut dire l'éviction par
Wittgenstein du « voir comme » de la sphère de la perception,
éviction qui pourrait être troublante compte tenu de ce que nous
avons dit du caractère non « interprétatif » ou intellectuel du
« voir comme » :

Le « voir comme… » ne relève pas de la perception. (*RP*, p. 279)

On pourrait voir dans cet énoncé l'amorce d'une théorie : là
où on dit « voir comme », on croit « voir », mais en fait il ne s'agit
pas d'une perception et donc d'un authentique « voir », mais, par
exemple d'un voir + autre chose (une interprétation ? un acte de
l'esprit ?).

Cette lecture kantienne de l'énoncé manquerait pourtant
l'intention de Wittgenstein, qui n'est pas de proposer quelque
théorie que ce soit sur le « voir comme » (ou d'ailleurs sur le
« voir »), mais d'*attirer notre attention sur un trait grammatical du « voir » au sens perceptuel, et des verbes de perception
en général*, à savoir leur dimension factive : lorsqu'on dit de
quelqu'un qu'il « voit » quelque chose au sens perceptuel, sauf
cas très particulier (comme les hallucinations, qui ne relèvent pas
exactement de la même grammaire que la perception, mais pour
ainsi dire d'une grammaire annexe par rapport à elle, et « secon-

daire » au sens exact défini par ce chapitre XI des *Recherches*),
cela présuppose qu'il y ait la chose (l'état de choses) en question.
En ce sens-là ; le « voir comme » n'est pas perceptuel, car sa
grammaire n'obéit pas à cette règle de factivité. Cela n'a pas
exactement de sens d'exiger de la chose qu'elle soit « comme »
on la voit, *lorsqu'il s'agit précisément de la « voir comme »*.

C'est en ce sens-là que le « voir comme » n'est pas « perceptuel », et non au sens où il serait, par exemple « intellectuel » : il
creuse une distance dans et par rapport à l'objet qu'exclut
précisément la perception, si celle-ci est, comme la syntaxe des
verbes de perception l'induit, l'être donné de l'objet comme il
est. De ce point de vue, il met tout simplement en jeu *une autre
syntaxe que celle de la perception*.

Celle-ci, pour autant, est-elle absolument différente ? Ce
serait étonnant, sinon on ne voit pas bien pourquoi on parlerait
ici de « voir ». Certes, « le "voir comme…" ne relève pas de la
perception », mais « c'est pourquoi il est à la fois comparable et
non comparable à un voir » (*RP*, p. 279).

La question, dès lors, est de savoir ce qui peut bien demeurer
d'un voir, une fois retirée la dimension perceptuelle – c'est-à-
dire essentiellement factive, au sens que nous venons de définir.

La réponse à cette question, comme en ce qui concerne tout
point grammatical, ne peut être que différentielle. Ce qui
importe, c'est, comme toujours, de savoir à quoi s'oppose ici
« voir » – qu'est-ce que l'emploi de la notion est censé cerner ou
souligner, par contraste avec quoi ?

En ce sens, la question du « voir comme » nous oblige en fait
à approfondir la grammaire du « voir » en général – de ce que
nous entendons quand nous l'appelons « voir » – afin de comprendre ce sur quoi repose l'extension de fait (réalisée dans notre
langage) de la notion. L'extension, comme souvent (ce serait le
cas en mathématique) révèle quelque chose de la structure de
départ, tout en en modifiant le sens – parce qu'elle ne peut le
modifier qu'à la faveur d'un aspect (différentiel par rapport à

d'autres choses) qu'il y avait en elle, mais qui était pour ainsi dire naturalisé, n'apparaissait pas comme problématique tant que n'était pas posée cette question de l'extension :

> Certaines choses dans le voir nous paraissent énigmatiques, parce que le voir dans son ensemble ne nous paraît pas assez énigmatique. (*RP*, p. 299)

Que la notion de « voir comme » soit liée à une *dimension* principielle de la notion de « voir » en général, c'est ce qui apparaît bien au fait que l'opposition ferme que nous venons de tracer, suivant un aspect de l'analyse de Wittgenstein, entre « voir simple » c'est-à-dire perceptuel et « voir comme » pourrait bien se découvrir plus relative que nous ne l'avons faite. D'une certaine façon, il est essentiel au « voir comme » que, *lorsqu'il réussit, il s'efface comme « voir comme »*. De ce point de vue, le statut du voir « l'objet-image », que Wittgenstein choisit comme paradigme d'approche du « voir comme » (ce qui ne veut pas dire que le « voir comme » s'y réduise) est tout à fait ambigu, dans les analyses mêmes qu'en offre le philosophe : celui-ci insiste, de façon quasi phénoménologique, sur l'intentionalité de l'image. Là où l'image fonctionne, c'est-à-dire là où je suis en mesure de la faire fonctionner, d'en user comme ce qu'elle est : une image, ce que je vois, c'est purement et simplement *l'objet représenté*. Or ce voir, comme tel, *n'est pas un voir comme*. Il y a bien des façons de voir un lapin : je peux le voir « en vrai », comme je peux le voir en portrait, via une image. Le deuxième « voir » n'est pas moins un « voir », et pas un « voir comme », au sens exact où on ne dira pas de moi, s'il n'y a pas d'équivoque possible quant au sens de l'image ni quant au fait que je l'aie compris, que je vois « comme ». En fait, en toute rigueur, le discours du « voir comme » apparaît seulement dans deux cas, asymétriques :

– du point de vue de l'observateur extérieur, *en troisième personne*, lorsqu'il y a équivoque et que le fait que je vois ce qui est donné d'une certaine façon pourrait être opposé à une autre « option » possible (ce qui ne veut d'ailleurs pas dire que j'aie le

« choix », au sens où je pourrais l'avoir dans une interprétation) – il faut remarquer que, dans ce cas-là, je ne dirais pas, en première personne, que « je vois comme », mais purement et simplement que *je vois* : ce que je vois, sur la figure, c'est un canard !

– du point de vue du sujet voyant, *en première personne*, dans le cas très précis du *changement d'aspect*, là où ce qui m'apparaissait d'une certaine façon se reconfigure et brusquement s'impose à moi comme ayant (ou *pouvant* avoir) tel ou tel aspect. Ce que Wittgenstein appelle « remarque d'un aspect ». Dans ce cas, il est même concevable que je me place dans le registre du « voir comme » alors que l'observateur se contenterait de décrire mon attitude en disant que « je vois », si lui ne voit pas d'équivoque possible et ne partage pas le sens de mon hésitation.

Il est particulièrement important que le deuxième cas soit le seul dans lequel le discours du « voir comme » en première personne ait un sens, en tout cas un sens fort. Bien sûr, je puis parler du « monde tel que je le vois », mais il s'agit alors d'un sens dégradé et probablement métaphorique du « voir », qui ne conserve pas le type d'engagement spécifique du sens premier, perceptuel, du voir. Au contraire ce que nous essayons de cerner, c'est l'emploi de la locution « voir comme » dans lequel le voir, bien que non « perceptuel », conserve un certain type de charge (de *présence*, pour tout dire) qui paraît caractéristique de la perception. Or, de ce point de vue, cela n'a pas de sens de dire « je vois ce tableau [qui représente le sacre de Charlemagne] *comme* représentant le sacre de Charlemagne ». Je vois *qu*'il représente le sacre de Charlemagne, et, plus exactement, si je le vois vraiment, je vois *le sacre de Charlemagne* (par voie d'image, mais c'est une façon de le voir), tout simplement. En revanche, cela tout à fait un sens de dire : « oh, *maintenant*, je le vois comme représentant le sacre de Charlemagne » (ou, plus exactement : « comme le sacre de Charlemagne », tout simplement) si d'aventure je le regardais par le mauvais bout et je n'avais pas encore compris la scène, c'est-à-dire si elle ne s'était pas imposée devant mes yeux. Par après, je la vois (à travers le tableau), mais je ne la vois pas « comme ». Ce qu'est censé saisir le « comme » du « voir comme » en première personne, c'est ce moment où s'impose une certaine *façon* de « voir », le moment où je ne vois pas seulement, mais où je vois *que je dois ou je peux voir comme cela*. Un constituant qui, normalement, ne fait pas partie du « voir », pas plus d'un voir assez complexe et qui semble intégrer quelque chose comme un constituant propositionnel, descriptif (ou en tout cas être formaté pour la description qui y correspond), que du voir supposé « simple » qui serait celui d'un objet physique, objet possible de « copie » en deçà de toute modélisation c'est-à-dire de toute clé de description.

À ce niveau, nous découvrons donc un nouveau principe d'opposition entre le « voir simple », ou plutôt, car alors c'est le cas de revenir à la prudente indétermination du langage ordinaire, le « voir », tout simplement, et le « voir comme ». Le problème n'est plus tant celui du format du « voir » (objectuel ou propositionnel, purement sensible ou semblant intégrer une composante intellectuelle ou interprétative) que celui du contraste entre une dimension d'*achèvement* et une dimension de découverte. Le « comme » est toujours celui d'un contraste par rapport à ce qui était donné différemment, alors que la simple notion de « voir », quelle que soit la complexité de ce qu'elle se donne pour objet, renvoie toujours à une dimension d'achèvement. Voir la chose comme un *X* (ceci dit en troisième personne, car en première personne, on ne dirait alors précisément pas qu'on la voit « comme »), c'est l'*avoir* comme un *X*, c'est tout simplement *voir un X*. En ce sens-là, le « vrai voir » accompli, n'est jamais un « voir comme ». Penser autrement, comme l'a fait très constamment une certaine philosophie, serait succomber à l'illusion de ce que Wittgenstein appelle parfois péjorativement (il a aussi contextuellement un usage positif de la notion) « voir ainsi » : cette notion n'a pas de sens, car *que* voit-on « ainsi » si ce n'est déjà ce qu'on « voit ainsi », ce qui est déterminé comme l'objet du « voir ainsi » même, et par là même, *ce qu'on voit*, tout simplement [1] ? On ne peut arrêter le voir sur le chemin de son accomplissement, et au fond la définition la plus profonde du « voir » dans toute son extension (au delà même de la limitation du « voir simple » comme voir d'objets copiables, reproductibles physiquement) serait qu'on voit toujours exactement… ce qu'on voit. Il n'y a rien qu'on *verrait* d'abord qui serait *après coup* qualifié par le voir. Une telle approche irait jusqu'au bout de ce que nous avons souligné comme la « factivité » du voir.

De ce point de vue, le « voir comme » semble porter la grammaire du voir à sa limite. Cela non pas parce qu'elle le conduirait vers des objets qui ne relèvent pas à proprement parler du visible (de ce point de vue, la question est plutôt de savoir sous quelle description on décrit le visible), mais parce qu'elle suggère comme la possibilité d'un *écart entre le vu et la façon dont il est vu*, comme un voir décollé de son accomplissement. Le voir comme apparaît alors nécessairement comme un usage secondaire du « voir », dépendant de l'usage premier, comme verbe d'accomplissement, et se développant pour ainsi dire dans ses interstices, comme ce qui a trait aux changements dans l'ordre du « voir », au passage d'un voir accompli à un autre voir non moins accompli. Wittgenstein est très explicite dans ses analyses consacrées à l'éventualité de la « cécité à l'aspect ». Que manquerait-il à l'aveugle à l'aspect ? Non pas, contrairement à ce qu'on pourrait croire, la compréhension de tel ou tel aspect : il pourrait très bien comprendre le schéma de cube comme représentant un cube et passer de la simple perception du schéma à son interprétation. « Mais pour lui, il n'y aurait pas de saut d'un aspect à l'autre. » (*RP*, p. 300) En fait, à la limite on pourrait presque avoir le sentiment qu'il pourrait avoir la perception de l'un et l'autre aspect – ce qui lui ferait défaut, ce serait la

---

1. Cf. *RP*, p. 292.

seule perception du changement. D'un autre côté, il est possible aussi, et probable, que précisément le discours de l'aspect (celui suivant lequel on dit d'*y* qu'il voit l'objet *x comme* tel ou tel) n'a de sens précisément qu'en vertu de cette référence au moment où, en première personne, cette perception peut être ressaisie sous la forme du « *maintenant*, je le vois comme… ». La pertinence du discours du « voir élargi », porté (*en tant que « voir »*) à la mesure du descriptif qu'on peut en faire, entretiendrait donc un lien constitutif avec cet emploi pourtant limite, par définition momentané, et auto-annulant (si je vois *vraiment* « comme », je ne peux bientôt plus le dire ainsi : c'est ce que je vois tout simplement, car c'est là le sens du mot « voir ») qui est celui du « voir comme ».

Qu'est-ce qui s'atteste, en définitive, dans ce circuit étrange de l'emploi universel (non aspectuel, même lorsqu'il s'agit d'aspects) de « voir » à son emploi spécialisé comme « voir comme » ? Certainement l'ambiguïté de la notion de « voir » même, dont la grammaire recèle un piège, que Wittgenstein répertorie sous le titre philosophique traditionnel de « description de ce qui est vu » (*RP*, p. 283).

Il est en fait assez étrange de vouloir « décrire ce qui est vu » (comme s'il y avait une charge spécifique dans le fait que cela soit *vu*), là où le *voir*, en un certain sens, n'est rien d'autre qu'un opérateur de descriptibilité. Dire de choses qu'on les « voit », c'est dire qu'elles sont disponibles à la description, c'est les déployer comme espace du descriptible. Ce qui veut dire aussi que, en disant qu'on les « voit », en un certain sens, on n'y ajoute rien. C'est un constituant très essentiel de la notion de « voir ».

Donc, dans le fait que le vu soit vu, il n'y a rien à décrire. Croire le contraire serait se méprendre sur la notion même de « voir », sur sa grammaire.

Or, la notion de « voir comme » semble opérer en violation de cette grammaire. Là où la question se pose que je « voie comme », c'est le mode de description qui paraît s'intégrer au descriptible et comme se réfléchir sur lui. C'est le descriptible *avec* son mode de description en surimpression qui est donné à voir. Ce qui est impossible au sens d'une impossibilité conceptuelle : contraire à la notion même de description.

C'est donc que ce qui est en question là, très profondément, en un certain sens, *n'est pas* un voir. Tout au plus un phénomène parasitaire du voir, une illusion de voir. Il y a quelque chose d'amphibologique dans le fait que nous persistions à l'appeler un « voir ».

Donc, encore une fois, pourquoi cette amphibologie ?

Wittgenstein est finalement très explicite sur son principe – et donc sur ce qui fait l'air de famille du « voir » et du « voir comme » malgré cette différence très forte, catégoriale, qu'il a soulignée dès le départ.

D'un côté, il est clair que le « voir comme » a une propriété qui le distingue absolument du « voir », à savoir que, « comme la représentation », « la vision de l'aspect » « relève de la volonté » (*RP*, p. 300). Je peux donner à quelqu'un l'ordre de « voir telle chose comme telle ou telle », ou je peux *essayer* de le faire. Cela a un sens de dire cela. Or, comme le dit Woody Allen dans *Hollywood Ending*, cela n'a en revanche pas de sens d'« essayer de voir ». *You just see* (*what you see*, pourrions-nous ajouter). Il y a là un trait grammatical essentiel du mot voir.

D'un autre côté, Wittgenstein est pourtant d'accord avec Woody Allen pour conserver quelque chose de sa dimension d'accomplissement au mot « voir », y compris là où il se trouve pris au piège du « voir comme » : même dans ce cas, « voir est un état » (et non une activité), *RP*, p. 299 !

Ce fait d'être un « état » est ce qui fait que le « voir comme » (ou « voir du comme », faudrait-il dire, dans le cas limite de la supposée perception du *changement* d'aspect) est bien un voir, bien que, contrairement au sens *premier* du « voir » (suivant lequel je peux certes vouloir voir quelque chose, mais, lorsque je le vois, c'est indépendant de la volonté), soumis à la volonté.

Mais n'aboutit-on pas alors à une véritable contradiction : celle d'*un état soumis à la volonté* ? N'y a-t-il pas là un alliage fort instable et qui, en dernier ressort, doit nous faire soupçonner, derrière le jeu du « voir comme », ou en tout cas l'un de ses usages, se voulant littéral comme souvent les usages philosophiques, une confusion conceptuelle ?

Je ne peux pas à la fois être dans un état (comme c'est le cas dans la perception et dans le « voir » au sens large du terme) et *vouloir* être dans cet état. Cela signifie que je vois toujours les choses comme je les vois, circulairement (le discours du « voir » suppose toujours le voir accompli) et non comme je « devrais » ou « pourrais » les voir.

Est-ce à dire qu'il faille renoncer définitivement à ce que le « voir comme » soit un voir ? Non certainement, mais à ce que le « voir comme » soit un « voir du comme », comme nous l'avons proposé. Il n'y a pas de place, dans la grammaire du voir, pour un voir du comme, il ne peut pas y en avoir. Le « comme » n'a de sens que d'informer ce qui est vu et d'y être déjà pris, de se « montrer » dans le vu, pour reprendre le lexique du *Tractatus logico-philosophicus* (et non d'y être « dit », certainement pas de faire l'objet d'une possible « description »).

Comment alors parler de « voir comme », ou plutôt comprendre la persistance de cette notion, qui, indubitablement, constitue une face de notre discours sur le voir ?

Ce que nous rappelle la notion de « voir comme », et la dimension de la notion même de « voir » (à laquelle elle n'est, de ce point de vue, rien d'extrinsèque) qu'elle met en avant, c'est le fait que le voir tend à occulter parce que cela fait partie de sa structure grammaticale même de l'occulter, qu'il est une *expérience*. En ce sens, plus que descriptive, la notion de « voir comme » est une notion grammaticale : ce qu'elle fait apparaître, c'est la dimension de *point de vue* du « voir ». Ceci non au sens d'une subjectivité qui tourne à vide, comme celle de l'interprétation : cela a un sens plus ou moins acceptable, en contexte, compte tenu de notre *background* de pratiques et d'expériences, de dire que nous voyons telle chose *comme* ceci ou comme cela. Mais au simple sens où le « voir comme » rappelle que *quelqu'un* voit, et que cela fait partie de la grammaire du mot « voir », même s'il fait aussi partie de la grammaire du mot « voir » que cette instance (ce « regard », sur lequel se termine quasiment le chapitre : « comment l'homme apprend-il à acquérir un "regard" [*Blick*] pour quelque chose ? et quel usage peut-on faire d'un tel regard ? », *RP*, p. 319) s'efface et se résorbe dans le vu. C'est cette dimension d'usage qui est en cause dans la qualification, toujours perspective (liée à l'approche d'une vision du point de vue d'un *autre*, ou à la thématisation par moi-même de ma propre vision – ce qui, normalement, là où elle s'accomplit comme vision, n'en fait pas partie) d'un voir comme « voir comme ». Il n'y a pas là une théorie de la vision « en général », ni celle d'un genre spécial de vision, mais plutôt l'effet pseudo-théorique (dans l'apparence d'une vision d'un genre spécial) d'un trait grammatical de ce que nous appelons vision, qui est de convoquer l'autorité de l'usager du langage, sous la figure de la première personne.

Le paradoxe, au fond, c'est que « "je vois cette figure comme un…" est aussi peu vérifiable (ou l'est dans le même sens) que : "je vois un rouge éclatant" » (*RP*, p. 299). Dire que nous « voyons », c'est soustraire ce que nous disons aux justifications. Quoi que nous voyions, en effet, c'est *nous* qui le voyons, cela fait partie de la grammaire du mot « voir ». Mais cette dimension (qu'on appellera « expériencielle ») du voir normalement n'appartient pas au champ de ce qui est vu. Autre façon de dire que le « comme », comme tel, n'y est pas donné. Là où nous sommes conduits à *parler* de « voir comme », à expliciter le « comme », c'est qu'en fait cette dimension expériencielle du « voir », parce que, pour une raison ou pour une autre, elle est devenue problématique, refait surface et que *nous ne sommes plus dans un discours purement descriptif* – celui où le voir s'annule, dans la transparence. C'est donc d'une insuffisante prise en compte des différents registres expressifs du terme « voir » que naît l'aporie apparente – et faite pour être dissoute – d'une « théorie » du voir qui prenne pour voir quelque chose qui ne peut manifestement pas l'être au sens qu'elle a elle-même défini.

Jocelyn BENOIST

TABLE DES MATIÈRES

ACHEVÉ D'IMPRIMER
EN AOÛT 2010
PAR L'IMPRIMERIE
DE LA MANUTENTION
A MAYENNE
FRANCE
N° 215-10

Dépôt légal : 3ᵉ trimestre 2010